프랑스어 **기본어휘**

김진수 金眞秀

소르본느 대학 언어학 박사 / 교육방송 TV프랑스어 진행(91-94) / 공보처 해외공보관 전문위원
서경대학교 교수 / 한국연구재단 전문위원 / 한불포럼 대표

저서 프랑스어 문법 / 프랑스어 강의 1,2,3 / 프랑스어 첫걸음 / 초급, 중급, 고급 프랑스어
기초 프랑스어 회화 / 여행하며 즐기는 프랑스어 / E-메일 프랑스어 / 프랑스어 문장연습
프랑스어 어휘연구 / 프랑스어 작문연구 / 프랑스어 숙어연구
프랑스어 필수어휘사전 (이상 삼지사)
EBS 프랑스어 (한국교육개발원) 외 다수.

공저 프랑스 문화예술 (한길사) / 프랑스 언어학의 지평 (월인)

프랑스어 기본어휘

저 자   김 진 수

발행일   2024년 6월 5일
발행처   도서출판 한불포럼
발행자   김 진 수
        대표전화 010-8650-7208
        주소 서울 성북구 보국문로 30길 15, 104-1511
        (우편번호 02701)
        e 메일 jsk8203@korea.com

등록번호 2022-000075
ISBN   979-11-981128-4-2 03760

책값은 뒤표지에 있습니다.

이 책의 내용을 전재 및 무단 복제할 경우 법적인 제재를 받게 됩니다.
잘못된 책은 구입하신 서점에서 교환해 드립니다.

프랑스어 기본어휘

김진수

머리말

    이 책은 프랑스어 어휘 내지는 단어를 좀 더 체계적으로 익혀보고자 하는 사람들을 위해 만들었다. 단어만 체계적으로 알면, 프랑스어를 좀더 잘 할 수 있을 것이라고 이야기하는 학생들을 많이 만났다. 그리고 그들을 위해 흥미를 잃지 않으면서도, 기본적인 기능을 익히게 하는 것을 이 책의 목적으로 했다. 프랑스어 실력이 이미 상당한 수준에 올라있는 사람들에게는 작문이나 회화를 위한 상황별 참조가 가능하리라 생각된다. 말하자면 소사전(Lexique) 기능도 염두에 두었다.

    처음 생각했던 것 보다는 두꺼워진 감이 없지 않다. 그래서 더 많은 양의 예문을 싣지 못한 것이 아쉬움으로 남는다. 수록된 어휘들 중에서 가장 큰 비중을 차지하고 있는 것은 역시 명사다. 그래서 n. 표시도 없앨까 했는데 다른 품사들과의 형평을 고려해 그냥 살려두었다. 가능하면 품사나 기능 분류 표시는 최소화 하려고 했었는데 꼭 밝혀두어야겠다고 생각되는 것에는 표시를 했다.

예컨대 「지불하다」란 뜻을 가진 payer나 「신고하다」라는 의미의 prévenir는 타동사다. 말하자면 「...에게 알리다」 라기보다는 「...를 신고의 대상으로 하다」라고 하는 편이 더 정확하게 옮기는 것인지도 모르겠다. 이런 경우에는 v.t.로 표시했고 그외 의 경우는 불가피한 경우를 제외하고는 생략했다.

표제어에서 부터 어휘설명, 발음기호에 이르기까지 난삽한 내용을 보기 좋게 편집하느라 수고한 YJ미디어 여러분께 감사의 뜻을 표하고 싶다.

2024년 5월 김 진 수

차례

사람에 관한 표현

1. 개인에 관한 표현 ⋯ 12
개인정보 / 직업 / 국가와 국적

2. 성격과 외모 ⋯ 20
일반적인 표현 / 좋은 성격 / 나쁜 성격 / 외모

3. 행동 ⋯ 28
이동/동작 / 신체반응과 감각

4. 일 ⋯ 34
작업 / 변화 시키기 / 이동 시키기 / 물건의 사용

5. 기분 ⋯ 40
좋은 기분 나쁜 기분

6. 생각 ⋯ 45
사고와 상상 / 요청과 대응

7. 대화 ⋯ 53
일상적인 대화 / 판단 / 토론 / 칭찬과 비판

8. 평가 ⋯ 61
좋은 감정 / 나쁜 감정 / 평가하기 / 다양한 평가 / 긍정적인 평가 /
부정적인 평가 / 놀라움을 나타내기

9. 관용적인 표현 ⋯ 70
만나고 헤어질 때의 인사 / 기원의 말 / 충고 / 유감의 표명, 위로 /
난처함, 고통 / 칭찬, 동의 / 거절, 의심 / 애정 / 평가 / 부가될 수 있는 말

10. 대화 형태 ⋯ 78
확인 / 대화의 단계 / 주관적 판단 / 판단

lexique français

생활에 필요한 표현

11. 물건의 구입 … 86
  상점 / 쇼핑 / 요리 / 상 차리기 / 레스토랑 / 식단 / 전채, 생선, 요리 /
  야채, 샐러드 / 치즈, 과일, 디저트 / 음료 / 음식의 맛 / 흡연

12. 의복 … 101
  구입 / 옷과 신발 / 옷에 관한 표현 / 악세사리 / 작업, 손질

13. 주거공간 … 111
  집 / 집의 시설물 / 거주인 / 가구 / 가정용품 / 집안일

14. 건강 … 122
  신체 / 질병 / 환자의 상태 / 치료 / 몸단장

15. 취미와 스포츠 … 134
  일반 어휘 / 취미 / 스포츠 / 운동경기

16. 여행 … 142
  여행준비 / 여행 / 관광 / 숙박시설

17. 교육 … 151
  학교 / 교과목 / 교육내용 / 교실 / 문구 / 문법 / 대학

18. 예술 … 163
  일반 어휘 / 문학 / 음악 / 미술 / 연극, 영화

19. 문화 … 174
  철학 / 종교 / 역사

사회생활

20. 사생활 ··· 182
가족 / 가정생활 / 인간관계 / 좋은 경험 / 나쁜 경험 / 생활 환경

21. 친교 ··· 195
일반어휘 / 좋은 행동 / 나쁜 행동

22. 일 ··· 199
일터 / 일의 분야 / 작업 / 노동 문제

23. 교통 ··· 205
승용차 / 도로와 신호 / 정비소, 주유소 / 운전 / 대중교통

24. 우편, 은행 ··· 214
우편 / 은행

정치·경제

25. 정치 ··· 220
의회 / 행정 / 정치 / 국제정치 / 위기

26. 매스미디어 ··· 231
언론 / 라디오, TV / 전쟁 / 사법 / 정치 / 재난 / 사회문제

lexique français

환경

27. 기후 … 246
일반어휘 / 좋은 날씨 / 궂은 날씨

28. 자연 … 250
동물 / 식물 / 자연환경 / 땅 / 지리 / 물 / 하늘 / 경치

29. 도시환경 … 262
도시 / 빌딩 / 도로 / 도시문제 / 유럽의 도시 / 독일, 영국의 지역

주제에 따른 분류

30. 색과 형태 … 270
색 / 모양

31. 재료, 재질 … 273
일반어휘 / 원자재 / 광물, 화학재료

32. 수 … 277
기수 / 수량의 표현 / 측정 / 양의 개념

33. 공간 … 285
명사 / 형용사 / 전치사 / 부사

34. 시간 … 292
년 / 월 / 주 / 날짜 / 시간 / 빈도 / 시간대 / 시점 / 완급의 표현

프랑스어 기본어휘

사람에 관한 표현

1. 개인에 관한 표현
2. 성격과 외모
3. 행동
4. 일
5. 기분
6. 생각
7. 대화
8. 평가
9. 관용적인 표현
10. 대화 형

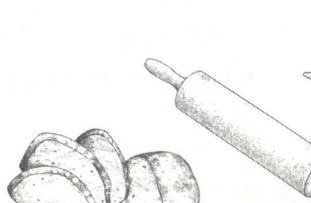

1 개인에 관한 표현

개인정보

l'**adresse** f [adres] — **n.** 주소.
l'**adulte** mf [adylt] — **n.** 성인, 어른. 미성년자는 mineur.
l'**âge** m [aʒ] — **n.** 나이, 연령.
aîné, e [ene] — **adj.** 나이를 더 먹은, 연장자인.
C'est mon frère *aîné*. 그는 내 형님이다.

l'**an** m [ã] — **n.** 연(年), 해, 살.
J'ai 19 *ans*. 나는 열아홉 살이다.

appeler (s') [saple] — 이름이 ~ 이다.
Je m'*appelle* Jasmine. 내 이름은 쟈스민이다.

l'**avenue** f. [avny] — **n.** 대로, 큰 길 (가로수가 있는).
J'habite 3, *avenue* Foch.
나는 포슈로 3번지에 살고 있다.

le **boulevard** [bulvar] — **n.** 도시의 큰 거리.
catholique [katɔlik] — **adj.** 가톨릭교의 **n.** 가톨릭 교도.
chrétien, ne [kretj, ɛn] — **adj.** 기독교의 **n.** 기독교 신자.
le **département** [departəm] — **n.** 도(道), 프랑스의 행정구역으로 본토에 95개, 해외 영토 5개가 있음.
Nancy se trouve dans le *département* de la Moselle. 낭시는 모젤 도(道)안에 있다.

l'**enfant** mf [f] — **n.** 어린이, 아동, 자식.
étranger, -ère [etrʒe, ɛr] — **adj.** 외국의 **n.** 외국인.
l'**habitant** m [abit] — **n.** 주민, 거주민.
habiter [abite] — **v.** 살다, 거주하다.
l'**identité** f [idãtite] — **n.** 신분, 신원.
J'ai perdu ma carte d'identité.

	나는 내 신분증을 분실했다.
l'**individu** m [ɛ̃dividy]	**n.** 개인,
madame [madam]	**n.** Mrs. 기혼 부인에 대한 경칭, 복수는 **Mesdames**.
mademoiselle [madmwazɛl]	**n.f.** Miss. 미혼 여성에 대한 경칭. 복수는 **Mesdemoiselles**
majeur, e [maʒœr]	**adj.** 성년의 **n.** 성년자. Je suis *majeur*, j'ai 18 ans. 나는 성년이다. 나는 18세이다.
marié, e [marje]	**adj.** 결혼을 한 **n.** 기혼자.
le **métier** [metje]	**n.** 직업. Quel est votre *métier*? 당신의 직업이 무엇입니까?
monsieur [məsjø]	**n.** Mr. 남성에 대한 존칭.
naître [nɛtr]	**v.** 태어나다, 출생하다. Je suis né le 12 mars 1973. 나는 1973년 3월 12일에 태어났다.
la **nationalité** [nasijɔnalite]	**n.** 국적. Quelle est votre *nationalité*? 당신의 국적은 무엇입니까?
le **nom** [nɔ̃]	**n.** 이름, 성명, 성. Quel est votre *nom*? 당신의 이름이 무엇입니까?
le **nom de famille** [nɔ̃dəfamij]	**n.** 성(性)
le **passeport** [paspɔr]	**n.** 여권
le **pays** [pei]	**n.** 나라, 지방.
la **pièce d'identité** [pjɛsdidɑ̃tite]	**n.** 신분증.
la **place** [plas]	**n.** 자리, 장소(lieu, endroit, emplacement)
le **prénom** [preñ]	**n.** 이름, 세례명
la **profession** [prɔfɛsj]	**n.** 직업
protestant, e [prɔtɛst, t]	**adj.** 개신교의 **n.** 개신교도

사람에 관한 표현

la **religion** [rəliʒj]	**n.** 종교.
la **rue** [ry]	**n.** 거리, 가(街),
le **sexe** [sɛks]	**n.** 성(性), 남성은 **sexe masculin**, 여성은 **sexe féminin**.
la **signature** [siɲatyr]	**n.** 서명, **donner sa signature** 서명하다.
signer [siɲe]	**v.** ~에 서명하다.
le **titre** [titr]	**n.** 지위, 직위,
le, la **célibataire** [selibatɛr]	**n.** 독신자.
la **date de naissance** [datdənɛsãs]	**n.** 생년월일.
divorcé, e [divɔrse]	**n.** 이혼자 **adj.** 이혼한.
l'**époux, -ouse** [epu, z]	남편, 아내, 부부는 **époux**.
être d'origine [ɛtrədɔriʒin]	~출신이다. Ben *est d'origine* américaine. 벤은 미국 출신이다.
l'**impasse** *f* [ɛ̃pas]	**n.** 막다른 골목.
le **lieu de naissance** [ljødnɛsãs]	**n.** 출생지.
le **nom de jeune fille** [nɔ̃dʒœnfij]	**n.** 처녀때의 성(姓).
personnel, le [pɛrsɔnɛl]	**adj.** 개인적인.
le **signe particulier** [siɲpartikylje]	**n.** 특징.
le **veuf**, la **veuve** [vœf, vœv]	**n.** 홀아비, 과부

직업

l'**acteur, -trice** [aktœr, tris]	배우.
l'**agent** m [aʒɑ̃]	경관, 순경(agent de police), 대리인.

l'**architecte** m [aʁʃitɛkt]	건축가.
l'**avocat**, e [avɔka, t]	변호사.
le **boulanger**,	빵장수, 빵 만드는 사람.
la **boulangère** [bulɑ̃ʒe, ɛʁ]	
le **cadre** [kadʁ]	중견 간부.
le **certificat** [sɛʁtifika]	증명서, 자격증.
le **charcutier**,	돼지고기 장수, 돼지 가공 식품업자.
la **charcutière** [ʃəʁkytje, ɛʁ]	
le **chauffeur** [ʃofœʁ]	운전기사.
le **chirurgien**,	외과 의사.
la **chirurgienne** [ʃiʁyʁʒjɛ̃, ɛn]	
le **commerçant**,	장사, 상인.
la **commerçante** [kɔmɛʁsɑ̃, t]	
le, la **concierge** [kɔ̃sjɛʁʒ]	경비원, 건물 관리인.
le, la **dentiste** [dɑ̃tist]	치과 의사.
le **diplôme** [diplom]	졸업장, 학위증.
le **directeur**, la **directrice** [diʁɛktœʁ, tʁis]	장(長), 지휘자, 사장, 지배인.
l'**écrivain** m [ekʁivɛ̃]	작가 (여성형이 없음).
l'**élève** mf [ɛlɛv]	학생, 생도. Paul est *élève* de quatrième au collège. 폴은 중학교 3학년 학생이다. (6e= 중1, 5e=중2, 4e= 중3, 3e= 중학교 4학년)
l'**employé** [ɑ̃plwaje]	사무원, 피고용인.
l'**étudiant**, e [etydjɑ̃,t]	학생 (일반적으로 대학생).
le **facteur** [faktœʁ]	우체부.
la **femme de ménage** [famdəmenaʒ]	가정부, 파출부.
le, la **fonctionnaire** [fɔ̃ksjɔnɛʁ]	공무원.
le, la **garagiste** [gaʁaʒist]	차고 관리인, 자동차 정비사.
le **garçon** [gaʁsɔ̃]	웨이터, 벨보이.
le **gardien**,	경비원, 관리인.
la **gardienne** [gaʁdjɛ̃, ɛn]	Mon oncle est gardien dans un musée.

사람에 관한 표현

	나의 아저씨는 어떤 박물관의 경비원이다.
l'**infirmier, -ère** m.f. [ɛ̃firmje, ɛr]	간호사.
l**ingénieur** m [ɛ̃ʒenjœr]	엔지니어, 기사(여성형은 없음).
l'**instituteur, -trice** [ɛ̃stitytœr, tris]	초등학교 교사.
l**interprète** m,f [ɛ̃terprɛt]	통역사.
le, la **journaliste** [ʒurnalist]	기자.
le **juge** [ʒyʒ]	재판관, 판사, 심판.
le **marchand**, la **marchande** [marʃã, d]	장사, 상인.
le **marin** [marɛ̃]	선원, 수부, 해상 근무원.
le **médecin** [mɛdsɛ̃]	의사 (여성형 없음).
le **ministre** [ministr]	장관.
le **musicien**, la **musicienne** [myzisjɛ̃, ɛn]	음악가, 악사.
l'**ouvier, -ère** [uvrije, ɛr]	노동자, 일꾼.
le **paysan**, la **paysanne** [peizã, an]	농부.
le **peintre** [pɛ̃tr]	화가 (여성형 없음).
le **pompier** [pɔ̃pje]	소방대원, 구조대원.
le **professeur** [prɔfɛsœr]	교수, 교사 (여성형 없음).
la **retraite** [rətrɛt]	은퇴, 퇴직.
	Mon grand-père est en *retraite*.
	나의 할아버지는 은퇴하셨다.
le, la **secrétaire** [səkretɛr]	비서, 비서관.
le **soldat** [sɔlda]	군인, 사병,「장교」는 *officier*.
le **vendeur**, la **vendeuse** [vãdœr, øz]	점원, 판매원.
l'**agriculteur** m [agrikyltœr]	농부, 여성형은 **agricultrice**.
l'**apprenti, e** [aprãti]	연수생, 수습생.
l'**artiste** mf [artist]	예술가.
le **bijoutier**, la **bijoutière** [biʒutje, ɛr]	보석상, 보석 세공인.
le **cadre moyen** [kadrəmwajɛ̃]	중급 간부.

le **cadre supérieur** [kadrəsyperjœr]	고급 간부.
le **chef d'entreprise** [ʃɛfdɑ̃trəpriz]	기업 대표.
le, la **comptable** [kɔ̃tabl]	회계, 재무담당 직원.
le **contre-maître** [kɔ̃trəmɛtr]	직공장, 감독, 십장.
le **contrôleur**, la **contrôleuse** [kɔ̃trolœr, øz]	검사관, 감독관.
le **cuisinier**, la **cuisinière** [kɥizinje, ɛr]	요리사.
l'**électricien** m [elɛktrisjɛ̃]	전기기사.
l'**électronicien, ne** [elɛktronisjɛ̃, ɛn]	전기공학자.
l'**enseignant**, e [ɑ̃sɛɲɑ̃, t]	교원, 교육자.
l'**entrepreneur, -euse** [ɑ̃trəprənœr, øz]	기업가, 청부인.
la **femme au foyer** [famofwaje]	주부.
la **garde** [gard]	경호원.
l'**hôtelier, -ère** [ɔtəlje, ɛr]	호텔 주인, 호텔 경영자.
l'**hôtesse de l'air** f [ɔtɛsdəlɛr]	스튜어디스.
l'**industriel** m [ɛ̃dystrijɛl]	실업가, 상공업자,
le **jardinier**, la **jardinière** [ʒardinje, ɛr]	정원사, 원예가.

국가와 국적

l'**Allemagne** f [almaɲ]	독일.
allemand, e [almɑ̃, d]	독일 사람. 독일어 (m.). Il est *allemand*. 그는 독일사람이다.
américain, e [amerikɛ̃, ɛn]	미국인.
anglais, e [ɑ̃glɛ, z]	**adj.** 영국의 **n.** 영국인, 영어 (m.). Je parle aussi *anglais*. 나는 영어도 말할줄 안다.

사람에 관한 표현

l'**Angleterre** f [ãglətɛːr]	영국.
l'**Autriche** f [otriʃ]	오스트리아.
autrichien, ne [otriʃjɛ̃, n]	오스트리아 사람.
belge [bɛlʒ]	벨기에 사람
la **Belgique** [bɛlʒik]	벨기에.
le **Danemark** [danmark]	덴마크.
danois, e [danwa, z]	덴마크인.
l'**Espagne** f [ɛspaɲ]	스페인.
espagnol, e [ɛspaɲɔl]	스페인 사람.
les **Etats-Unis** mpl [etazyni]	미국.
français, e [frãse, z]	프랑스인, 프랑스어 (m.).
la **France** [frãs]	프랑스.
hollandais, e [ˈɔlãdɛ, z]	네덜란드인 neerlandais, e 라고도 함.
la **Hollande** [ˈɔlãd]	네덜란드, 화란 (les Pays-bas).
l'**Italie** f [itali]	이탈리아.
italian, ne [italjɛ̃, n]	이탈리아인, 이탈리아어 (m.).
le **Japon** [ʒapɔ̃]	일본.
japonais, e [ʒapɔnɛ, z]	일본인, 일본어 (m.).
portugais, e [pɔrtygɛ, z]	포르투갈인, 포르투갈어 (m.).
le **Portugal** [pɔrtygal]	포르투갈.
l'**Algérie** *f* [alʒeri]	알제리.
algérien, ne [almerjɛ̃, ɛe]	알제리인.
britannique [britanik]	영국인.
la **Corée** [kɔre]	한국. 대한민국은 **la République de** Corée.
coréen, ne [kɔreɛ̃, ɛn]	한국인, 한국어 (m.).
la **Grande-Bretagne** [grãdbrətaɲ]	영국, **le Royaume-Uni** 라고도 함.
grec, grecque [grɛk]	그리스인, 그리스어 (m.).
la **Grèce** [grɛs]	그리스.
le **Luxembourg** [lyksãbur]	룩셈부르크,
luxembourgeois, e [lyksãburʒwa, z]	룩셈부르크인.

le **Maroc** [marɔk]	모로코.
marocain, e [marɔkɛ̃, n]	모로코인.
néerlandais, e [neɛrlɑ̃dɛ, z]	네덜란드인.
les **Pays-Bas** mpl [peiba]	네덜란드, 화란.
la **Suisse** [sɥis]	스위스.
suisse [sɥis]	**adj.** 스위스의.
	C'est un passeport *suisse*.
	이것은 스위스의 여권이다.
le **Suisse**, la **Suissesse** [sɥis, sɥisɛs]	스위스인.
la **Russie** [rysi]	러시아.
	구 소련은 U.R.S.S. (Union des Républiques Socialistes Soviétiques).

2 성격과 외모

일반적인 표현

le **caractère** [karaktɛr]
n. 성격(nature, qualité), 개성(personnalité).
Paul a bon *caractère*. 폴은 성격이 좋다.

caractéristique [karakteristik]
adj. 독특한, 특유의 **n.f.** 특징, 특색.

l'**état d'esprit** [etadɛspri]
기분, 정신상태.

la **façon** [fasɔ̃]
n. 방법, 방법론.
Pierre a une drôle de *façon* de voir les is choses.
피에르는 상황을 보는 이상한 방법을 갖고 있다.

féminin, e [feminɛ̃, in]
adj. 여성의, 여성적인.

la **femme** [fam]
n. 여인, 아내.

la **figure** [figyr]
n. 얼굴, 모습(visage, mine), 형상, 인물.

l'**homme** m [ɔm]
n. 사람, 남자.

masculin, e [maskylɛ̃, in]
adj. 남자의, 남성적인(mâle).

passer pour [pasepur]
~라고 여겨지다. 간주되다.
Marie a 40 ans, mais elle *passe pour* une jeune femme.
마리는 마흔 살이지만 젊은 여인으로 여겨진다.

le **physique** [fizik]
n. 체격, 용모.
Je n'aime pas son *physique*.
나는 그의 체격을 좋아하지 않는다.

le **trait** [trɛ]
n. 특징, 특색.
Le charme est son *trait* caractéristique.
매력은 그의 특징이다.

le **type** [tip]
n. 별난 사람, 녀석.
Quel sale *type*! 정말 나쁜 놈이로구나!

la **maturité** [matyrite]	**n.** 원숙함, 성숙, 노숙.
la **mentalité** [mɑ̃talite]	**n.** 정신상태, 심리상태. Paul a la mentalité d'un garçon de 12 ans. 폴은 12세 소년의 정신 상태를 갖고 있다.
la **personnalité** [pɛrsɔnalite]	**n.** 개성, 인격.

agréable [agreabl]   **adj.** 기분좋은 (plaisant). 마음에 드는 (↔ désagréable).

aimable [ɛmabl]   **adj.** 다정한, 상냥한, 사랑스러운.

avoir de l'esprit [avwardəlɛspri]   재치가 있는, 기지가 있는.

avoir de l'humour [avwardəlymur]   유머가 있는.

avoir de l'imagination [avwardəlimaʒinasjɔ̃]   상상력이 있는.

avoir de la volonté [avwardlavəlɔ̃te]   의지가 있는.

avoir du cœur [avwardykœr]   인정이 있는, 용기가 있는.

avoir un faible pour [avwarfɛblpur]   ~에 약한.

le **bon sens** [bɔ̃sɑ̃s]   양식(良), 지각.

brillant, e [brijɑ̃, t]   **adj.** 똑똑한, 훌륭한, 빼어난.

calme [kalm]   **adj.** 조용한, 차분한.

capable [kapabl]   **adj.** 가능한, ~할 수 있는.

charmant, e [ʃarmɑ̃, t]   **adj.** 매력있는, 매혹적인.

le **charme** [ʃarm]   **n.** 매력.

comique [kɔmik]   **adj.** 우스운, 희극적인.

commode [kɔmɔd]   **adj.** 편안한 (agréable), 안락한.

content, e [kɔ̃tɑ̃, t]   **adj.** 만족해 하는. Je suis *content* de ton succès. 나는 너의 성공에 만족해 한다.

le **courage** [kuraʒ]   **n.** 용기.

사람에 관한 표현

la **dame** [dam]

Montre du *courage!* 용기를 보여다오!
n. 부인.
La mère de Marie est une vraie *dame*.
마리의 어머니는 정말 귀부인 답다.

décontracté, e [dekɔ̃trakte] — **adj.** 걱정없는, 태평스런, 이완된.
dynamique [dinamik] — **adj.** 역동적인.
efficace [efikas] — **adj.** 유능한, 효력있는.
l'énergie *f* [enɛrʒi] — 에너지, 활력, 정력.
Ton *énergie* me dépasse complètement.
너의 정력은 나를 압도한다.

énergique [enɛrʒik] — **adj.** 정력적인, 활기있는.
être bien vu, e [ɛtrəbjɛ̃vy] — 잘 보인, 호감을 갖게 하는.
être de bonne volonté [ɛtrədəbɔnrɔlɔ̃te] — 자발적인.

fidèle [fidɛl] — **adj.** 성실한, 충실한(loyal, dévoué), 약속을 지키는.

fier, fière [fjɛr] — **adj.** 자부심이 강한. ~을 자랑스럽게 생각하는 (être fier de).

franc, franche [frɑ̃, frɑ̃ʃ] — **adj.** 솔직한, 거리낌 없는.
gai, e [gɛ] — **adj.** 명랑한, 쾌활한.
généreux, -euse [ʒenerø, z] — **adj.** 너그러운, 아량있는.
gentil, le [ʒɑ̃ti, j] — **adj.** 사람 좋은, 친절한, 상냥한.
habile [abil] — **adj.** 솜씨 좋은, 능란한
honnête [ɔnɛt] — **adj.** 정직한, 성실한(↔ malhonnéte), 청렴한.
humain, e [ymɛ̃, n] — **adj.** 인간적인.
innocent, e [inɔsɑ̃, t] — **adj.** 무죄의, 순결한, 악의 없는.
intelligent, e [ɛ̃teliʒɑ̃, t] — **adj.** 지적인, 똑똑한.
juste [ʒyst] — **adj.** 올바른, 정의로운(↔ injuste).
malin, maligne [malɛ̃, ɪɲ] — **adj.** 약은, 교활한 (astucieux, futé)
Tu es plus *malin* que moi.
네가 나보다 더 약다.

mignon, ne [miɲɔ̃, ɔn] — **adj.** 귀여운, 예쁜 (charmant, joli).
Nicolas a 3 ans, il est très *mignon.*

니꼴은 세살인데, 정말 귀엽다.

naturel, le [natyrɛl]	**adj.** 자연스러운, 꾸밈없는.
original, e, -aux [ɔriʒinal, o]	**adj.** 독창적인, 참신한.
poli, e [pɔli]	**adj.** 세련된(distingué), 예의바른(courtois), 정중한.
prudent, e [prydɑ̃, t]	**adj.** 조심성 있는, 신중한(↔ imprudent)
raisonnable [rɛzɔnabl]	**adj.** 이성적인, 합리적인, 타당한.
sage [saʒ]	**adj.** 현명한, 슬기로운.
sensible [sɑ̃sibl]	**adj.** 감수성이 예민한, 다정다감한(émotif).
sérieux, -euse [serjø, z]	**adj.** 진지한, 착실한.
sincère [sɛ̃sɛːr]	**adj.** 성실한, 솔직한(franc), 충심의(vrai).
sympa(thique) [sɛ̃patik]	**adj.** 호감을 주는, 마음에 드는.
tendre [tɑ̃dr]	**adj.** 부드러운, 정다운.
tranquille [trɑ̃kil]	**adj.** 조용한, 얌전한.
vif, vive [vif, viv]	**adj.** 활발한, 힘찬, 발랄한.

Mon fils est très *vif* pour son âge.
내 아들은 나이에 비해 활발하다.

l'ambition *f* [ɑ̃bisjɔ̃]	**n.** 야망, 대망.
brave [brav]	**adj.** 용감한 (↔**lâche**), 명사 앞에서는 성실한, 선량한
la compétence [kɔ̃petɑ̃s]	**n.** 권한, 자격 (**qualité**), 능력 (**capacité**).
consciencieux, -euse [kɔ̃sjɑ̃sjø, z]	**adj.** 양심적인, 정직한.
l'optimiste mf [ɔptimist]	**n.** 낙관주의자.
la sensibilité [sɑ̃sibilite]	**n.** 감수성, 다정다감함 (↔**insensibilité**).
la tendresse [tɑ̃drɛs]	**n.** 부드러움, 자애.

나쁜 성격

bavard, e [bavar, d]	**adj.** 수다스러운(loquace), 말이 많은.
bête [bɛt]	**adj.** 어리석은(idiot), 바보 같은(imbécile).

bizarre [bizar]
brutal, e, -aux [brytal, o]
la colère [kɔlɛr]

compliqué, e [kɔ̃plike]
curieux, -euse [kyrjø, z]

désagréable [dezagreabl]
difficile [difisil]

égoïste [egoist]
être mal vu, e [ɛtrəmalvy]
exigeant, e [ɛgziʒɑ̃, t]
faible [fɛbl]
fatigant, e [fatigɑ̃, t]
fou, fol, folle [fu, fɔl]

gâté, e [gate]
gourmand, e [gurmɑ̃, d]
grossier, -ère [grosje, ɛr]

hypocrite [ipɔkrit]
idiot, e [idjo, ɔt]
impatient, e [ɛ̃pasjɑ̃, t]
incapable [ɛ̃kapabl]

Martine est ***bête***, elle ne comprend rien.
마르틴은 바보다. 전혀 이해를 하지 못한다.
adj. 이상한(étrange), 기이한.
adj. 난폭한, 거친, 격렬한 (rude).
n. 분노, 노여움.
Ne te mets pas en colère.
화내지 마라.
adj. 복잡한, 까다로운.
adj. 호기심 많은.
캐기 좋아하는 (↔indifférent).
adj. 불쾌한, 언짢은 (déplaisant).
adj. 성격이 까다로운(exigeant).
Paul est ***difficile***, il ne mange pas de poisson.
폴은 까다로운 성격으로 생선을 먹지 않는다.
adj. 이기적인.
좋은 인상을 주지 않는.
adj. 성격이 까다로운, 쉽게 만족하지 못하는
adj. 약한(fort), 나약한.
adj. 피곤하게 하는, 힘들게 하는.
adj. 미친.
Raymond est ***fou*** d'elle.
레몽은 그 여자에 정신을 잃었다.
adj. 응석받이의, 너무 귀염받은.
adj. 식탐하는, 식도락의.
adj. 거친, 되는대로의, 무례한.
Quel enfant ***grossier***!
정말 버릇없는 아이로구나!
adj. 위선적인, 거짓의.
adj. 멍청한, 바보인.
adj. 참을성 없는, 성급한(être impatient de).
adj. 무능한, 불능의.
Tu es ***incapable*** de faire quoi que ce soit.
너는 아무 일도 해낼 수 없다.

Tu es un *incapable*. 너는 무능한 인간이다.

indifférent, e [ɛ̃diferɑ̃, t] **adj.** 무관심한, 냉담한.
Paul est *indifférent* à ses enfants.
폴은 자기 자식들에 무관심하다.

indiscret, -ète [ɛ̃diskrɛ, t] **adj.** 조심성 없는, 무례한.
Tais-toi, tu es *indiscret*.
조용히 해, 너는 입이 싸다.

lent, e [lɑ̃, t] **adj.** 느린, 완만한.
Lucie est *lente* à se décider.
루씨는 결심하는데 오래 걸린다.

méchant, e [meʃɑ̃, t] **adj.** 심술궂은, 고약한(malveillant).
mou, molle [mu, mɔl] **adj.** 무른, 부드러운 (↔rigide), 무기력한.
Qu'il est *mou*, ce garçon!
이 아이는 참 나약하구나!

nerveux, -euse [nɛrvø, z] **adj.** 신경질적인.
ordinaire [ɔrdinɛr] **adj.** 보통의(↔ extraordinaire), 평범한.
orgueilleux, -euse [ɔrgœjø, z] **adj.** 거만한, 자존심이 강한.
paresseux, -euse [parɛsø, z] **adj.** 게으른, 나태한 (↔ travailleur).
sévère [sevɛr] **adj.** 엄격한, 준엄한.
têtu, e [tɛty] **adj.** 고집이 센, 완고한 (entêté).
timide [timid] **adj.** 소심한(timoré), 수줍어하는(↔audacieux).

사람에 관한 표현

---

affolé, e [afɔle] **adj.** 미친, 이성을 잃은.
l'audace f [odas] **n.** 대담성 (**hardiesse**), 뻔뻔스러움 (**insolence**).
la brute [bryt] **n.** 난폭한 사람, 교양 없는 사람.
l'indifférence f [ɛ̃diferɑ̃s] **n.** 무관심.
ironique [irɔnik] **adj.** 빈정거리는, 풍자적인.
passif, -ive [pasif, iv] **adj.** 수동적인, 소극적인.
rude [ryd] **adj.** 거친, 뻣뻣한, 야만스러운.
sentimental, e, -aux [sɑ̃timɑ̃tal, o] **adj.** 감정적인.
snob [snɔb] **adj.** (불변화어) 유행을 따르는.

	n. 유행을 따르는 사람.
	Un préjugé courant: Ils sont *snob*, les gens du seizième.
	일반적인 편견에 따르면 16세기 사람들은 유행을 따르는 속물들이었다.
vulgaire [vylgɛr]	**adj.** 천박한, 저속한.

외모

affreux, -euse [afrø, z]	**adj.** 보기 흉한(horrible, épouvantable), 끔찍한. Tu es *affreux* dans ce manteau. 너는 이 외투를 입으면 보기에 끔찍하다.
âgé, e [aʒe]	**adj.** 나이를 먹은, ~ 살의.
la **barbe** [barb]	**n.** 수염.
beau, bel, belle [bo, bɛl]	**adj.** 멋진, 잘생긴. Il est vraiment *beau* garçon. 그는 정말 잘생긴 소년이다.
blond, e [blɔ̃, d]	**adj.** 금발의 **n.** 금발머리의 사람.
bronzé, e [brɔ̃ze]	**adj.** 청동색의, 구리빛으로 그을린.
le **cheveu, x** [ʃəvø]	**n.** 머리카락.
clair, e [klɛr]	**adj.** 맑은, 밝은, 명확한.
la **force** [fɔrs]	**n.** 힘, 기력. Je ne suis pas grand, mais j'ai de la *force*. 나는 크지는 않지만 기운이 세다.
fort, e [fɔr, t]	**adj.** 강한, 힘이 센.
grand, e [grɑ̃, d]	**adj.** 큰.
gras, se [gra, s]	**adj.** 지방질의, 기름기가 많은.
gros, se [gro, s]	**adj.** 뚱뚱한.
jeune [ʒœn]	**adj.** 젊은, 명사는 jeunesse (f.).
joli, e [ʒɔli]	**adj.** 예쁜, 귀여운.
laid, e [lɛ, d]	**adj.** 못생긴, 추한.

les **lunettes fpl** [lynɛt]	**n.** 안경(항상 복수형으로 쓰임).
maigre [mɛgr]	**adj.** 마른, 수척한 (↔ gros).
mince [mɛ̃s]	**adj.** 날씬한(svelte), 호리호리한(élancé).
moche [mɔʃ]	**adj.** 못생긴(laid), 보기 흉한(affreux).
pâle [pal]	**adj.** 창백한(blafard), 핼쑥한(blême), 생기없는.
petit, e [pti, t]	**adj.** 작은.
propre [prɔpr]	**adj.** 깨끗한, 깔끔한, 올바른.
roux, rousse [ru, rus]	**adj.** 적갈색의, 다갈색의.
sale [sal]	**adj.** 더러운(↔ propre), 추잡한.
vieux, vieil, vieille [vjø, vjɛj]	**adj.** 늙은, 명사는 vieillesse.

châtain [ʃatɛ̃]	**adj.** 밤색의 **n.** 밤색. Marie a les cheveux *châtains*. 마리는 밤색 머리카락을 갖고 있다.
d'un certain âge [dsɛrtɛ̃naʒ]	상당한 연배의.
élancé, e [elɑ̃se]	**adj.** 늘씬한.
informe [ɛ̃fɔrm]	**adj.** 틀이 덜 잡힌 보기 흉한.
svelte [svɛlt]	**adj.** 날씬한 (**élancé**).

사람에 관한 표현

프랑스어 기본어휘

3 행동

이동

aller [ale]   **v.** 가다, 되어가다, 건강상태가 ~ 하다.
Je *vais* aux toilettes. 나는 화장실에 간다.

arrêter (s') [sarete]   **v.** 멈추다, 정지하다.

l'arrivée f [arive]   **n.** 도착.

arriver [arive]   **v.** 도착하다.
Paul est *arrivé* à la gare. 폴은 역에 도착했다.

courir [kurir]   **v.** 뛰다, 달리다.

la course [kurs]   **n.** 뛰기, 경주.

danser [dɑ̃se]   **v.** 춤추다.

dépêcher (se) [sədepeʃe]   **v.** 서두르다.
Dépéche-toi! 서둘러라!

descendre [desɑ̃dr]   **v.** 내려가다.

la descente [desɑ̃t]   **n.** 내려감, 내리기, 하차.

entrer [ɑ̃tre]   **v.** 들어가다.

marcher [marʃe]   **v.** 걷다.
Pour aller au Trianom, il faut *marcher*.
트리아농에 가려면 걸어가야 한다.

monter [mɔ̃te]   **v.** 오르다, 올라가다(조동사는 「상태」를 나타낼 때 être, 「동작」일 때는 avoir).
J'ai *monté* l'escalier. 나는 계단을 올라갔다.
Je suis *monté*. 나는 올라갔다.

nager [naʒe]   **v.** 수영하다, 헤엄치다.
J'ai *nagé* longtemps. 나는 오랫동안 수영했다.

partir [partir]   **v.** 떠나다.
Je suis *parti* à trois heures. 나는 3시에 떠났다.

le **pas** [pa]	**n.** 발걸음.
la **promenade** [prɔmnad]	**n.** 산책, 산보.
promener (se) [səprɔmne]	**v.** 산책하다. 소풍하다.
rentrer [rɑ̃tre]	**v.** 돌아오다.
	Je suis *rentrée* très tard.
	나는 아주 늦게 돌아왔다.
rester [rɛste]	**v.** 남아있다. 머물다.
	On est *restés* trop longtemps à Versailles.
	우리는 너무 오랫동안 베르사이유에 있었다.
le **retour** [rətur]	**n.** 돌아옴, 귀환.
retourner [rəturne]	**vi.** 돌아가다, 다시 가다
	vt. 되돌리다, 돌려보내다.
	Je n'y *retournerai* plus.
	나는 다시는 그곳에 돌아가지 않을 것이다.
retourner (se) [sərəturne]	**v.** 몸의 방향을 바꾸다.
revenir [rəvnir]	**v.** 다시 오다.
sauter [sote]	**v.** 뛰어 오르다. 뛰어 넘다.
	J'ai *sauté*. 나는 뛰어 넘었다.
sauver (se) [səsove]	**v.** 달아나다 도망가다.
	Sauve qui peut! 각자 재주껏 도망쳐라!
sortir [sɔrtir]	**vi.** ~에서 나오다 **vt.** 꺼내다.
suivre [sɥivr]	**vt.** 뒤따르다, 뒤쫓다.
	On a *suivi* le guide.
	우리는 가이드를 따라갔다.
tomber [tɔ̃be]	**vi.** 떨어지다, 넘어지다 **vt.** 넘어뜨리다.
trouver (se) [sətruve]	**v.** ~에 있다.
venir [vənir]	**v.** 오다.
voler [vɔle]	**v.** 날아가다, 비행하다.
	L'avion a *volé* à grande vitesse.
	비행기는 빠른 속도로 날아갔다.
	J'ai *pris* l'avion.
	나는 비행기를 탔다.

approcher (s') [saprɔʃe]	**v.** ~에 다가가다, 접근하다.
avancer [avɑ̃se]	**vt.** 앞으로 내밀다, 진척시키다.
la **chute** [ʃyt]	**n.** 떨어짐, 추락.
le **déplacement** [deplasmɑ̃]	**n.** 옮기기, 이동, 이전.
déplacer (se) [sədeplase]	**v.** 이동하다, 몸을 움직이다.
diriger (se) [sədiriʒe]	**v.** ~로 향하다, ~로 가다.
	La voiture se *dirige* vers église.
	승용차는 교회를 향해 가고 있다.
disparaître [dispaʁɛtʁ]	**v.** 사라지다, 없어지다.
	Ma voiture a *disparu*.
	내 차가 없어졌다.
la **disparition** [disparisjɔ̃]	**n.** 사라짐, 실종, 소멸.
échapper [eʃape]	**v.** ~에서 도망치다, 모면하다.
	Je l'ai *échappé* belle.
	나는 가까스로 위험을 모면했다.
éloigner (s') [selwaɲe]	**v.** ~에서 멀어지다.
enfuir (s') [sɑ̃fɥir]	**v.** 달아나다, 사라지다.
la **fuite** [fɥit]	**n.** 도망, 도주.
glisser [glise]	**v.** 미끄러지다.
	J'ai *glissé* sur la neige.
	나는 눈 위에서 미끄러졌다.
précipiter (se) [səpresipite]	**v.** 서두르다, 돌진하다.
reculer [rəkyle]	**vt.** 후퇴시키다 **vi.** 뒤로 물러서다.
	La foule a *reculé*.
	군중들은 뒤로 물러섰다.
se **rendre à** [sərɑ̃dra]	~에 가다.
réunir (se) [səreynir]	**v.** 모이다.
trainer [trene]	**vt.** 끌고 가다 **vi.** 질질 끌리다.

동작

actif, -ive [aktif, iv]   **adj.** 활동적인, 활기찬.
l'activité f [aktivite]   **n.** 활동, 활동력.
asseoir (s') [saswar]   **v.** 앉다.
baisser (se) [səbese]   **v.** 몸을 굽히다.
bouger [buʒe]   **v.** 움직이다(remuer), 이동하다(se déplacer).
coucher (se) [səkuʃe]   **v.** 눕다, 엎드리다.
debout [dəbu]   **adv.** 일어서서 **adj.** 일어선(불변화어).
Je suis *debout*. 나는 일어서 있다.
Je me mets *debout*. 나는 일어난다.
Je reste debout. 나는 서 있다.
exercer (s') [sɛgzɛrse]   **v.** 훈련하다, 연습하다.
l'exercice m [ɛgzɛrsis]   **n.** 훈련, 연습.
lever (se) [sələve]   **v.** 일어서다.
mettre (se) [səmɛtr]   **v.** 몸을 두다, 자리를 잡다.
On se *met* là? 우리 저기에 앉을까요?
le mouvement [muvmɑ̃]   **n.** 움직임, 운동.

---

agir [aʒir]   **v.** 행동하다, 움직이다.
appuyer (s') [sapɥije]   **v.** ~에 기대다, 의지하다.
être à genoux [ɛtraʒnu]   무릎을 꿇다.
immobile [imobil]   **adj.** 움직임이 없는, 부동의.
redresser (se) [sərədrese]   **v.** 다시 일어서다, 몸을 바로 세우다.
remuer [rəmɥe]   **v.** 움직이다, 휘젓다, 뒤적거리다.
surgir [syrʒir]   **v.** 나타나다, 솟아오르다.
Le piéton a *surgi* derrière la voiture garée.
주차된 승용차 뒤로 보행자가 나타났다.

신체반응과 감각

dormir [dɔrmir]   **v.** 잠자다.
endormir (s') [sãdɔrmir]   **v.** 잠들다.
entendre [ãtãdr]   **v.** 듣다, 이해하다.
exister [ɛgziste]   **v.** 존재하다, 있다 (il y a).
le geste [ʒɛst]   **n.** 몸짓, 제스추어.
grandir [grãdir]   **vi.** 자라다. 커지다 **vt.** 키우다.
Nicolas a beaucoup *grandi*.
니꼴라는 많이 컸다.

gratter (se) [səgrate]   **v.** 자기 몸을 긁다.
grossir [grosir]   **v.** 뚱뚱해지다.
J'ai encore *grossi*. 나는 계속 살이 쪘다.

maigrir [megrir]   **v.** 마르다.
Tu as encore *maigri*. 너는 여전히 말랐다.

la mort [mɔr]   **n.** 죽음.
mourir [murir]   **v.** 죽다.
Elle est *morte* d'un cancer.
그녀는 암으로 죽었다.

la réaction [reaksjɔ̃]   **n.** 반응.
réagir [reaʒir]   **v.** 반응을 보이다, 대처하다.
réveiller (se) [səreveje]   **v.** 잠을 깨다.
Je me suis *réveillé* de bonne heure.
나는 일찍 잠을 깼다.

sentir [sãtir]   **v.** 느끼다, 감각으로 알다 (percevoir), 냄새맡다.

toucher [tuʃe]   **v.** 만지다, 건드리다.
transpirer [trãspire]   **v.** 땀을 흘리다.
la vie [vi]   **n.** 생명, 삶.
La *vie* est dure. 삶이 힘들다.
C'est la *vie*. 별수 없지 뭐.

vivre [vivr]   **v.** 살다.
voir [vwar]   **v.** 보다.

la vue [vy]	n. 시력, 시각.

détendre (se) [sədetɑ̃dr]	v. 느슨해지다, 완화되다. *Détendez*-vous! 긴장을 푸세요.
développer (se) [sədevlɔpe]	v. 펼쳐지다. 발전하다. 퍼져나가다.
évoluer [evɔlɥe]	v. 진보하다 (**progresser**), 진전하다.
l'évolution f [evɔlysjɔ̃]	n. 진보, 진전 (**progression**), 발전 (**développement**).
l'existence f [εgzistɑ̃s]	n. 존재, 실존.
le réflexe [reflεks]	n. 반사작용, 반사운동.
résister [reziste]	v. 저항하다, 물리치다.
rougir [ruʒir]	vt. 붉게하다, vi. 붉어지다. J'ai *rougi*. 나는 얼굴이 빨개졌다.
le sommeil [sɔmεj]	n. 잠, 졸음.
survivre [syrvivr]	v. 살아남다, ~보다 오래 살다. J'ai *survécu* à tous mes parents. 나는 내 부모님보다 오래 살았다.

4 일

작업

bricoler [brikɔle]　　v. 수리, 가공 등의 자잘한 일을 하다.
　　　　　　　　　　　Sébastien passe son temps à **bricoler** sa moto.
　　　　　　　　　　　세바스티앙은 그의 오토바이를 수리하는데 시간을 보낸다.

coller [kɔle]　　vt. 붙이다, 풀칠하다 vi. 달라붙다.
construire [kɔ̃strɥir]　　v. 건축하다, 가설하다.
continuer [kɔ̃tinɥe]　　v. 계속하다.
　　　　　　　　　　　Pierre **continue** à réparer sa voiture.
　　　　　　　　　　　피에르는 계속 자기 차를 수리하고 있다.

copier [kɔpje]　　v. 베끼다. 복사하다.
faire [fɛr]　　v. 만들다, 행하다, ~하게 만들다.
faire marcher [fɛrmarʃe]　　작동시키다, 운행시키다.

imiter [imite]　　v. 흉내내다, 모방하다.
peindre [pɛ̃dr]　　v. 색칠하다. 그림 그리다.
produire [prɔdɥir]　　v. 생산하다. 만들어 내다.
le produit [prɔdɥi]　　n. 생산물, 제품.
réaliser [realize]　　v. 실현하다, 실행하다.
la réparation [reparasjɔ̃]　　n. 수선, 수리.
réparer [repare]　　v. 수리하다.

---

effectuer [efɛktɥe]　　v. 실행하다 (**exécuter**), 실현하다 (**réaliser**), 이행하다.
limer [lime]　　v. 줄질하다, 다듬다.
mesurer [məzyre]　　vt. 길이, 넓이, 높이를 재다
　　　　　　　　　　　vi. 길이, 높이, 용량 등이 ~이다.

poncer [pɔ̃se]	v. 속돌로 닦다, 사포로 닦다.
raboter [rabɔte]	v. 대패로 밀다.
la réalisation [realizasjɔ̃]	n. 실현, 성취.
scier [sije]	v. 톱으로 켜다.

변화시키기

boucher [buʃe]   v. 틀어막다, 가로막다.
Il faut **boucher** le trou.
구멍을 틀어 막아야 한다.

casser [kase]   v. 깨다, 부수다(briser), 끊다(rompre).
couper [kupe]   v. 자르다, 절단하다, 재단하다.
couvrir [kuvrir]   v. 덮다, 가리다.
Le sol est **couvert** d'une moquette.
바닥은 양탄자로 덮였다.

déchirer [deʃire]   v. 찢다.
envelopper [ãvlɔpe]   v. 싸다, 포장하다, 덮다.
Christo a **enveloppé** le Pont Neuf.
크리스토는 뽕네프를 천으로 뒤덮었다.

plier [plije]   v. 접다. 포개다.
remplir [rãplir]   v. 가득 채우다.
supprimer [syprime]   v. 제거하다, 삭제하다, 진압하다.
vider [vide]   v. 비우다.

briser [brize]	v. 깨뜨리다 (**casser**), 분쇄하다 (**détruire**).
rompre [rɔ̃pr]	v. 부러뜨리다 (**briser**), 무너뜨리다 (**enfoncer**), 찢다 (**déchirer**).
la rupture [ryptyr]	n. 파괴, 절단.

사람에 관한 표현

이동시키기

apporter [apɔrte]   v. 가져오다.
appuyer [apɥije]   v. 버티다. ~에 기대다.
~에 대고 누르다(presser).
Appuyez sur le bouton. 단추를 누르시오.

arracher [araʃe]   v. 뽑다(déraciner).
cacher [kaʃe]   v. 숨기다, 가리다(masquer).
chercher [ʃɛrʃe]   v. 찾다, 구하다, 탐구하다.
emporter [ãpɔrte]   v. 가져가다. 데려가다.
enfermer [ãfɛrme]   v. 가두다.
jeter [ʒəte]   v. 던지다. 몸의 일부를 내뻗다.
lâcher [laʃe]   v. 느슨하게 하다(rendre moins serré), 방출하다.
laisser [lese]   v. 놓아두다, 내버려두다.
J'ai *laissé* mes papiers dans la voiture.
나는 서류를 차안에 두고 왔다.

lancer [lãse]   v. 던지다. 발사하다. 배를 띄우다.
lever [ləve]   v. 들다(soulever), 올리다(hausser↔baisser).
mettre [mɛtr]   v. 놓다.
Mets les fleurs sur la table.
꽃들을 탁자 위에 놓아라.
Mets la nappe sur la table.
식탁보를 탁자 위에 놓아라.

perdre [pɛrdr]   v. 잃다, 분실하다.
placer [plase]   v. 놓다, 두다, 자리 잡아주다.
porter [pɔrte]   v. 입고 있다. 신고 있다. 짐을 나르다.
운반하다.
pousser [puse]   v. 밀다, 떠밀다.
Poussez. 미시오.
ranger [rãʒe]   v. 정리하다(↔déranger), 정렬시키다.
Range tes affaires. 네 물건들을 정돈해라.
recevoir [rəsəvwar]   v. 받다, 접수하다.
remplacer [rãplase]   v. 바꾸다, 대체하다.

	J'ai *remplacé* mon vélo par un vélomoteur.
	나는 내 자전거를 모터 사이클로 바꿨다.
repousser [rəpuse]	v. 밀어 젖히다. 물리치다, 거절하다.
retirer [rətire]	v. 다시 당기다, 끌어내다.
retrouver [rətruve]	v. 다시 찾다, 다시 만나다.
tirer [tire]	v. 당기다, 끌다.
	Tirez. 당기시오.
tourner [turne]	v. 돌리다, 휘젓다, 영화 촬영하다.
trouver [truve]	v. 발견하다, 만나다.

acquérir [akerir]	v. 얻다 (↔ **perdre**), 획득하다.
attribuer [atribɥe]	v. 부여하다, 주다 (**octroyer**), 할당하다 (**assigner**).
distribuer [distribye]	v. 나눠주다, 분배하다.
éloigner [elwaɲe]	v. ~을 멀리하다.
importer [ɛ̃pɔrte]	v. 수입하다 (↔ **exporter**), 도입하다 (**introduire**).
installer [ɛ̃stale]	v. 자리 잡게하다, 설치하다.
la **perte** [pɛrt]	n. 상실, 분실,
renverser [rɑ̃vɛrse]	v. 뒤엎다, 방향을 거꾸로 하다.
répartir [repartir]	v. 나누어주다, 할당하다.
la **répartition** [repartisjɔ̃]	n. 분배, 분할,

물건의 사용

charger [ʃarʒe]	v. ~에 짐을 싣다, ~을 태우다.
	Il faut *charger* la voiture.
	차에 짐을 실어야 한다.
choisir [ʃwazir]	v. 고르다. 선택하다.
le **choix** [ʃwa]	n. 선택.
	Au *choix*. 의향대로, 가격균일.
diriger [diriʒe]	v. ~쪽으로 향하게 하다. 인도하다, 지도하다.

donner [dɔne]
v. 주다.
Qu'est-ce qu'on t'a *donné* pour ton anniversaire?
사람들은 네 생일에 무엇을 주었니?

faire voir [fɛrvwar]
보여주다.
Fais voir. 보여다오.

fixer [fikse]
v. 고정시키다, 결정짓다.
interrompre [ɛ̃tɛrypsjɔ̃]
v. 중단하다, 중지시키다, 차단하다.
monter [mɔ̃te]
vi. 오르다, **vt.** 올리다, 조립하다, 설치하다.
Qui a *monté* la tente? 누가 텐트 설치했지?

montrer [mɔ̃tre]
v. 보여주다(faire voir), 제시하다(présenter).
organiser [ɔrganize]
v. 조직하다.
partager [partaʒe]
v. 나누다, 분할하다.
poser [poze]
v. 놓다, 내려놓다.
Pose ça par terre. 그것을 땅바닥에 놓아라.

présenter [prezɑ̃te]
v. 제시하다, 내보이다 소개하다.
profiter [prɔfite]
v. 이익을 보다, 수익을 올리다.
J'ai *profité* de l'occasion.
나는 그 기회를 이용했다.

ramasser [ramase]
v. 끌어 모으다. 줍다, 주워 모으다.
Nous avons *ramassé* des champignons.
우리는 버섯들을 따서 모았다.

régler [regle]
v. 정리하다. 해결하다, 조정하다.
Il est temps de *régler* cette affaire.
이 일을 처리할 시간이다.
Cette télé doit être *réglée*.
이 TV는 손을 좀 봐야 한다.

rendre [rɑ̃dr]
v. 돌려주다.
salir [salir]
v. 더럽히다.
tendre [tɑ̃dr]
v. 팽팽하게 하다, 뻗치다, 내밀다.
tenir [tənir]
v. 잡고 있다. 붙잡아 두다.
utiliser [ytilize]
v. 이용하다. 사용하다(employer).
A *utiliser* avant le 31 mars 1997.
1997년 3월 31일 이전까지 사용할 것.

voler [vɔle]   v. ① 날다, 비행하다 ② 훔치다, 도둑질 하다.

accumuler [akymyle]   v. 축적하다 (entasser).
appliquer [aplike]   v. 갖다대다, 붙이다, 적용하다.
exploiter [ɛksplwate]   v. 활용하다 (profiter de), 개발하다.
faciliter [fasilite]   v. 쉽게 만들다.
gâcher [gaʃe]   v. 반죽하다, 망치다, 썩히다.
l'interruption f [ɛ̃tɛrypsjɔ̃]   n. 중단, 차단.
le mode d'emploi [mɔddɑ̃plwa]   n. 이용 방법.
négliger [negliʒe]   v. 소홀히 하다, 무시하다.
réclamer [reklame]   v. 청구하다 (revendiquer). 요구하다 (exiger).
secouer [səkwe]   v. 흔들다.
varier [varje]   v. 여러가지로 바꾸다, ~에 변화를 주다.

5 기분

좋은 기분

aimer [eme]
   v. 좋아하다. 사랑하다.
   J'*aimerais* qu'on aille au cinéma.
   나는 우리가 영화보러 가면 좋겠다.

aimer faire [emefɛr]
   ~하기를 좋아하다.
   J'*aimerais* aller en vacances.
   나는 바캉스를 떠나고 싶다.

l'amitié f [amitje]
   n. 우정, 우의(↔ inamitié).

amuser (s') [samyze]
   n. 놀다, 즐기다.

la confiance [kɔ̃fjãs]
   n. 신뢰, 신임(↔ méfiance), 자신(assurance).
   J'ai *confiance* en ma femme.
   나는 내 아내를 믿는다.

entendre (s') [sãtãdr]
   v. 서로 이해하다, 사이가 좋다.
   On s'*entend* bien. 우리는 사이가 좋다.

espérer [ɛspere]
   v. 희망하다, 바라다(souhaiter), 기대하다.
   J'*espère* que tout ira bien.
   모든 일이 잘 되길 바란다.

gai, e [gɛ]
   adj. 명랑한, 쾌활한

plaire [plɛr]
   v. ~의 마음에 들다.
   Ça me *plaît*. 그것이 마음에 든다.

le plaisir [plezir]
   n. 기쁨, 즐거움.
   Avec *plaisir*. 기꺼이.

préférer [prefere]
   v. ~을 … 보다 더 좋아하다.
   ~ 하기 보다 … 하고 싶다.

réconcilier (se) [sərekɔ̃silje]
   v. 서로 화해하다.

le rêve [rɛv]
   n. 꿈, 공상, 몽상.

rêver [reve]	v. 꿈꾸다, 공상에 잠기다.
	Je *rêve* de toi toutes les nuits.
	나는 매일 밤 너의 꿈을 꾼다.
rire [rir]	v. 웃다, 즐거워 하다.
	Nous avons bien *ri* de ses plaisanteries.
	우리는 그의 농담에 많이 웃었다.
	Il n'y a pas de quoi *rire*. 웃을 일이 아니다.
	J'ai dit ça pour *rire*. 농담으로 한 말이다.
le sentiment [sɑ̃timɑ̃]	n. 감정, 감수성, 느낌.
sourire [surir]	v. 미소 짓다.
tomber amoureux, -euse [tɔ̃beamurø, z]	v. 사랑에 빠지다.

aimer mieux [ememjø]	~를 더 좋아하다.
	J'*aimerais mieux* que tu ailles lui parler. 네가 그에게 말하러 가는 편이 더 낫겠다.
confier [kɔ̃fje]	v. 맡기다, 위탁하다, 의뢰하다.
le désespoir [dezɛspwar]	n. 절망, 실망.
éprouver [epruve]	v. 시험해 보다, 체험하다, 느끼다 (ressentir).
faire confiance à [fɛrkɔ̃fjɑ̃sa]	~을 신뢰하다.
la gaieté [gɛte]	n. 명랑, 쾌활.
la joie [ʒwa]	n. 기쁨, 즐거움.
	La joie de vivre. 삶의 기쁨.
la jouissance [ʒwisɑ̃s]	n. 향락, 쾌락, 즐거움.
plaire (se) [səplɛr]	v. 흡족해하다.
	Je *me plais* beaucoup à Paris.
	나는 파리에서 매우 만족해 하고 있다.
réjouir (se) [sərəʒwir]	v. ~을 기뻐하다, 즐겁게 놀다.
rigoler [rigɔle]	v. 웃으며 흥겨워하다.
	Qu'est-ce qu'on a *rigolé*!
	우리는 얼마나 즐거웠던가!
	Tu *rigoles*! 농담마라.

사람에 관한 표현

la **satisfaction** [satisfaksjɔ̃]	**n.** 만족.
sentimental, e, -aux [sãtimãtal, o]	**adj.** 감정적인, 애정에 관한.

나쁜 기분

avoir honte [avwarʼɔt] 　　　　부끄러워 하다.
avoir peur [avwarpœr] 　　　　무서워 하다, 겁내다.
　　　　J'*ai peur* d'être collé. 나는 낙제 할까봐 겁난다.
　　　　J'*ai peur* qu'il le sache.
　　　　그 사람이 그 일을 알까봐 걱정이 된다.

le chagrin [ʃagrɛ̃] 　　　　**n.** 슬픔, 비애.
détester [detɛste] 　　　　**v.** 싫어하다, 미워하다 (hair).
l'embarras m [ãbara] 　　　　**n.** 난처함, 당황, 곤경.
être oblige, e [ɛtrobliʒe] 　　　　~해야만 하다.
　　　　Vous n'*êtes* pas *obligé* de prendre le menu.
　　　　꼭 이 집 정식을 드시지 않아도 됩니다.
　　　　C'était *obligé*. 그래야만 했다.

moquer (se) [səmɔke] 　　　　**v.** ~ 을 놀리다, 조롱하다.
　　　　Janine se *moque* de tout.
　　　　쟈닌은 모든 일을 우습게 여긴다.

la peur [pœr] 　　　　**n.** 겁, 공포(effroi), 불안(crainte).
la pitié [pitje] 　　　　**n.** 측은하게 여기는 마음, 동정, 연민.
　　　　Tu me fais *pitié*.
　　　　너는 내게 불쌍한 생각이 들게 한다.

pleurer [plœre] 　　　　**v.** 울다.
regretter [rəgrete] 　　　　**v.** 후회하다, 유감으로 생각하다.
　　　　Je regrette. 나는 후회한다.

se faire des illusions 　　　　환상을 품다, 착각하다.
[səfɛrdezilyzjɔ̃]
se faire du souci [səfɛrdysusi] 　　　　걱정하다, 애태우다.
souffrir [sufrir] 　　　　**v.** 고통받다, 괴로움을 견디다.

	Mémé *souffre* des dents. 할머니는 치통으로 고생한다.
toucher [tuʃe]	**v.** 감동시키다, 애처로운 생각이 들게 하다.
trembler [trãble]	**v.** 떨다(frissonner), 전율하다.
triste [trist]	**adj.** 슬픈(↔ joyeux), 우울한(mélancolique).
craindre [krɛ̃dr]	**v.** 두려워 하다, 겁내다 (**redouter**), 염려하다. C'est une plante qui *craint* le froid. 이것은 추위를 싫어하는 식물이다.
la **crainte** [krɛ̃t]	**n.** 두려움, 염려.
désespérer [dezɛspere]	**v.** 절망 시키다 (**décourager**), ~하는 것을 단념하다.
le **deuil** [dœj]	**n.** 초상, 애도, 상복. Elle est en *deuil* de son mari. 그녀는 자기 남편의 상을 당했다.
effondrer (s') [sefɔ̃dre]	**v.** 무너지다, 털썩 주저앉다, 쓰러지다.
la **haine** [´ɛn]	**n.** 증오, 혐오.
inquiéter (s') [sɛ̃kjete]	**v.** 불안해하다, 걱정하다. Je m'*inquiète* de sa santé. 나는 그의 건강을 걱정한다.
l'**inquiétude** *f* [ɛ̃kjetyd]	**n.** 근심, 걱정, 염려.
la **jalousie** [ʒaluzi]	**n.** 질투, 시기.
la **méfiance** [mefjɑ̃s]	**n.** 불신, 의심, 경계.
méfier (se) [səmefje]	**v.** ~을 의심하다, 경계하다. Marc se *méfie* de tout le monde. 마크는 모든 사람을 경계한다.
le **mépris** [mepri]	**n.** 경멸 (**dédain**), 무시.
mépriser [meprize]	**v.** 멸시하다 (**dédaigner**), 무시하다.
pleurnicher [plœrniʃe]	**v.** 우는체 하다, 거짓으로 눈물 짓다.
s'en prendre à qqn [sɑ̃prɑ̃drakelk]	~을 탓하다, ~에게 책임을 돌리다.
sangloter [sɑ̃glɔte]	**v.** 흐느껴 울다.

la **souffrance** [sufrɑ̃s] **subir** [sybir] la **tristesse** [tristɛs] **troubler** [truble] **verser des larmes** [vɛrsedelarm]	**n.** 괴로움, 고통, 번민. **v.** ~를 당하다, 참고 견디다. Caroline a *subi* un choc. 까롤린은 쇼크를 당했다. **n.** 슬픔. **v.** 어지럽게 하다, 혼란에 빠트리다. 눈물을 흘리다.

6 생각

사고와 상상

l'**avis** m [avi]
    n. 의견(opinion), 견해.
    Quel est ton **avis**? 너의 생각은 무엇이냐?
    A mon **avis**. 내 생각에는

comparer [kɔ̃pare]
    v. ~을 … 와 비교하다, … 을 ~에 비유하다.

comprendre [kɔ̃prɑ̃dr]
    v. 깨닫다, 이해하다, 포함하다(comporter).
    Je **comprends** que tu sois triste.
    나는 네가 슬픈 것을 이해한다.

la **connaissance** [kɔnɛsɑ̃s]
    n. 알고 있기, 지식.

connaître [kɔnɛtr]
    v. 알다, 경험하다, ~와 친분이 있다.

croire [krwar]
    v. 믿다. ~가 사실이라고 생각하다.
    Je le **crois**. 나는 그것을 믿는다.
    Je ne **crois** pas au diable.
    나는 악마가 있다고 생각하지 않는다.
    Je n'en **crois** rien.
    나는 그것을 전혀 그렇게 생각하지 않는다.
    Je **crois** que c'est assez.
    나는 충분하다고 생각한다.

deviner [dəvine]
    v. 예언하다, 알아맞히다.
    Tu **devines**? 알아 맞춰 볼래?

distinguer [distɛ̃ge]
    v. 구분하다.

imaginer (s') [simaʒine]
    v. 상상하다.

l'**limpression** f [ɛ̃presjɔ̃]
    n. 인상, 감명, 소감.

l'**intelligence** f [ɛ̃telʒɑ̃s]
    n. 지성, 지능.

inventer [ɛ̃vɑ̃te]
    v. 발명하다. 고안하다.

l'**invention** f [ɛ̃vɑ̃sjɔ̃]
    n. 발명, 발견, 고안.

l'**opinion** f [ɔpinjɔ̃]	**n.** 의견.
oublier [ublije]	**v.** 잊다.
	망각하다(se rappeler, se souvenir de).
la **pensée** [pɑ̃se]	**n.** 생각, 사고.
penser [pɑ̃se]	**v.** 생각하다.
	Je *pense* que tu as tort.
	나는 네가 틀렸다고 생각한다.
le **point de vue** [pwɛ̃dvy]	**n.** 관점.
	Je partage ton *point de vue*.
	나는 너와 관점을 같이 한다.
prévoir [prevwar]	**v.** 예측다, ~에 대비하다.
la **raison** [rɛzɔ̃]	**n.** 이성, 지각, 분별력.
rappeler (se) [səraple]	**v.** 회상하다, 기억해내다.
	Je me *rappelle* ta jolie figure.
	나는 너의 예쁜 얼굴을 기억하고 있다.
réfléchir [refleʃir]	**v.** 심사숙고하다, 곰곰히 생각하다.
	Tu as bien *réfléchi*? 잘 생각해 보았니?
retenir [rətnir]	**v.** 기억해두다, 고려하다.
savoir [savwar]	**v.** 알다.
	Je *sais* que tu as raison, mais...
	네가 옳다는 것은 안다. 하지만....
se rendre compte de [sərɑ̃drəkɔ̃tdə]	~을 깨닫다.
	Je m'en suis *rendu compte*.
	나는 그것을 알아차렸다.
souvenir (se) [səsuvnir]	**v.** ~을 기억하다, 회상하다.
	L'accusé ne *se souvien*t de rien.
	피고는 아무것도 기억하지 못하고 있다.
tromper (se) [sətrɔ̃pe]	**v.** 틀리다, 실수하다.
apercevoir [apɛrsəvwar]	**v.** 보다, 알아차리다,
	알게 되다 (**découvrir**).
concevoir [kɔ̃səvwar]	**v.** 생각해내다, 구상하다,
	이해하다 (**comprendre**).

confondre [kɔ̃fɔ̃dr]	v. 혼동하다.
le doute [dut]	n. 의심, 의혹.
douter [dute]	v. 의심하다, 믿지 않다.
	Je *doute* de ta sincérité.
	나는 너의 성실성을 믿지 못하겠다.
douter (se) [sədute]	v. ~라고 짐작하다, 알아차리다.
	Il ne se *doute* de rien.
	그는 꿈에도 생각지 않고 있다.
l'imagination *f* [imaʒinasjɔ̃]	n. 상상, 상상력.
intellectuel, le [ɛ̃telɛktɥɛl]	adj. 지적인, 지능의.
la mémoire [memwar]	n. 기억, 기억력.
	Tu as bonne *mémoire*.
	너는 기억력이 참 좋다.
le raisonnement [rɛzɔnmɑ̃]	n. 추리, 추론.
raisonner [rɛzɔne]	v. 추리하다, 이치를 따지다.
reconnaître [rəkɔnɛtr]	n. 알아보다, 확인하다, 분간하다.
résoudre [rezudr]	v. 문제를 해결하다.
se faire une idée [səfɛrynide]	공상에 잠기다, 생각하다.
	Tu ne *te fais aucune idée* des difficultés.
	너는 어려움은 전혀 생각하지도 않는구나.
supposer [sypoze]	v. 가정하다, 추측하다.
tenir compte de [tənirkɔ̃tdə]	~을 참작하다, 고려에 넣다.
voir clair [vwarklɛr]	제대로 보다.
	Je n'y *vois* pas *clair*.
	나는 그것을 제대로 알지 못하겠다.

사람에 관한 표현

요청과 대응

accepter [aksɛpte]	v. 수락하다, 승인하다.
arranger [arɑ̃ʒe]	v. 정돈하다, 마련하다.
arriver à faire [ariveafɛr]	~하기에 이르다.
	Je n'y arrive pas. 나는 그 일을 못하겠다.

créer [kree]   **v.** 만들어내다, 창안하다.
débrouiller (se) [sədebruje]   **v.** 어려운 일을 해결하다.
Débrouillez-vous! 알아서 처리하시오!
décider [deside]   **v.** 결심하다, 결정하다.
Le juge décidera du sort de l'accusé.
판사는 피고의 운명을 결정할 것이다.
Le P.D.G. a décidé la poursuite des recherches.
회장은 연구를 계속하기로 결정했다.
décider (se) [sədeside]   **v.** 결심하다, 결단을 내리다.
Je me suis enfin décidée à acheter cette robe-là.
나는 저 원피스를 사기로 마침내 결정했다.
la décision [desizjɔ̃]   **n.** 결정.
Nous sommes obligés de prendre une décision. 우리는 결정을 내려야만 한다.
écouter [ekute]   **v.** 듣다, 남의 의견을 받아 들이다.
J'écoute les informations.
나는 뉴스를 듣고 있다.
écrire [ekrir]   **v.** 쓰다.
l'**effort** m [efɔr]   **n.** 노력, 수고.
engager (s') [sãgaʒe]   ~을 약속하다, ~할 결심을 하다.
entendre [ãtãdr]   **v.** 듣다.
Je n'entends rien, il y a trop de bruit.
너무 시끄러워서 전혀 안들린다.
espérer [ɛspere]   **v.** 희망하다, 바라다 (souhaiter).
J'espère qu'il n'a pas tout raconté.
나는 그가 모든 것을 얘기하지는 않았기를 바란다.
essayer [eseje]   **v.** 시도해 보다, 입어보다. 먹어보다.
étudier [etydje]   **v.** 연구하다 검토하다, 공부하다.
faire attention [feratãsjɔ̃]   주의하다.
faire exprès [fɛrɛksprɛ]   일부러 ~하다, 고의로 ~하다.
Je ne l'ai pas *fait exprès*.
일부러 그런 것이 아닙니다.

habituer (s') [sabitɥe]	**v.** 적응하다. On s'y *habitue* vite. 우리는 그것에 빨리 적응하고 있다.
l'intention *f* [ɛ̃tɑ̃sjɔ̃]	**n.** 의향, 의도.
intéresser (s') [sɛ̃terese]	~에 흥미를 갖다, ~에 관심을 갖다. Je m'intéresse au cinéma. 나는 영화에 관심을 갖고 있다.
l'intérêt m [ɛ̃terɛ]	**n.** 관심, 흥미, 이해관계. L'*intérêt* de la chose... ~에 대한 관심.
lire [lir]	**v.** 읽다.
observer [ɔpsɛrve]	**v.** 관찰하다, 감시하다.
opposer (s') [sɔpoze]	**v.** ~에 반대하다.
préférer [prefere]	**v.** ~을 더 좋아하다, ~을 선호하다. Je *préfère* qu'on aille au restaurant. 나는 우리들이 식당에 갔으면 좋겠다.
prouver [pruve]	**v.** 증명하다, 입증하다. Qu'est-ce que ça *prouve*? 그것이 무엇을 입증합니까?
refuser [rəfyze]	**v.** 거절하다, 거부하다. On ne peut rien lui *refuser*. 그에게는 아무 것도 거절할 수 없다.
regarder [rəgarde]	**v.** 들여다보다, 주시하다.
remarquer [rəmarke]	**v.** 주목하다, 알아보다 (distinguer).
renoncer [rənɔ̃se]	**v.** ~을 단념하다. Je ne *renonce* pas à mes droits. 나는 내 권리를 포기하지 않는다.
réussir [reysir]	**v.** 성공하다. Il a *réussi* dans toutes ses entreprises. 그는 모든 그의 사업에서 성공했다. Je n'ai pas réussi à faire fortune. 나는 재산을 모으는데 성공하지 못했다.
risquer [riske]	**v.** 위험을 무릅쓰다, ~의 가능성이 있다. Les gendarmes ont *risqué* leur vie.

사람에 관한 표현

헌병들은 그들의 목숨을 걸고 일했다.
Ça *risque* de ne pas marcher.
작동이 안될 수도 있다.
Tu ne *risques* pas d'avoir froid avec cette fourrure.
이 모피를 입으면 너는 감기에 걸릴 염려가 없다.

se donner du mal [sədɔnedymal] 애쓰다, 고생하다.
se donner la peine [sədɔnelapɛn] ~하는 수고를 하다, 애쓰다.
sentir [sãtir] v. 감각으로 느끼다, 예감하다.
Je *sens* que ça tourne mal.
나는 그것이 악화 되리란 예감을 받는다.
signer [siɲe] v. ~에 서명하다.
souhaiter [swete] v. 바라다, 기원하다.
Je *souhaite* que tu viennes avec moi.
나는 네가 나와 같이 가기를 바란다.
venger (se) [səvãʒe] v. ~에게 복수하다.
Je vais *me venger* de ce que tu m'as fait.
네가 나에게 한 것을 앙갚음 해주겠다.
Je vais *me venger* de Jean-Marc.
나는 장 마크에게 복수 하겠다.
vérifier [verifje] v. 검사하다, 확인하다.
vouloir [vulwar] v. 바라다, 원하다.
Je ne *veux* pas que tu sortes.
나는 네가 외출하기를 바라지 않는다.
vouloir bien [vulwarbjɛ̃] 동의하다.
la vue [vy] n. 전망, 외관.
Tu as des drôles de *vue*s.
너는 웃기는 꼴을 하고 있다.

---

accomplir [akɔ̃plir] v. 끝마치다, 완료하다. 다하다 (**remplir**).

accorder [akɔrde] v. 일치시키다, 조정하다, 인정하다.
céder (à) [sede a] v. 양보하다.

charger (se) [səʃaʁʒe]	v. ~을 떠맡다, 책임지다.
comporter (se) [səkɔ̃pɔʁte]	v. 행동하다, 처신하다.
destiner [dɛstine]	v. ~로 예정하다, 운명 짓다.
échouer [eʃwe]	v. 좌절하다, 실패하다 (↔ **réussir**).
	J'ai *échoué*. 나는 실패했다.
élaborer [elabɔʁe]	v. 오래 고심하여 제작하다.
empêcher [ɑ̃peʃe]	v. 방해하다, 못하게 하다.
	Il faut *empêcher* Paul de faire une bétise.
	폴이 허튼 짓을 못하게 해야 한다.
l'essai m [ese]	n. 시험, 시도.
éviter [evite]	v. 피하다(**fuir**), 모면하다(**échapperà**).
faire de son mieux [fɛʁdəsɔ̃mjø]	최선을 다하다.
faire du tort à qqn [fɛʁdytɔʁakɛlkœ̃]	~에게 피해를 주다.
faire semblant [fɛʁsɑ̃blɑ̃]	~인척하다.
	Les enfants *font semblan*t de dormir. 아이들은 자는 척 하고 있다.
faire un essai [fɛʁnese]	시도해 보다.
forcer (se) [səfɔʁse]	v. 무리하다, 억지로~ 하다.
garder (se) [səgaʁde]	v. 지키다, 피하다, ~않도록 조심하다.
hésiter [ezite]	v. 주저하다.
	N'*hésitez* pas à me consulter.
	내게 물어보는 것을 주저하지 마세요.
la lecture [lɛktyʁ]	n. 독서.
l'objectif m [ɔbʒɛktif]	n. 목적, 목표.
oser [oze]	v. 감히 ~하다, 당치않게~ 하다.
	Tu *oses* m'interrompre.
	너는 함부로 내 말을 가로 막는다.
poursuivre [puʁsɥivʁ]	v. 뒤쫓다, 추구하다.
se tirer d'affaire [sətiʁedafɛʁ]	v. 곤경을 벗어나다.
	어려운 일을 용케 해내다.
la tâche [taʃ]	n. 임무, 과업.

사람에 관한 표현

| tenir à ce que [təniraskə] | 주장하다.
Je *tiens à ce que* tout le monde comprenne.
나는 모든 사람이 이해한다고 주장 한다. |

7 대화

일상적인 대화

s'adresser à [sadresea]
~에게 말을 걸다, 문의하다.
Adressez-vous à la concierge.
관리인에게 물어보세요.

adresser la parole à [adreselaparɔla]
~에게 말을 걸다.

ajouter [aʒute]　v. 덧붙여 말하다.
annoncer [anɔ̃se]　v. 알리다, 통고하다.
appeler [aple]　v. ~를 부르다, ~에게 전화하다.
bavarder [bavarde]　v. 수다를 떨다.
J'ai *bavardé* avec la voisine.
나는 이웃집 여인과 수다를 떨었다.

la conversation [kɔ̃vɛrsasjɔ̃]　n. 대화, 회화.
le coup de téléphone [kudtelefɔn]　n. 전화 걸기.
Passe-moi un *coup de téléphone*.
내게 전화해 다오.

le cri [kri]　n. 고함 소리.
crier [krije]　v. 소리지르다.
décrire [dekrir]　v. 묘사하다(dépeindre), 표현하다.
dire [dir]　v. 말하다, 이야기하다(raconter).
Je le *dirai* à ton père.
나는 그것을 네 아버지께 말씀 드리겠다.

le discours [diskur]　n. 담화, 이야기.
l'expression [ɛksprɛsjɔ̃]　n. 표현.
C'est une *expression* toute faite.
그것은 고정된 표현이다.

사람에 관한 표현

exprimer (s') [sɛksprime]
faire une remarque
[fɛrynrəmark]

v. 자기 생각을 표현하다.
~에게 주의를 주다, ~에게 지적하다.
Il me *fait* tout le temps *des remarques*.
그는 내게 늘 주의를 준다.

indiquer [ɛ̃dike]

v. 지시하다, 가리키다, 가르쳐주다.
Pourriez-vous m'*indiquer* votre adresse?
주소 좀 가르쳐 주시겠습니까?
Qui t'a *indiqué* ce restaurant excellent?
누가 너에게 이 멋진 레스토랑을 일러 주었니?

insister sur qqc [insistesyr]

~에 대해 주장하다.
J'*insiste* pour que vous veniez ce soir.
당신이 오늘 저녁 오셔야 한다고
나는 주장합니다.

le mot [mo]
parler [parle]

n. 단어.
v. 말하다.
J'en ai *parlé* au patron.
나는 그것을 사장님께 말했습니다.
J'ai parlé avec la voisine jusqu'à midi.
나는 정오까지 이웃집 여자와 이야기했다.
J'ai *parlé* de mon voyage au Maroc.
나는 나의 모로코 여행에 대해 이야기했다.

la parole [parɔl]

n. 말, 발언.
J'aime bien les paroles de cette chanson.
나는 이 노래의 가사를 참 좋아한다.
Je donne la *parole* à notre président.
나는 우리의 의장께 발언권을 드립니다.

la phrase [fraz]
préciser [presize]
prétendre [pretɑ̃dr]
prononcer [prɔnɔ̃se]

n. 문장.
v. 구체적으로 말하다, 분명하게 하다.
v. 요구하다, 청구하다 (demander).
v. 발음하다, 말을 하다.
Président a *prononcé* un discours.
대통령은 연설을 했다.
Richard *prononce* mal, il zézaye.

raconter [rakɔ̃te]	리샤르는 발음이 나쁘다. 그는 "즈즈" 거린다. v. 이야기 하다. Ne me *raconte* pas ta vie. 너의 생활을 내게 이야기 하지 마라.
rappeler [raple]	v. 회상 시키다, 생각나게 하다. Ça me *rappelle* ma jeunesse. 그것은 내 젊은 시절을 생각나게 한다.
la **remarque** [rəmark]	n. 주목, 주의, 지적.
remarquer [rəmarke]	v. 주목하다, 알아보다 (distinguer).
répéter [repete]	v. 되풀이하다, 남의 말을 옮기다.
taire (se) [sətɛr]	v. 잠자코 있다. 침묵을 지키다. *Tais-toi!* 조용히 해.
téléphoner [telefɔne]	v. 전화하다.
l'**appel** m [apɛl]	n. 부르기, 전화걸기.
chuchoter [ʃyʃɔte]	v. 속삭이다, 소근거리다.
constater [kɔ̃state]	v. 확인하다, 인정하다 (**reconnaître**).
la **description** [dɛskripsjɔ̃]	n. 묘사, 서술.
le **dialogue** [djalɔg]	n. 대화, 회화.
evoquer [evɔke]	v. 불러내다, 상기 시키다. M. Chirac a *évoqué* les troubles de mai '68. 시락은 68년 사태를 환기시켰다.
proclamer [prɔklame]	v. 선언하다, 주장하다.

판단

l'**accent** [aksɑ̃]	n. 말투. Il parle français avec *accent* du Midi. 그는 남불지방의 말투로 프랑스어를 말한다.
l'**avis** m [avi]	n. 의견(opinion), 견해.
la **blague** [blag]	n. 거짓말, 허풍(craque), 농담(plaisanterie).

	Quelle bonne *blague!*
	그런 농담이 어디 있어.
disputer (se) [sədispyte]	**v.** 언쟁하다, 싸우다, 다투다.
l'**excuse** f [εkskyz]	**n.** 변명, 핑계.
excuser (s') [sεkskyze]	**v.** 변명하다, 용서를 바라다.
le **gros mot** [gromo]	**n.** 상스런 말, 욕.
jurer [ʒyre]	**v.** 맹세하다, 서약하다, 욕설을 퍼붓다.
	Je *jure* de ma bonne foi.
	명예를 걸고 맹세한다.
	Paul a *juré* entre ses dents.
	폴은 욕설을 퍼부었다.
mentir [mãtir]	**v.** 거짓말하다.
	Tu as *menti* à ton copain.
	너는 네 친구에게 거짓말했다.
plaindre (se) [plɛ̃dr]	**v.** 불평하다, 원통하게 여기다, 하소연하다.
	Je vais *me plaindre* au chef de rayon.
	나는 부서 책임자에게 불평하겠다.
plaisanter [plεzãte]	**v.** 농담하다, 희롱하다.
la **plaisanterie** [plεzãtri]	**n.** 농담, 희롱, 야유.
le **prétexte** [pretεkst]	**n.** 핑계, 구실.
protester [prɔtεste]	**v.** 항의하다, 반대하다.
la **dispute** [dispyt]	**n.** 언쟁, 논쟁.
le **juron** [ʒyrɔ̃]	**n.** 모욕적인 언사, 욕설.
le **malentendu** [malãtãdy]	**n.** 오해.
le **mensonge** [mãsɔ̃ʒ]	**n.** 거짓말, 허위.
la **plainte** [plɛ̃t]	**n.** 한탄, 탄식, 불평.

토론

autoriser [ɔtɔrize] v. ~에게 권한을 주다, ~에게 허락하다.
le **conseil** [kɔ̃sεj] n. 조언, 권고, 충고.
conseiller [kɔ̃seje] v. 권하다, 충고하다.
consoler [kɔ̃sɔle] v. 위로하다, 달래주다 (apaiser).
Comment la *consoler* de son chagrin d'amour?
어떻게 그녀를 사랑의 아픔으로부터 위로할 수 있을까?

la **contradiction** [kɔ̃tradiksjɔ̃] n. 반대, 반박(↔approbation), 모순, 자가당착.
convaincre [kɔ̃vε̃kr] v. 납득시키다, 설득하다(persuader).
la **déclaration** [deklarasjɔ̃] n. 의사 표시, 선언.
déclarer [deklare] v. 언명하다(assurer), 선언하다(proclamer).
défendre [defɑ̃dr] v. 방어하다(protéger), 막다, 금지하다(interdire).
Il est *défendu* de fumer. 금연.

demander [dəmɑ̃de] v. 물어보다, 요구하다.
Je te *demande* si tu es libre.
네가 시간이 있는지 묻는다.
Demande-lui de venir! 그에게 오라고 해라.
On la *demande* au téléphone.
그녀에게 전화가 왔다.

la **discussion** [diskysjɔ̃] n. 토의, 토론.
discuter [diskyte] v. 토의하다, 논박하다.
On *discute* de tout et de rien.
우리는 모든 것에 대해, 그리고 아무 것도 아닌 것에 대해 토의한다.
Discutons politique. 정치에 대해 토의하자.

l'**explication** f [εksplikasjɔ̃] n. 설명, 해명.
expliquer [εksplike] v. 설명하다, 해명하다 (justifier).
informer [ε̃fɔrme] vt. ~에게 알리다, 통지하다.
On a *informé* de son avancement.
그는 승진했음을 통보 받았다.

사람에 관한 표현

interdire [ɛ̃tɛrdir]   **v.** 금지시키다.
interroger [ɛ̃tɛrɔʒe]   **vt.** ~에게 묻다, 질문하다.
interrompre [ɛ̃tɛrɔ̃pr]   **v.** 중지시키다.
menacer [mənase]   **v.** 위협하다, 협박하다.
l'**ordre** m [ɔrdr]   **n.** 명령, 지시.
permettre [pɛrmɛtr]   **v.** 허락하다, 허가하다 (autoriser).

Je ne *permets* pas que tu sortes.
나는 네가 외출하는 것을 허락하지 않는다.

la **permission** [pɛrmisjɔ̃]   **n.** 허락, 허가, 찬동.
persuader [pɛrsɥade]   **v.** 설득하다. 납득시키다.
présenter [prezɑ̃te]   **v.** 진술하다, 내보이다.

Jean Marc nous a *présenté* ses idées politiques.
장 마크는 우리에게 자신의 정치적 견해를 피력했다.

prévenir [prevnir]   **vt.** ~에게 알리다 (informer), 통지하다 (aviser).
prier [prije]   **v.** ~에게 청하다, 원하다.

Je vous *prie* de vouloir me suivre.
나를 따라 오시기를 부탁 드립니다.

la **promesse** [prɔmɛs]   **n.** 약속, 언약.
promettre [prɔmɛtr]   **v.** 약속하다, 보장하다 (assurer, affirmer).
proposer [prɔpose]   **v.** 제의하다.

Je *propose* qu'on aille au cinéma.
우리가 영화 보러 가기를 제안한다.

rassurer [rasyre]   **v.** 안심시키다.
le **renseignement** [rɑ̃sɛɲəmɑ̃]   **n.** 정보 (information).
renseigner qqn [rɑ̃seɲe]   **v.** ~에게 알려주다. 설명하다.
répondre [repɔ̃dr]   **v.** ~에게 대답하다.

J'ai *répondu* à sa lettre.
나는 그의 편지에 답을 했다.

la **réponse** [repɔ̃s]   **n.** 대답, 회답.
signaler [siɲale]   **v.** 신호를 알리다, 기별하다.

Rien à *signaler*. 통보할 것이 전혀 없다.

l'**autorisation** f [autorizasjɔ̃]	**n.** 허가, 인가.
avertir [avɛrtir]	**vt.** ~에게 알리다 (**informer**), 예고하다 (**prévenir**).
contredire [kɔ̃trədir]	**v.** ~을 반박하다 (**démentir**), 반대하다 (**réfuter**). Il faut toujours que tu *contredises* ton père. 너는 늘 네 아버지 말을 반박하는구나.
la **conviction** [kɔ̃viksjɔ̃]	**n.** 확신 (→ **doute**).
le **défi** [defi]	**n.** 도전, 도발.
démontrer [demɔ̃tre]	**v.** 증명하다, 입증하다.
l'**interrogatoire** m [ɛ̃tɛrɔgatwar]	**n.** 질문, 신문.
l'**interruption** f [ɛ̃tɛrypsjɔ̃]	**n.** 중지, 중단. Cette dame m'énerve, elle parle sans *interruption*. 이 부인은 나를 신경질나게 한다. 그녀는 끊임없이 이야기한다.
la **menace** [mənas]	**n.** 위협, 협박.
la **proposition** [prɔpozisjɔ̃]	**n.** 제의 제안.

사람에 관한 표현

칭찬과 비판

accuser [akyze]	**v.** 비난하다, 고소하다. J'*accuse*. 나는 규탄한다. On m'*accuse* injustement de vol. 나는 부당하게 절도죄로 기소 되었다.
affirmer [afirme]	**v.** 단언하다(assurer), 주장하다(soutenir). Le témoin *affirme* avoir vu le vol. 증인은 절도 장면을 보았다고 주장한다.
approuver [apruve]	**v.** ~에 동의하다, 시인하다, 칭찬하다. J'*approuve* ton choix.

	나는 너의 선택에 동의한다.
assurer [asyre]	**v.** 안정시키다, 확실하게 하다.
condamner [kɔ̃dane]	**v.** 비난하다(désapprouver), 유죄 판결을 내리다.
la **critique** [kritik]	**n.** 비평, 비난.
critiquer [kritike]	**v.** 비판하다, 비난하다.
décourager [dekuraʒe]	**v.** 낙담시키다(↔ encourager), 실망시키다.
dire du mal de qqn [dirdymaldə]	~를 나쁘게 말하다.
donner raison à qqn [dɔnerɛzɔ̃a]	~가 옳다고 인정하다.
donner tort à qqn [dɔnetɔra]	~를 비난하다.
encourager [ãkuraʒe]	**v.** ~의 용기를 돋구어 주다, 격려하다.
excuser [ɛkskyze]	**v.** 변명하다, 용서하다 (pardonnerà), 면제하다 (dispenser).
féliciter [felisite]	**v.** 축하하다, 치하하다.
	Je te *félicite* de ton permis.
	너의 운전면허 취득을 축하한다.
insulter [ɛ̃sylte]	**v.** 모욕하다, ~에게 욕설을 퍼붓다.
pardonner à qqn [pardɔnea]	**v.** ~를 용서하다.
	Je ne lui *pardonne* rien.
	나는 전혀 그를 용서할 수 없다.
remercier qqn [rəmɛrsje]	**vt.** ~에게 감사하다.
le **reproche** [rəprɔʃ]	**n.** 비난, 힐책.
reprocher [rəprɔʃe]	**v.** 비난하다, 나무라다.
injurier [ɛ̃ʒyrje]	**v.** 모욕하다, ~에게 욕하다.
l'insulte *f* [ɛ̃sylt]	**n.** 모욕, 무시, 경멸 (**affront**).
recommander [rəkɔmɑ̃de]	**v.** 추천하다, 권고하다.
vanter (se) [səvɑ̃te]	**v.** ~을 자랑하다, 자만하다.

8 평가

좋은 감정

admirable [admirabl] adj. 훌륭한, 감탄할 만한.
admirer [admire] v. 경탄하다, 놀랍게 여기다.
adorer [adɔre] v. 매우 좋아한다, 열애하다.
aimable [ɛmabl] adj. 사랑스러운, 상냥한, 친절한.
amusant, e [amyzã, t] adj. 재미있는.
Je trouve *amusant* ce que tu dis là.
나는 네가 그때 한 말을 재미있다고 생각한다.

brillant, e [brijã, t] adj. 훌륭한, 빼어난, 빛나는.
briller [brije] v. 빛나다 (resplendir), 뛰어나다 (se distinguer).
charmant, e [ʃarmã, t] adj. 매혹적인, 호감이 가는.
être de bon goût [ɛtrədabɔ̃gu] 취미가 고상한, 품위있는.
excellent, e [ɛksɛlã, t] adj. 뛰어난, 훌륭한.
C'est une idée *excellente* de sortir ensemble.
같이 외출하자는 것은 훌륭한 생각이다.

exceptionnel, le [ɛksɛpsjɔnɛl] adj. 예외적인, 특별한.
extraordinaire [ɛkstraɔrdinɛr] adj. 비상한, 비범한, 괴상한.
facile [fasil] adj. 쉬운, 용이한(↔ difficile).
C'est *facile* à comprendre.
이해하기 쉬운 일이다.
C'est *facile* de critiquer. 비판하는 것은 쉽다.

fameux, -euse [famø, z] adj. 유명한(célèbre), 명성이 있는(renomme).
favorable [favɔrabl] adj. 유리한(avantageux), 알맞은, 호의적인.
formidable [fɔrmidabl] adj. 멋진, 기막힌(épatant), 엄청난(extraordinaire).

사람에 관한 표현

C'est *formidable* que tu sois là.
네가 여기 있다니 놀랍다.

idéal, e, -aux [ideal, o] **adj.** 이상적인, 완벽한.
immense [imɑ̃s] **adj.** 무한한(illimité), 거대한, 막대한.
impressionnant, e **adj.** 인상적인, 감명을 주는.
[ɛ̃prɛsjɔnɑ̃, t]
magnifique [maɲifik] **adj.** 훌륭한, 휘황찬란한(splendide), 장엄한(superbe).

mignon, ne [miɲɔ̃, ɔn] **adj.** 귀여운(joli), 예쁜(charmant).
parfait, e [parfɛ, t] **adj.** 완벽한(impeccable), 완전무결한 (complet).

passionnant, e [pasjɔnɑ̃, t] **adj.** 아주 재미있는, 흥미진진한.
remarquable **adj.** 주목할만한, 놀라운, 뛰어난.
[rəmarkabl]
C'est un fait *remarquable* qu'il ait réussi si evite.
그가 그렇게 빨리 성공했다니 놀라운 일이다.

le **succès** [syksɛ] **n.** 성공(réussite), 좋은 결과(↔ échec).

capital, e-aux [kapital, o] **adj.** 중요한 (**essentiel**).
주요한 (**principal**).
indiscutable [ɛ̃diskytabl] **adj.** 이의없는, 명백한.
unique [ynik] **adj.** 유일한, 하나밖에 없는.

나쁜 감정

affreux, -euse [afrø, z] **adj.** 무시무시한(horrible), 끔찍한(épouvantable).
bête [bɛt] **adj.** 어리석은(idiot), 바보같은(imbécile).
Qu'il est *bête*, cet homme.
이 사람은 참 어리석다.

la **bêtise** [betiz] **n.** 어리석음(sottise), 우둔함.
la **catastrophe** [katastrɔf] **n.** 큰 불행, 재앙, 사고.
dangereux, -euse [dɑ̃zrø, z] **adj.** 위험한.

désagréable [dezagreabl]	adj. 불쾌한, 얹짢은 (déplaisant).
détester [detɛste]	v. 몹시 싫어하다, 미워하다.
épouvantable [epuvɑ̃tabl]	adj. 무시무시한, 몹시 나쁜, 지긋지긋한.
la honte [ɔ̃t]	n. 수치, 부끄러움.
honteux, -euse [ɔ̃tø, z]	adj. 부끄러운, 수치스러운.
insupportable [ɛ̃sypɔrtabl]	adj. 참을 수 없는.
laid, e [lɛ, d]	adj. 못생긴, 추한.
moche [mɔʃ]	adj. 보기 흉한, 못생긴.
nul, le [nyl]	adj. 형편없는, 아무 능력이 없는.
	Pierre est *nul* en maths.
	폴은 수학을 못한다.
pénible [penibl]	adj. 괴로운, 고통스러운, 성격이 고약한.
	Il y a vraiment des gens pénibles.
	정말 고약한 사람들이 있다.
ridicule [ridikyl]	adj. 우스운, 우스꽝스러운 (absurde).
scandaleux, -euse [skɑ̃dalø, z]	adj. 터무니 없는, 추문을 일으키는.
stupide [stypid]	adj. 어리석은, 바보 같은.
terrible [tɛribl]	adj. 무시무시한, 놀라운, 지독한.
triste [trist]	adj. 슬픈, 우울한.
horrible [ɔribl]	adj. 소름끼치는, 끔찍한, 보기 흉한.
inadmissible [inadmisibl]	adj. 받아들일 수 없는.
misérable [mizerabl]elding	adj. 불쌍한, 비참한

사람에 관한 표현

평가하기

la comparaison [kɔ̃parɛzɔ̃]	n. 비교, 비유.
la conclusion [kɔ̃klyzj]	n. 결말, 결론.
considérer [kɔ̃sidere]	v. ~로보다, 간주하다, 고려하다.
convenir [kɔ̃vnir]	v. ~에 알맞다. 적당하다.
	Cette heure vous *convient?*
	이 시간이 괜찮으시겠습니까?

dépendre de [depãdrdə] ~에 달려있다.
Ça *dépend*. 경우에 따라 다르다.
estimer [ɛstime] **v.** 평가하다 (évaluer), 존중하다 (apprécier).
juger [ʒyʒe] **v.** ~에 대한 판단을 내리다, 평가하다.
Jugez-en vous-même.
그것에 대한 판단은 스스로 하시오.
relatif, -ive [rəlatif, iv] **adj.** 상대적인, ~에 관한.
ressembler [rəsãble] **v.** ~와 닮다, 유사하다.
tragique [traʒik] **adj.** 비극적인.

다양한 평가

assez [ase] **adv.** 충분하게 (suffisamment), 꽤, 제법.
François est *assez* grand.
프랑스와는 상당히 크다.
cher, chère [ʃɛr] **adj.** 친애하는, 소중한, 값비싼.
clair, e [klɛr] **adj.** 밝은, 명료한, 분명한.
C'est *clair* qu'il a raison.
그가 옳다는 것은 분명하다.
connu, e [kɔny] **adj.** 알려진, 확실한, 유명한.
courant, e [kurã, t] **adj.** 통용되고 있는 (usuel), 일반적인 (commun), 보통의.
définitif, -ive [definitif, iv] **adj.** 결정적인(↔ provisoire).
궁극적인(final).
général, e, -aux [ʒeneral, o] **adj.** 일반적인.
nécessaire [nesesɛr] **adj.** 필요한, 불가결의(indispensable).
normal, e-aux [nɔrmal, o] **adj.** 정상적인(↔ abnormal), 보통의 (ordinaire).
original, e-aux [ɔriʒinal, o] **adj.** 독창적인, 본래의.
possible [pɔsibl] **adj.** 가능한.

rare [rar]	**adj.** 희귀한, 진귀한.
sérieux, -euse [serjø, z]	**adj.** 진지한, 성실한, 점잖은.
simple [sɛ̃pl]	**adj.** 단순한.
sûr, e [syr]	**adj.** 틀림없는, 확실한.
	Tu es *sûr* que c'est le bon train?
	이 열차가 분명히 맞지?
mystérieux, -euse [misterjø, z]	**adj.** 신비로운, 이상한.
la nécessité [nesesite]	**n.** 필요, 필요한 일.
sentimental, e -aux [sãtimãtal, o]	**adj.** 감상적인, 감정적인.

🟧 긍정적인 평가

accepter [aksɛpte]	**v.** 받아들이다, 수락하다.
	Paul a esprit large, il *accepte* tout.is
	폴은 마음이 넓다. 그는 모든 것을 받아들인다.
agréable [agreabl]	**adj.** 마음에 드는, 유쾌한, 기분좋은.
approuver [apruve]	**adj.** ~에 동의하다, 승인하다.
	J'*approuve* ta décision.
	나는 너의 결정에 동의한다.
l'avantage m [avãtaʒ]	**n.** 이익 (intérêt), 이점.
	유리한 입장 (supériorité).
avoir raison [avwarrɛzɔ̃]	옳다, 맞다.
bien [bjɛ̃]	**adv.** 올바르게, 잘 **adj.** 좋은, 양호한.
certain, e [sɛrtɛ̃, ɛn]	**adj.** 확실한, 정해진.
	C'est une affaire sûre et *certaine*.
	이것은 확실하고도 분명한 사업이다.
	C'est *certain* que tu n'as pas le temps?
	너는 시간 없는 것이 확실하니?
la chance [ʃãs]	**n.** 행운, 운, 요행(bonne fortune).
commode [kɔmɔd]	**adj.** 편리한 (pratique), 안락한 (agréable), 쉬운 (facile).

correct, e [kɔrɛkt]	**adj.** 정확한 (exact), 옳은.
élémentaire [elemãtɛr]	**adj.** 기본적인, 기초의.
essentiel, le [esãsjɛl]	**adj.** 본질적인 (fondamental), 근본적인.
évident, e [evidã, t]	**adj.** 명백한, 자명한.
	C'est évident qu'il a fait une gaffe.
	그가 실수했음이 분명하다.
exact, e [ɛgzakt]	**adj.** 정확한 (précis), 옳은 (juste).
	엄밀한 (rigoureux).
	C'est *exact* qu'il a dit ça.
	그가 말한것은 옳다.
l'importance f [ɛ̃pɔrtãs]	**n.** 중요함, 긴요함.
important, e [ɛ̃pɔrtã, t]	**adj.** 중요한, 막대한, 대규모의.
incroyable [ɛ̃krwajabl]	**adj.** 믿어지지 않는, 터무니 없는.
indispensable [ɛ̃dispãsabl]	**adj.** 불가결한, 필수적인.
	Il est *indispensable* que tu viennes.
	너는 반드시 와야 한다.
intéressant, e [ɛ̃terɛsã, t]	**adj.** 재미있는, 흥미있는.
juste [ʒyst]	**adj.** 올바른, 정의로운(↔ injuste), 정당한.
logique [lɔʒik]	**adj.** 논리적인.
louer [lwe]	**v.** 칭찬하다, 찬양하다.
meilleur, e [mɛjœr]	**adj.** 더 좋은, 더 나은 (bon의 비교급).
	C'est mon *meilleur* ami.
	나의 가장 좋은 친구다.
mieux [mjø]	**adv.** 더 잘, 더 많이(bien의 비교급).
	Jean travaille *mieux* que Philippe.
	쟝이 필립보다 일을 잘한다.
	C'est *mieux*. 그게 더 낫다.
naturel, le [natyrɛl]	**adv.** 자연스러운.
obligatoire [ɔbligatwar]	**adj.** 의무적인, 강제적인.
porter bonheur [pɔrtebɔnœr]	행운을 가져오다.
positif, -ive [pozitif, iv]	**adj.** 긍정적인, 실제적인.
pratique [pratik]	**adj.** 실질적인, 편리한(commode). 실용적인.
préférable [preferabl]	**adj.** 더 나은(meilleur), 바람직한.

principal, e, -aux [prɛ̃sipal, o]	**adj.** 주요한.
probable [prɔbabl]	**adj.** 있음직한, 그럴듯한.
raisonnable [rɛzɔnabl]	**adj.** 이성적인, 분별있는, 합리적인.
sympa(thique) [sɛ̃patik]	**adj.** 호감을 주는, 사람좋은.
utile [ytil]	**adj.** 유익한, 유용한.
valable [valabl]	**adj.** 유효한.
la **vérité** [verite]	**n.** 진실, 진상.
vrai, e [vrɛ]	**adj.** 맞는, 진실한 사실의.

C'est *vrai* qu'il a dit ça?
그가 정말 그렇게 말했니?

부정적인 평가

avoir tort [avwartɔr]	틀리다, 잘못 생각하다.
banal, e [banal]	**adj.** 평범한, 진부한(↔ original).

C'est une question *banale*.
그것은 진부한 질문이다.

condamner [kɔ̃dane]	**v.** ~을 옳지 않다고 하다 (désapprouver), 비난하다 (blâmer).
confus, e [kɔ̃fy, z]	**adj.** 혼란한, 어수선한, 어렴풋한.
critique [kritik]	**adj.** 비판적인, 위험한.
le **défaut** [defo]	**n.** 결여, 부족(manque), 결점.
difficile [difisil]	**adj.** 어려운, 성격이 까다로운.
dur, e [dyr]	**adj.** 굳은, 단단한, 둔한.
l'**échec** m [eʃɛk]	**n.** 실패(↔ succès).

C'est un *échec* complet.
완전한 실패다.

ennuyeux, -euse [ãnɥijø, z]	**adj.** 권태를 느끼게 하는, 지루한.
l'**erreur** f [ɛrœr]	**n.** 실수, 과오, 틀림.
exagérer [ɛgzaʒere]	**v.** 과장하다 (amplifier), 강조하다.

5000 euros pour une robe, tu *exagères*.
원피스 한벌에 5천 유로라고, 과장이 심하구나.

fatigant, e [fatigã, t]	*adj.* 피곤하게 하는.
faux, fausse [fo, fos]	*adj.* 거짓의, 잘못된, 틀린.
la **folie** [fɔli]	*n.* 미친짓(extravagance), 철없는 짓(sottise).
	C'est de la *folie* de dépenser tant pour une robe.
	옷 한 벌에 그렇게 많은 돈을 쓰는 것은 미친 짓이다.
fou, fol, folle [fu, fɔl]	*adj.* 미친, 정신 나간.
gênant, e [ʒɛnã, t]	*adj.* 거북한, 거추장스러운, 난처한.
grave [grav]	*adj.* 중대한, 심각한.
impossible [ɛ̃pɔsibl]	*adj.* 불가능한.
indiscret, -ète [ɛ̃diskrɛ, t]	*adj.* 조심성 없는, 무례한.
injuste [ɛ̃ʒyst]	*adj.* 부당한, 불공평한.
l'**injustice** f [ɛ̃ʒystis]	*n.* 부정, 불공평.
inutile [inytil]	*adj.* 무용한, 무익한.
mauvais, e [mɔvɛ, z]	*adj.* 나쁜(↔ bon), 잘못된.
	J'ai une *mauvaise* habitude, je fume.
	나는 나쁜 습관을 갖고 있다.
	나는 담배를 피운다.
pire [pir]	*adj.* 더 나쁜(mauvais 의 비교급).
	Henri va de pire en *pire*.
	앙리는 상태가 점점 더 나빠진다.
	C'est encore *pire*. 이것은 더 나쁘다.
porter malheur [pɔrtemalœr]	불행을 가져오다.
le **préjugé** [preʒyʒe]	*n.* 선입견, 편견.
le **problème** [prɔblɛm]	*n.* 문제, 난점(difficulté).
secondaire [səgɔ̃dɛr]	*adj.* 둘째의, 2차적인.
vague [vag]	*adj.* 막연한, 어렴풋한.
l'**inconvénient** m [ɛ̃kɔ̃venjã]	*n.* 불편, 불리, 손실.
inévitable [inevitabl]	*adj.* 피할 수 없는, 불가피한.
insuffisant, e [ɛ̃syfizã, t]	*adj.* 부족한, 불충분한.
médiocre [medjəkr]	*adj.* 보잘 것 없는 (**insignifiant**), 하찮은.

놀라움을 나타내기

bizarre [bizar]   **adj.** 이상한 (étrange), 야릇한 (curieux).
curieux, -euse [kyrjø, z]   **adj.** 호기심 많은, ~을 알고 싶어하는.
drôle [drol]   **adj.** 우스운, 재미있는, 이상한.
C'est une *drôle* d'histoire.
정말 이상한 이야기다.

étonnant, e [etɔnɑ̃, t]   **adj.** 놀라운 (épatant), 굉장한 (formidable).
étonner [etɔne]   **v.** 놀라게 하다 (surprendre).
아연하게하다 (stupéfier).

étonner (s') [setɔne]   **v.** 놀라다.
étrange [etrɑ̃ʒ]   **adj.** 이상한 (bizarre), 야릇한.
frappant, e [frapɑ̃, t]   **adj.** 놀라운 (saisissant).
인상적인 (impressionnant).
J'en ai ici la preuve *frappante*.
나는 여기 놀라운 증거를 갖고 있다.
C'est une idée *frappante*.
놀라운 생각이다.

ne pas en revenir   대경실색하다. 어리둥절해 하다.
[nəpazɑ̃rəvnir]
Tune fumes plus? Je *n'en reviens pas*.
너는 담배 안 피우니? 정말 놀랍구나.

inexplicable [inɛksplikabl]   **adj.** 설명할 수 없는.
invraisemblable [ɛ̃vrɛsɑ̃blabl]   **adj.** 사실같지 않은, 거짓말 같은 (incroyable).

사람에 관한 표현

9 관용적인 표현

만나고 헤어질때의 인사

A bientôt. [abiɛ̃to]	조만간 다시 만나요.
A plus tard. [aplytar]	나중에 또 만나요.
A tout à l'heure. [atutalœr]	곧 다시 만나자.
Allô! [alo]	여보세요. (전화에서).
Au revoir. [orvwar]	안녕히 가세요. (계세요).
Bonjour! [bɔ̃ʒur]	안녕하세요. (아침, 낮).
Bonsoir! [bɔ̃swar]	안녕하세요. (저녁에).
Comment allez-vous? [kɔmɑ̃talevu]	안녕하세요?
Comment ça va? [kɔmàsava]	안녕!
Eh! [e]	헤이!
Enchanté, e. [ɑ̃ʃɑ̃te]	반갑습니다.
Il y a du monde? [iliadymɔ̃d]	거기 누구 있습니까?
Madame [madam]	부인.
Mademoiselle [madmwazɛl]	아가씨.
Monsieur [məsjø]	선생님.
Salut! [saly]	안녕! (만날 때와 헤어질 때)

기원의 말

A tes/vos souhaits! [ate/vosuɛ]	소원 성취하시길!(재채기한 사람에게).
Bon anniversaire! [bɔnanivɛrsɛr]	생일 축하합니다.
Bon appétit! [bɔ̃napeti]	맛있게 드세요.
Bonne année! [bɔnane]	새해 복 많이 받으세요.
Bonne chance! [bɔnʃɑ̃s]	행운이 있기를!

Bonne fête! [bɔnfɛt]	멋진 축제가 되길!
Félicitations! [felisitasjɔ̃]	축하합니다.

Joyeux Noël [ʒwajønɔɛl]	메리 크리스마스,
Merci! [mɛrsi]	감사합니다.
Salutations [salytasjɔ̃]	인사 드립니다.
Santé! [sɑ̃te]	건배!
Vive...! [viv]	… 만세!

(Tous mes) regrets. [tumerəgrɛ]	매우 유감스러운 일입니다.

충고

Attention! [atɑ̃sjɔ̃]	주의하시오.
Au secours! [oskur]	사람 살려!
Chut! [ʃyt]	쉿!
Fiche le camp! [fiʃləkɑ̃]	꺼져라, 사라져라.
Fous-moi la paix! [fumwalapɛ]	날 좀 가만 내버려둬.
La ferme! [lafɛrm]	조용히 해 닥쳐!
La paix! [lapɛ]	나를 가만히 내버려 둬.
Ne te gêne pas. [nətʒɛnpa]	신경 쓰지마.
Silence! [silɑ̃s]	조용히 해.
Ta gueule! [tagœl]	닥쳐.

유감의 표명, 위로

C'est dommage. [sɛdomaʒ]	유감입니다.
Ça ne fait rien. [sanferjɛ̃]	아무것도 아닙니다.
Ce n'est pas grave. [snɛpagrav]	중대한 일이 아닙니다.
Ce n'est rien. [sənɛrjɛ̃]	아무 일도 아닙니다.
Dommage. [dɔmaʒ]	유감입니다.

Je n'y peux rien. [ʒnipørjɛ̃]	아무 것도 도와드릴 수 없군요.
Je regrette. [ʒrəgrɛt]	유감입니다.
Je suis désolé, e [ʒsɥidezole]	죄송합니다.
Je vous en prie. [ʒvuzɑ̃pri]	천만의 말씀입니다.
malheureusement [malœrøzmɑ̃]	불행하게도.
Ne vous en faites pas. [nvuzɑ̃fɛtpa]	걱정하지 마세요.
Pardon. [pardɔ̃]	죄송합니다.
Tant pis. [tɑ̃pi]	할 수 없지. 딱한 일이다.
Tu m'en veux? [tymɑ̃vø]	내게 화났니?

난처함, 고통

Aïe! [aj]	아야.
Arrête! [arɛt]	그만해!
C'est du vol! [sɛdyvɔl]	도둑이야.
C'est gênant. [sɛʒenɑ̃]	난처한 일이다.
Ça alors! [saalɔr]	저런!
Ça gratte. [sagrat]	근질근질하다. 쿡쿡 찌른다.
Ça pique. [sapik]	찌른다. 따갑게 한다.
Ça suffit. [sasyfi]	그것으로 충분해.
le con [kɔ̃]	이런 멍청한 녀석.
	Pauvre *con*! 바보녀석!
la connerie [konri]	어리석은 짓, 멍청한 짓.
espèce de [ɛspɛsdə]	일종의, ~따위의 (경멸적으로).
	Espèce d'idiot!
	이런 바보같은 녀석!
Et après? [eaprɛ]	게다가, 그리고.
Faute de mieux [fotdəmjø]	하는 수 없이, 부득이하게.
Franchement [frɑ̃ʃmɑ̃]	솔직히 말해서.
l'imbécile m [ɛ̃besil]	바보, 얼간이.
J'en ai assez. [ʒɑ̃nease]	지긋지긋하다.
J'en ai marre. [ʒɑ̃nɛmar]	지긋지긋하다.

La vache! [lavaʃ]	나쁜놈.
Merde! [mɛrd]	제기랄.
Mon Dieu! [mɔ̃djø]	이런, 이를 어쩌나!
Ne fais pas l'idiot! [nfɛpalidjo]	멍청하게 굴지마!
Oh putain! [opytɛ̃]	빌어먹을!, 망할 것!
Oh! [o]	오!
Penses-tu! [pãsty]	그럴리가! 설마, 천만의 말씀.
Salaud! [salo]	더러운 놈!, 치사한 놈!
Salopard! [salɔpar]	야비한 놈!
Tu es vache. [tyɛvaʃ]	비열한 놈!
Tu m'émbêtes. [tymãbɛt]	너는 나를 난처하게 만든다.
Tu m'énerves. [tymenɛrv]	너는 나를 신경질나게 한다.
Zut! [zyt]	이런, 빌어먹을.
Ça me révolte. [samrevɔlt]	나는 그것을 혐오한다.
Sacré menteur! [sakremãtœr]	빌어먹을 거짓말장이

칭찬, 동의

Ah! [a]	아!
Bien! [bjɛ̃]	좋았어!
bien entendu [bjɛ̃nãtãdy]	물론.
bien sûr [bjɛ̃syr]	물론.
Bravo! [bravo]	브라보!
C'est le cas. [sɛlka]	바로 그렇다.
Ça revient au même. [sarəvjɛ̃omɛm]	그것은 결국 똑같은 일이 된다.
Ça y est. [sajɛ]	바로 그거야. 됐다.
D'accord! [dakɔr]	OK!
entendu [ãtãdy]	알겠다.
exactement [ɛgzaktəmã]	**adv.** 정확하게, 엄밀하게.
justement [ʒystəmã]	**adv.** 바로, 마침.

사람에 관한 표현

Tu n'es pas bête. - *Justement*.
너는 멍청하지 않아. 맞았어.
Justement, te voilà.
마침 네가 왔구나.

naturellement [natyrɛlmã] **adv.** 자연히.
parfaitement [parfɛtmã] **adv.** 완벽하게.
Si tu veux. [sityvø] 네가 원하면.
super [sypɛr] **adj.** 멋진, 기막힌(불변화어).
volontiers [volɔ̃tje] **adv.** 기꺼이(de bon coeur),
쾌히(de bonne grâce).
vraiment [vrɛmã] **adv.** 정말로, 실제로(réellement).

거절, 의심

à aucun prix [aokpri] 절대로~ 아니다.
Ah bon? [abɔ̃] 정말로? 그래?
Ça m'est égal. [samɛtegal] 내겐 마찬가지다.
Ça manque. [samãk] 그것이 아쉽다.
Ça n'empêche pas. [sanãpɛʃpa] 마찬가지다. 역시 ~ 이다.
Ce n'est pas malin. [snɛpamalɛ̃] 쉬운 일이다.
pas du tout [padytu] 전혀.
pas grand-chose [pagãʃoz] 별일 아니다.
Quelle horreur! [kɛlɔrœr] 끔찍한 일이로구나!
rien à faire [rjɛnafɛr] 별도리가 없다.
sans blague [sãblag] 정말, 농담이 아냐.
Voyons! [vwajɔ̃] 자!
Ça ne vaut rien. [sanvorjɛ̃] 그것은 아무런 값어치가 없다.

애정

chéri, e [ʃeri]   **adj.** 애지중지하는 **n.** 사랑하는 사람.
ma bien-aimée [mabjɛ̃neme]   **n.** 사랑하는 사람(여).
ma biquette [mabikɛt]   **n.** 귀여워하는 사람.
mon mignon, ma mignonne [mɔ̃miɲɔ̃, mamiɲɔn]   **n.** 귀여운, 사랑하는 아이, 사람.
mon amour [mɔnamur]   **n.** 사랑하는 사람.
mon bien-aimé [mɔ̃bjɛ̃neme]   **n.** 사랑하는 사람(남).
mon chou [mɔ̃ʃu]   **n.** 애인.
mon trésor [mɔ̃trezɔr]   **n.** 내가 아끼는 사람.
mon vieux, ma vieille [mɔ̃vjø, mavjɛj]   **n.** 오랜 친구.

평가

à part ça [aparsa]   그것을 제외하고는.
au contraire [okɔ̃trɛr]   반대로
au fait [ofɛt]   그런데 (à propos), 결국.
C'est bon signe. [sɛbɔ̃siɲ]   좋은 징후다.
C'est différent. [sɛdiferã]   그것은 다르다.
C'est oblige. [sɛtɔbliʒe]   반드시 그래야 한다.
Ça dépend. [sadepã]   경우에 따라 다르다.
Ça m'a frappé, e. [samafrape]   나는 그것에 놀랐다.
Ça se peut. [saspø]   그럴 수도 있다.
Ça tombe bien. [satbbjɛ̃]   마침 잘 됐다.
Ça vaut le coup. [savolku]   시도 해볼만 하다.
chouette [ʃwɛt]   **adj.** 훌륭한, 멋진.
comme ci, comme ça [kɔmsikɔmsa]   그저 그렇다.
comme il faut [kɔmilfo]   알맞은, 알맞게.
comme tout [kɔmtu]   매우, 극단적으로.

Il est bête *comme tout*.
그는 정말로 멍청하다.

d'ailleurs [dajœr] 게다가.
Dieu merci! [djømɛrsi] 다행히도.
en effet [ãnefɛ] 그 말 그대로, 사실 ~ 이니까.
en principe [ãpr̃esip] 원칙적으로.
évidemment [evidamã] 분명히.
extra [ekstra] **adj.** 최고의 **n.** 특별한 것(불변화어).
il est interdit de [ilɛt̃eterdidə] ~는 금지 되었다.
il n'y a qu'à [ilnjaka] ~하기만 하면 된다.
Il n'y a qu'à lire le journal.
신문을 읽기만 하면 된다.

Il n'y a pas de mal. [ilnjapadmal] 그다지 심하지 않다.
Je n'en peux plus. [ʒnãpøply] 더 이상은 못하겠다.
malgré tout [malgretu] 어쨌든, 모든 일에도 불구하고.
merveilleux, -euse [mɛrvejø, z] **adj.** 놀라운 (magnifigue), 훌륭한.
par exemple [parɛgzãpl] 예컨대.
pas mal [pamal] 괜찮은, 상당히 좋은.
pour ainsi dire [pur̃esidir] 말하자면.
Quel monde! [kɛlm̃od] 웬 사람들이 이렇게 많으냐!
tant mieux [tãmjø] 참 잘됐다.

Ça varie. [savari] 여러가지로 바뀐다.
Ça vaut la peine. [savolapɛn] 그럴만한 가치가 있다.
étant donné que [etãdɔnekə] ~인 까닭에.
soi-disant [swadizã] **adj.** (불변화어) 자칭, 이른바 (**prétendu**).

부가될수 있는 말

à mon avis [am̃onavi] 내 생각으로는
à propos [apropo] 그런데

dis/dites (donc) [di/dit dɔ̃k]	이봐, 보세요.
disons [dizɔ̃]	자, …
Eh bien! [ebjɛ̃]	자, 그런데!
Hein? [ɛ̃]	그래? 뭐라구?
quoi [kwa]	pr. 무엇(중성대명사 대신 쓰임).
	그것(lequel, laquelle).
s'il te plaît [siltəplɛ]	부탁한다.
s'il vous plaît [silvuplɛ]	부탁합니다.
tiens! tiens! [tjetj]	자! (놀람 또는 주의를 환기 시키는 말).
tiens/tenez [tjɛ̃/təne]	자! (무언가를 주는 말).
tu sais [tyse]	이봐, ~이니까.
voilà [vwala]	자 ~이 있습니다.
vous savez [vusave]	~이니까요.

10 대화형태

확인

ainsi [ɛ̃si]	**adv.** 그와 같이, 그처럼.
	C'est ainsi. 그렇게 된 일이었습니다.
bien [bjɛ̃]	**adj.** 좋은, 양호한.
	C'est bien. 잘된 일이다.
certainement [sɛrtɛnmɑ̃]	**adv.** 확실히, 틀림없이.
d'ordinaire [dɔrdinɛr]	일반적으로, 보통은.
de cette manière [dəsɛtmanjɛr]	이런 식으로.
également [egalmɑ̃]	**adv.** 마찬가지로.
en effet [ɑ̃nefɛ]	그러니까, 그래서.
en fait [ɑ̃fɛt]	사실, 사실상.
en tout cas [ɑ̃tuka]	어쨌든, 하여간.
entièrement [ɑ̃tjɛrmɑ̃]	**adv.** 완전하게, 전부.
évidemment [evidamɑ̃]	**adv.** 분명하게.
exactement [ɛgzaktəmɑ̃]	**adv.** 정확하게.
généralement [ʒeneralmɑ̃]	**adv.** 일반적으로.
habituellement [abitɥɛlmɑ̃]	**adv.** 평소에, 보통.
précisément [presizemɑ̃]	**adv.** 정확하게, 구체적으로 말해서, 바로 (justement).
sans aucun doute [sɑ̃zokœ̃dut]	의심의 여지없이.
sans faute [sɑ̃fot]	틀림없이, 어김없이
sûrement [syrmɑ̃]	**adv.** 확실히 (certainement).
tout à fait [tutafɛ]	완전하게.
vraiment [vrɛmɑ̃]	**adv.** 정말로, 실제로.
à coup sûr [akusyr]	확실하게.
ça correspond à [sakɔrɛspɔ̃a]	~에 대응된다, ~에 해당된다.

en somme [ãsɔm]	간단히 말하게.
nettement [nɛtmã]	뚜렷하게, 분명하게.
pur et simple [pyresɛ̃mpl]	순진한, 무조건의.
	C'est de la folie pure et *simple*.
	이것은 단지 미친 짓일 뿐이다.

대화의 단계

à fond [afɔ̃]	깊이, 철저하게.
à tout prix [atupri]	어떤 값을 치르더라도.
au fond [ofɔ̃]	요컨대, 결국.
autant [otã]	**adv.** 그만큼, 그정도.
	Je travaille *autant*. 나는 그만큼 일한다.
	Je travaille *autant* que toi. 나는 너만큼 일한다.
bref [brɛf]	**adv.** 요컨대, 간단히 말해서 **adj.** 간단한, 간결한.
complètement [kplɛtmã]	**adv.** 완전히.
d'autant plus [dotãply]	그만큼 더욱, 그만큼 더 많이, … 이므로 더구나.
	D'autant plus qu'il a raison.
	게다가 그가 옳기도 했다.
	Dommage qu'elle ne vienne pas, *d'autant plus* que je comptais sur elle.
	내가 그녀를 믿었던 만큼 그녀가 오지 않아서 더욱 유감이었다.
d'un (seul) coup [dœ̃ sœl ku]	한번에.
de plus en plus [dəplyzãply]	더욱 더, 점점 더.
de trop [dətro]	여분의.
	Je me sens *de trop*.
	나는 내가 별 필요없는 존재라고 느껴진다.
doucement [dusmã]	**adv.** 부드럽게, 천천히.
en moyenne [ãmwajɛn]	평균적으로.
énormément [enɔrmemã]	**adv.** 엄청나게.

ensemble [ãsãbl]	adv. 같이, 함께.
être à bout [ɛtrabu]	한계에 이르다, 기진맥진하다.
	Je *suis à bout* de souffle.
	나는 숨을 헐떡이고 있다.
il suffit de [ilsyfidə]	~로 충분하다.
	*Il suffit d'*apprendre.
	배우기만 하면 된다.
il suffit que [ilsyfikə]	··· 하기만 하면 된다(+접속법).
	Il suffit que tu me préviennes et j'arrive.
	내게 알려주고 내가 가기만 하면 된다.
largement [larʒəmã]	adv. 넓게, 여유있게.
	Ça suffit *largement*. 여유있게 충분하다.
mal [mal]	adv. 나쁘게, 서투르게.
mieux [mjø]	adv. 더 잘 adj. 더 좋은.
	C'est *mieux*. 그것이 더 낫다.
parfaitement [parfɛtmã]	adv. 완벽하게.
pas mal [pamal]	괜찮은, 상당히 좋은.
	Elle n'est *pas mal*. 그녀는 꽤 예쁘다.
	Il n'est pas mal. 그는 상당히 잘 생겼다.
sans peine [sãpɛn]	어려움 없이.
sans succès [sãsyksɛ]	성공하지 못하고.
tellement [tɛlmã]	adv. 그토록, 그렇게.
	C'est *tellement* bon. 그것은 너무나도 좋다.
terriblement [tɛribləmã]	adv. 끔찍하게.
trop [tro]	adv. 너무, 지나치게(excessivement).
	C'en est *trop*. 그것은 지나치다.
à la rigueur [alarigœr]	부득이한 경우에는, 엄밀히 말하자면,
	Ça va *à la rigueur*.
	마침내는 잘 될 것이다.
à quel point [akɛlpwɛ̃]	어느 정도로.
à toute allure [atutalyr]	전속력으로.
à voix basse [avwabas]	낮은 목소리로.

à voix haute [avwaʹot] 큰소리로.
brusquement [bryskəmã] adv. 갑자기, 별안간.
de mieux en mieux [dəmjøzãmjø] 점점 더 잘.
de moins en moins 점점 덜.
[dəmwɛzãmwɛ̃]
On se voit *de moins en moins*.
우리는 점점 덜 만나게 된다.
de peu [dəpø] 약간의 차이로 .
Je l'ai raté *de peu*.
나는 간발의 차이로 그를 놓쳤다.

décidément [desidemã] adv. 단호하게, 과연.
en entier [ãnãtje] 전부, 온전히.
Avale la pilule *en entier*.
알약을 전부 삼켜라.

en masse [ãmas] 대량으로.
en vitesse [ãvitɛs] 빠르게.
sans effort [sãzefɔr] 노력 없이 애쓰지 않고.

주관적 판단

avec peine [avɛkpɛn] 고통스럽게.
comme [kɔm] adv. ~처럼, ~와 마찬가지로.
de mon côté [dəmɔ̃kote] 나로서는, 내 쪽에서는.
Moi, *de mon côté*, je m'en vais.
그럼 나는 가버리겠다.

en fin de compte [ɛãfɛ̃dkɔ̃t] 결국, 마침내는.
en réalité [ãrealite] 사실상.
en vain [ãvɛ̃] 보람없이, 헛되이.
enfin [ãfɛ̃] adv. 끝으로, 마지막에는.
être de bonne humeur 기분이 좋다.
[ɛtrdəbɔnymœr]
exprès [ɛksprɛ] adv. 일부러, 고의로 (à dessein).

	Tu l'as fait *exprès*. 너는 일부러 그랬다.
finalement [finalmã]	**adv.** 마침내, 끝내.
heureusement [ɛrøzmã]	**adv.** 다행히도.
	Heureusement qu'il n'est pas venu. 다행스럽게도 그가 오지 않았다.
horriblement [ɔribləmã]	**adv.** 무시무시하게, 끔찍하게.
il me semble que [ilməsãbləkə]	내가 보기에는.
	Il me semble que tout va bien. 내 생각에는 모든 일이 잘 되는 것 같다.
il semble que [ilsãbləkə]	~ 같다.
	Il semble que tu n'aies pas compris. 네가 이해를 못한 것 같다.
il vaut mieux que [ilvomjøkə]	~ 하는게 더 낫다.
	Il vaudrait mieux que tu viennes. 네가 오는게 더 나을 것 같구나.
malheureusement [malœrøzmã]	**adv.** 불행하게도.
normalement [nɔrmalmã]	**adv.** 정상적으로, 보통은.
par hasard [parazar]	우연히.
personnellement [pɛrsɔnɛlmã]	**adv.** 개인적으로.
sans doute [sãdut]	아마 (probablement).
sans le vouloir [sãlvulwar]	그것을 원치 않고.
sans raison [sãrɛzɔ̃]	까닭 없이.
spécialement [spesjalmã]	**adv.** 특별히.
volontiers [vɔlɔ̃tje]	**adv.** 기꺼이 (avec plaisir).

au hasard [oˊazar]	무턱대고, 되는대로, 아무렇게나.
avec intérêt [avɛktɛrɛ]	흥미를 갖고, 관심을 갖고.
	J'ai suivi votre discours *a*veclus *intérêt*. 나는 관심을 갖고 당신의 연설을 들었다.
avec succès [avɛksyksɛ]	성공적으로.
la circonstance [sirkɔ̃stãs]	**n.** 사정, 상황, 정황.

le coup de chance [kudʃɑ̃s]	행운, 요행.
de bon coeur [dəbɔ̃kœr]	진심으로, 충심으로.
de rêve [dərɛv]	동경하는, 황홀케 하는.
	Une femme *de rêve*.
	꿈꾸어 온 여인.
en colère [ãkɔlɛr]	화가 난.
en personne [ãpɛrsɔn]	개인적으로.
en secret [ãskrɛ]	비밀리에.
forcément [fɔrsemã]	*adv.* 강제로, 반드시.
	J'ai *forcément* raison.
	분명히 내가 옳다.
	Pas *forcément*.
	꼭 그런 것은 아니지만.
par malheur [parmalœr]	불행히도.
sans façons [sãfasɔ̃]	체면을 차리지 않고, 허물 없이.
sur mesure [syrməzyr]	경우에 합당하게, 어울리게.

판단

après tout [aprɛtu]	결국, 뭐니뭐니 해도.
	Après tout ce que j'ai fait pour toi.
	내가 너를 위해 모든 일을 했지만.
au moins [omwɛ̃]	적어도.
autrement [otrəmã]	*adv.* 달리.
autrement dit [otrəmãdi]	달리 말하자면.
d'un autre côté [dnotrkote]	또 다른 한편.
d'un côté [dkote]	한편.
	D'un côté ... de l'autre côté.
	한편 또 다른 쪽에서는.
de toute façon [dətutfasɔ̃]	어쨌든.
	Je viens *de toute façon*.

사람에 관한 표현

프랑스어 기본어휘 ··· 83

	어떤 일이 있어도 오겠다.
de toute manière [dətutmanjɛr]	어쨌든.
du moins [dymwɛ̃]	적어도, 그러나, 어쨌든.
en dernier [ɑ̃dɛrnje]	마지막으로.
	Tu viens toujours en ***dernie***r.
	너는 늘 마지막에 온다.
plutôt [plyto]	**adv.** 오히려, 차라리.
	Il fait ***plutôt*** froid ici.
	이곳은 날씨가 춥다고 하는 것이 낫겠다.
pratiquement [pratikmɑ̃]	**adv.** 실제적으로, 사실상(en fait).
simplement [sɛ̃plamɑ̃]	**adv.** 단순히, 단지.
tout de même [tudmɛm]	**adv.** 그렇지만, 그래도.
	Qu'il soit un pauvre type, je veux bien,
	mais il nous a volés ***tout d****e même.
	그가 가난한 사람이라는 것에는 동의한다.
	하지만 우리에게 도둑질을 했다.
uniquement [ynikmɑ̃]	**adv.** 다만, 단지.
le cas échéant [ləkazeʃeɑ̃]	만일의 경우에는, 경우에 따라서는.
plus ou moins [plyzumwɛ̃]	다소간에.
provisoirement [prɔvizwarmɑ̃]	**adv.** 임시로.
sans plus [sɑ̃plys]	그저 그 뿐.
	Le maire a répondu aux
	questions, ***sans plus***.
	시장은 질문에 대답했을 뿐이다.
sous réserve [surezɛrv]	~을 조건으로 하여, 보류하고.
tout compte fait [tukɔ̃tfɛ]	전부 다하여, 대체로.

생활에 필요한 것들

11. 물건의 구입

12. 의복

13. 주거공간

14. 건강

15. 취미와 스포츠

16. 여행

17. 교육

18. 예술

19. 문화

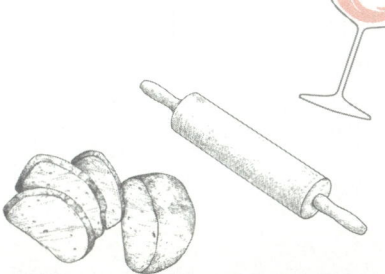

11 물건의 구입

상점

le **boucher** [buʃe]　　　　　n. 정육점 주인, 푸주한.
　　　　　　　　　　　　　　Je vais chez le *boucher*. 나는 정육점에 간다.
la **boucherie** [buʃri]　　　　n. 정육점.
　　　　　　　　　　　　　　Je vais à la *boucherie*. 나는 정육점에 간다.
le **boulanger** [bulɑ̃ʒe]　　　n. 빵집 주인, 빵 만드는 사람.
la **boutique** [butik]　　　　n. 가게, 점포.
le **bureau de tabac** [byrodtaba]　n. 담배 가게.
l'**épicerie** *f* [episri]　　　　n. 식품점.
la **librairie** [librɛri]　　　　n. 서점.
le **magasin** [magazɛ̃]　　　n. 상점.
le **marché** [marʃe]　　　　n. 시장.
la **pâtisserie** [patisri]　　　n. 제과점.
le **supermarché** [sypɛrmarʃe]　n. 슈퍼마켓.

le **bar** [bar]　　　　　　　n. 바아, 까페.
le **bistro(t)** [bistro]　　　　n. 술집.
la **boulangerie** [bulɑ̃ʒri]　　n. 빵집.
le **café** [kafe]　　　　　　n. 까페.
la **charcuterie** [ʃarkytri]　　n. 돼지고기 가공 식품점.
l'**épicier** m [episje]　　　　n. 식료품 가게 주인.
la **maison de la presse** [mɛzdlaprɛs]　n. 신문 잡지 가게.
la **papeterie** [papetri]　　　n. 문방구.
la **parfumerie** [parfymri]　　n. 향수 가게.
le **traiteur** [trɛtœr]　　　　n. 음식점 주인.

쇼핑

l'**achat** m [aʃa]　　　　　**n.** 물건의 구입.
acheter [aʃte]　　　　　**v.** 사다(→ vendre).
l'**argent** m [arʒɑ̃]　　　　**n.** 돈, 은(argent blanc).
augmenter [ɔgmɑ̃te]　　 **v.** 늘리다, 올리다, 인상하다.
　　　　　　　　　　　　Les prix ont encore *augmenté*.
　　　　　　　　　　　　물가가 또 올랐다.

avoir besoin de [avwarbəzwɛ̃də]　~을 필요로 하다.
avoir de la monnaie [avwardlamonɛ]　잔돈이 있다.

la caisse [kɛs]　　　　　**n.** 계산대, 카운터.
cher, chère [ʃɛr]　　　　**adj.** 비싼.
　　　　　　　　　　　　Cette année les pommes sont très *chères*.
　　　　　　　　　　　　금년에 사과가 매우 비싸다.

le **client, la cliente** [klijɑ̃, t]　**n.** 고객.
combien [kɔ̃bjɛ̃]　　　　　**adv.** 얼마나.
　　　　　　　　　　　　Combien de tranches? 얇게 썬 조각 몇 장?
les **courses** fpl [kurs]　　**n.** 물건 사러 다니기, 사온 물건들.
coûter [kute]　　　　　　**v.** 값이 나가다(valoir), 비용이 ~들다(revenir à).
　　　　　　　　　　　　Ça *coûte* combien? 얼마죠?
coûter cher [kuteʃɛr]　　 값이 비싸다.
　　　　　　　　　　　　Cette année les pommes *coûtent* très cher.
　　　　　　　　　　　　금년에 사과가 매우 비싸다.

dépenser [depɑ̃se]　　　　**v.** 돈을 쓰다, 소비하다, 낭비하다(prodiguer).
désirer [dezire]　　　　　**v.** 바라다, 원하다.
　　　　　　　　　　　　vous *désirez*? 무엇을 찾으세요?
faire la queue [fɛrlakø]　줄을 서서 기다리다.
le **franc** [frɑ̃]　　　　　　**n.** 프랑, 1/100 프랑은 쌍띰(centime).
le **grand magasin** [grɑ̃magaz]　**n.** 백화점.
gratuit, e [gratui, t]　　　**adj.** 무료의(↔ payant), 무상의.
le **litre** [litr]　　　　　　**n.** 리터.
　　　　　　　　　　　　Un *litre* de lait s.v.p.

la **livre** [livr]	우유 1리터만 주세요. **n.** 파운드(500그램), 영국 화폐 단위. Une ***livre*** de beurre salé s.v.p. 짜게한 버터 1파운드 주세요.
la **marchandise** [marʃɑ̃diz]	**n.** 상품, 물건.
la **monnaie** [mɔnɛ]	**n.** 잔돈, 돈.
le **morceau, x** [mɔrso]	**n.** 한 조각, 한 덩어리(fragment). Un bon ***morceau*** de porc. 돼지고기 크게 한 덩어리.
payer [peje]	**v.t.** ~의 값을 치르다, ~에게 지불하다.
payer cher [pejeʃɛr]	비싸게 지불하다.
payer comptant [pejekɔ̃tɑ̃]	현찰로 지불하다.
la **pièce de monnaie** [pjɛsdəmɔnɛ]	**n.** 동전.
le **portefeuille** [pɔrtəfœj]	**n.** 지갑.
le **porte-monnaie** [pɔrtmɔnɛ]	**n.** 동전 지갑.
le **prix** [pri]	**n.** 가격.
la **réduction** [redyksjɔ̃]	**n.** 할인.
rendre la monnaie [rɑ̃drəlamɔnɛ]	**n.** 잔돈을 거슬러주다.
la **tranche** [trɑ̃ʃ]	**n.** 얇게 썬 조각.
le **vendeur**, la **vendeuse** [vɑ̃dœr, øz]	**n.** 상인, 점원.
vendre [vɑ̃dr]	**n.** 팔다(↔ acheter), 명사는 vente.
la **vitrine** [vitrin]	**n.** 진열대, 진열장.
l'**alimentation** f [alimɑ̃tasjɔ̃]	**n.** 식료품, 음식, 영양 섭취.
bon marché [bɔ̃marʃe]	(불변화어) 값이 싼. Les fraises sont ***bon marché*** en ce moment. 요즈음 딸기가 싸다.
la **clientèle** [klijɑ̃tɛl]	**n.** 고객들 (집합명사).
coûteux, -euse [kutø, z]	**adj.** 비용이 드는, 비싼.

요리

à feu doux [afødu]   연한 불로.
ajouter [aʒute]   **v.** 더하다, 첨가하다.
Ajoutez trois jaunes d'œuf au sucre.
3개의 달걀 노른자를 설탕에 첨가하시오.
la **boîte** [bwat]   **n.** 깡통, 캔.
bouillir [bujir]   **v.i.** 끓다. 비등하다.
Faites *bouillir* le lait. 우유를 끓이세요.
la **casserole** [kasrɔl]   **n.** 자루 달린 냄비, 스튜 냄비.
la **conserve** [kɔ̃sɛrv]   **n.** 통조림, 저장한 음식.
couper [kupe]   **v.** 자르다, 썰다.
cuire [kɥir]   **v.** 익히다, 삶다. 굽다.
J'ai fait cuire un steak.
나는 스테이크를 구웠다.
la **cuisine** [kɥizin]   **n.** 요리, 요리법, 부엌.
La *cuisin*e française. 프랑스 요리.
La nouvelle *cuisine.* 새로운 요리법.
essayer [eseje]   **v.** 시도하다.
faire la cuisine [fɛrlakɥizin]   요리하다.
C'est papa qui *fait la cuisine* chez nous.
우리 집에서 요리하는 사람은 아빠다.
le **four** [fur]   **n.** 오븐.
goûter [gute]   **v.** 맛보다, 간식하다.
la **goutte** [gut]   **n.** 물방울.
griller [grije]   **v.** 석쇠에 굽다.
l'**huile** [ɥil]   **n.** 기름.
mélanger [melɑ̃ʒe]   **v.** 섞다. 혼합하다.
la **nourriture** [nurityr]   **n.** 음식물, 식사.
l'**œuf, s** m [œf, ø]   **n.** 계란.
la **pâte** [pat]   **n.** 파스타, 서양국수, 반죽.
la **poêle** [pwal]   **n.** 프라이팬.
préparer [prepare]   **v.** 준비하다.

생활에 필요한 것들

la **recette** [rəsɛt]	**n.** 요리 방법.
le **réfrigérateur** [refriʒeratœr]	**n.** 냉장고.
refroidir [rəfrwadir]	**v.** 식히다, 차게 하다.
le **vinaigre** [vinɛgr]	**n.** 식초.
l'**ail** m [aj]	**n.** 마늘, 복수는 ***aulx*** [o].
la **farine** [farin]	**n.** 밀가루.
les **herbes** fpl [ɛrb]	**n.** 풀, 식물,
la **levure** [ləvyr]	**n.** 효모.
l'**oignon** m [ɔɲɔ̃]	**n.** 양파.
l'**os** m [ɔs, o]	**n.** 뼈.
l'**ouvre-boîte** m [uvrbwat]	**n.** 깡통 따개.
la **pâte brisée** [patbrize]	**n.** 부서지기 쉬운, 차지지 않은 반죽.
la **pâte feuilletée** [patfœjte]	**n.** 부풀게 굽는 과자용 반죽.
le **persil** [persj]	**n.** 파슬리.
la **pincée** [pɛ̃se]	**n.** 두 서너 손가락으로 잡은 분량, 한웅큼.
remuer [rəmɥe]	**v.** 휘젓다, 뒤적거리다.

상 차리기

l'**assiette** f [asjɛt]	**n.** 작은 접시.
le **couteau, x** [kuto]	**n.** 나이프.
la **cuiller** [kɥijɛr]	**n.** 스푼.
débarrasser [debarase]	**v.** 식탁의 식기를 치우다.
la **fourchette** [furʃɛt]	**n.** 포크.
le **pain** [pɛ̃]	**n.** 빵.
le **panier** [panje]	**n.** 바구니.
le **poivre** [pwavr]	**n.** 후추.
le**sel** [sɛl]	**n.** 소금.
la **serviette** [sɛrvjɛt]	**n.** 냅킨,
la **table** [tabl]	**n.** 탁자.
la **tasse** [tas]	**n.** 찻잔.

la **vaisselle** [vɛsɛl]	n. 식기.
le **verre** [vɛr]	n. 유리 컵.

le **bol** [bɔl]	n. 공기, 사발, 주발.
	J'ai bu deux **bols** de café ce matin.
	나는 오늘 아침 두 그릇의 커피를 마셨다.
la **cafetière** [kaftjɛr]	n. 커피 포트.
la **carafe** [karaf]	n. 물병.
le **couvert** [kuvɛr]	n. 한 사람 분의 식기, 포크,나이프, 스푼,
mettre la table [mɛtrəlatabl]	상을 차리다.
mettre le couvert [mɛtrləkuvɛr]	식탁 준비를 하다. 상을 차리다.
le **plateau, x** [plato]	n. 쟁반.
le **saladier** [saladje]	n. 샐러드 접시.
le **soupière** [supjɛr]	n. 스프 그릇.
la **théière** [tejɛr]	n. 차 주전자, 차를 끓이는 것.

레스토랑

l'**addition** f [adisjɔ̃]	n. 계산서.
	L'**addition** s.v.p. 계산서 주십시오.
l'**ambiance** f [ãbjas]	n. 환경, 분위기(atmosphère).
l'**appétit** m [apeti]	n. 식욕.
	L'**appé**tit vient en mangeant.
	먹다보면 식욕이 나는 법이다.
avoir envie de [avwarãvidə]	~하고 싶다. ~을 가지고 싶다.
	J'**ai envie d'**un éclair.
	나는 에클레르 과자가 먹고 싶다.
avoir faim [avwarfɛ̃]	배고프다.
	J'**ai faim**. 나는 배고프다.
	J'**ai** une **faim** de loup.
	나는 몹시 배고프다.

avoir soif [avwarswaf] 목마르다.
boire [bwar] v. 마시다.
Je bois à ta santé.
너의 건강을 위해 마신다.

la **boisson** [bwasɔ̃] n. 음료, 음료수.
le **bouchon** [buʃɔ̃] n. 병마개.
la **bouteille** [butɛj] n. 술병, 병.
On a pris une bonne **bouteille**.
우리는 술 한병을 잘 마셨다.

le **chef** [ʃɛf] n. 주방장.
commander [kɔmɑ̃de] v. 시키다. 주문하다.
la **consommation** [kɔ̃sɔmasjɔ̃] n. 소비, 레스토랑, 까페등의 음식과 음료.
Le tarif des **consommations** est affiché.
가격표가 게시되어 있다.

digérer [diʒere] v. 소화하다.
être au régime [ɛtroreʒim] 다이어트 중이다.
la **faim** [fɛ̃] n. 허기.
le **garçon** [garsɔ̃] n. 웨이터.
Garçon! 웨이터!

le **goût** [gu] n. 입맛, 취향.
ivre [ivr] adj. 술 취한.
la **liste** [list] n. 리스트, 목록.
manger [mɑ̃ʒe] v. 먹다.
le **menu** [məny] n. 메뉴, 식단, 정식 (menu à prix fixe).
Qu'est-ce qu'il y a au **menu**?
식단에는 무엇이 있습니까?

nourrir [nurir] v. ~에게 식사를 제공하다. 양육하다.
offrir [ɔfrir] v. 제공하다.
le **patron**, la **patronne** [patrɔ̃, ɔn] n. 주인, 사업주.
le **plat** [pla] n. 접시, 요리, 접시에 담긴 음식.
plat du jour 오늘의 요리.

le **pourboire** [purbwar] n. 팁, 수고비.
prendre [prɑ̃dr] v. 먹다 (manger), 마시다 (boire).

	Je *prends* un café.
	나는 커피 한 잔 마시겠다.
la **qualité** [kalite]	n. 품질, 특질.
le **régime** [reʒim]	n. 식이요법 (régime alimentaire).
réserver [rezɛrve]	v. 예약하다.
	Faites *réserver* à l'avance.
	미리 예약 하십시오.
le **restaurant** [rɛstɔrã]	n. 식당, 레스토랑.
le **reste** [rɛst]	n. 나머지, 여분.
le **service** [sɛrvis]	n. 서비스, 봉사료.
	service compris. 봉사료 포함.
servir [sɛrvir]	n. 식사 시중을 들다. 상을 차려내다.
la **soif** [swaf]	n. 목마름, 갈증.
soûl, e [su, 1]	adj. 술취한 (ivre), 포만한 (rassasié).
la **spécialité** [spesjalite]	n. 특선 요리.
le **tarif** [tariʃ]	n. 가격표, 요금표.
le **consommateur** [kɔ̃sɔmatœr]	n. 소비자, 고객.
le **glaçon** [glaɔ̃]	n. 얼음 덩어리.
le **libre-service** [librəsɛrvis]	n. 셀프 서비스.
la **réclamation** [reklamasjɔ̃]	n. 요구, 청구, 이의, 항의.
recommander [rəkɔmãde]	v. 추천하다.
le **salon de thé** [salɔ̃dəte]	n. 찻집.

식단

아침식사

la **baguette** [bagɛt]	바게뜨 빵.
le **beurre** [bœr]	버터.
le **café** [kafe]	커피.
la **chocolat** [ʃɔkɔla]	코코아.
le **citron** [sitrɔ̃]	레몬.

la **confiture** [kɔ̃fityr]	잼.
le **croissant** [krwasɑ̃]	크로와쌍 빵.
le **lait** [lɛ]	우유.
le **petit déjeuner** [ptideʒœne]	아침 식사.
	J'ai pris mon *petit déjeuner* à 7 heures ce mati**n**.
	나는 오늘 아침 7시에 아침식사를 했다.
le **sandwich** [sɑ̃dwitʃ]	샌드위치.
la **tartine** [tartin]	버터를 바른 빵.
le **thé** [te]	차, 홍차.

점심, 저녁식사

le **déjeuner** [deʒœne]	점심 식사.
déjeuner [deʒœne]	v. 식사하다.
le **dîner** [dine]	저녁 식사.
dîner [dine]	v. 저녁을 먹다.
le **repas** [rəpa]	식사.

전채, 에피타이저

au choix [oʃwa]	의향대로 골라서.
le **hors-d'œuvre** [´ɔrdœvr]	전식, 전채, 오르되브르.
le **jambon** [ʒɑ̃bɔ̃]	햄.
l'**omelette** f [ɔmlɛt]	오믈렛뜨.
le **pâté** [pate]	파테(잘게 썬 고기를 양념하여 끓여 만든 음식).
le **saucisson** [sosisɔ̃]	크게 말린 소시지, 쌀라미 소시지.
la **soupe** [sup]	스프.
l'**artichaut** m [artiʃo]	아티초크(엉겅퀴과의 식물).
la **crudité** [krydite]	생야채와 과일.
l'**entrée** f [ɑ̃tre]	에피타이저, 맨 처음 나오는 음식.
le **potage** [pɔtaʒ]	스프.

생선

le **poisson** [pwasɔ̃] 생선, 물고기.

la **lotte** [lɔt]	아귀.
la **sole** [sɔl]	혀넙치, 혀가자미.
la **truite** [tryit]	송어.

고기

le **bifteck** [biftɛk] 스테이크.
le **bœuf,** s [bœf, bø] 소, 쇠고기.
le **canard** [kanar] 오리.
le **cheval, -aux** [ʃval, o] 말.
le **foie** [fwa] 동물의 간.
la **langue** [lɑ̃g] 혀.
le **lapin** [lapɛ̃] 토끼.
le **mouton** [mutɔ̃] 양.
le **porc** [pɔr] 돼지.
le **poulet** [pulɛ] 닭, 닭고기.
le **rôti** [roti] 구운 고기.
la **sauce** [sos] 소스.
le **veau, x** [vo] 송아지.
la **viande** [vjɑ̃d] 고기.

la **côtelette** [kotlɛt]	갈비, 커틀렛.
l'**escalope** f [ɛskalɔp]	얇게 썬 고기.

야채

la **carotte** [karɔt] 당근, 홍당무.

le **champignon** [ʃɑ̃piɲɔ̃] 버섯.
les **frites fpl** [frit] 감자 튀김, 프렌치 프라이.
les **haricots verts mpl** [´arikovɛr] 강낭콩.
le **légume** [legym] 야채.
les **nouilles fpl** [nuj] 국수.
les **petits pois mpl** [ptipwa] 완두콩, 그린피스.
la **pomme de terre** [pɔmdətɛr] 감자.
le **riz** [ri] 쌀.

l'**aubergine** ƒ [obɛrʒin] 가지.
le **chou-fleur** [ʃuflœr] 꽃양배추.
l'**endive** ƒ [ɑ̃div] 꽃상치.

샐러드

la **salade** [salad] 샐러드, 샐러드용 야채.
la **tomate** [tɔmat] 토마토.

concombre [kɔ̃kɔ̃br] 오이.
la **frisée** [frize] 꽃상치의 일종, 치커리.
la **laitue** [lety] 상치.

치즈

le **fromage** [frɔmaʒ] 치즈.
le **plateau de fromage** 치즈용 큰 접시.
[platodfrɔmaʒ]

과일

la **banane** [banan]	바나나.
la **cerise** [səriz]	체리, 버찌.
la **fraise** [frɛz]	딸기.
les **fruits mpl** [frɥi]	과일.
l'**orange** [ɔrɑ̃ʒ]	오렌지.
la **poire** [pwar]	배.
la **pomme** [pɔm]	사과.
le **raisin** [rɛzɛ̃]	포도.
l'**ananas** m [anana]	파인애플.
la **framboise** [frɑ̃bwaz]	나무 딸기.
le **melon** [məlɔ̃]	멜론.
la **pêche** [pɛʃ]	복숭아.

디저트

le **bonbon** [bɔ̃bɔ̃]	사탕.
la **crème** [krɛm]	크림, 커스타드.
le **dessert** [desɛr]	디저트.
le **gâteau, x** [gato]	케익, 생과자.
la **glace** [glas]	아이스크림.
la **mousse au chocolat** [musoʃɔkɔla]	초코렛을 넣은 무스.
la **tarte** [tart]	타르트, 파이.
la **tarte aux abricots** [tartozabriko]	살구 타르트, 살구 파이.
le **yaourt** [jaur(t)]	요구르트.
la **coupe** [kup]	잔, 술잔.
la **crème Chantilly** [krɛmʃɑ̃tiji]	커피, 초코렛, 과일등을 곁들여 거품을 일으킨 크림.

생활에 필요한 것들

la **crème caramel** [krɛmkaramɛl]	카라멜 커스타드.
la **crêpe** [krɛp]	크레프, 얇은 팬 케익.
le **flan** [flɑ̃]	카라멜을 곁들인 바닐라 커스타드.
le **gâteau sec** [gatosɛk]	쿠키.
la **gaufre** [gofr]	웨이퍼 과자.

음료

l'**alcool** m [alkɔl]	알콜 음료.
la **bière** [bjɛr]	맥주.
l'**eau, x** f [o]	물.
le **jus** [ʒy]	쥬스.
la **limonade** [limɔnad]	청량음료, 레몬 소다.
l'**orangeade** f [ɔrɑ̃ʒad]	오렌지 소다.
le **vin** [vɛ̃]	포도주.
le **vin ordinaire** [vɔrdinɛr]	보통 포도주, 테이블 와인.
l'**apéritif** m [aperitif]	아페리티프, 식전에 마시는 술.
le **blanc** [blɑ̃]	백포도주.
le **champagne** [ʃɑ̃paɲ]	샴페인.
le **cidre** [sidr]	능금주, 애플 와인.
le **digestif** [diʒɛstif]	식후에 마시는 술.
l'**eau minérale** f [omineral]	미네럴 워터.
le **rosé** [roze]	분홍색 포도주.
le **rouge** [ruʒ]	붉은 포도주.
le **sirop** [siro]	시럽.

음식의 맛

amer, amère [amɛr] **adj.** 쓴, 씁쓸한.
avoir du goût [aywardygu] 맛이 있다. 맛을 볼 줄 알다.
bon, bonne [bɔ̃, bɔn] **adj.** 좋은.
brûlant, e [brylɑ̃, t] **adj.** 몹시 뜨거운, 따는 듯한.
chaud, e [ʃo, d] **adj.** 뜨거운.
cru, e [kry] **adj.** 날 것인.
cuit, e [kɥi, t] **adj.** 익은.
doux, douce [du, dus] **adj.** 달콤한, 부드러운.
dur, e [dyr] **adj.** 딱딱한, 단단한.
épais, se [epɛ, s] **adj.** 두꺼운, 액체가 진한.
frais, fraîche [frɛ, frɛʃ] **adj.** 신선한, 시원한.
froid, e [frwa, d] **adj.** 찬.
gras, se [gra, s] **adj.** 기름진, 지방질이 많은.
maigre [mɛgr] **adj.** 마른, 야윈.
mou, molle [mu, mɔl] **adj.** 물렁물렁한, 물컹한.
Les frites sont *molles*.
감자 튀김은 물렁물렁하다.
mûr, e [myr] **adj.** 익은, 숙성한.
pur, e [pyr] **adj.** 순수한, 다른 것이 섞이지 않은.
sec, sèche [sɛk, sɛʃ] **adj.** 물기 없는, 마른, 술이 단맛이 없는.
spécial, e, aux [spesjal, o] **adj.** 특별한.
tendre [tɑ̃dr] **adj.** 부드러운, 연한.
Mon steak est très *tendre*.
내 스테이크는 매우 부드럽다.
tiède [tjɛd] **adj.** 미지근한.

à point [apwɛ̃] 알맞게, 적당히, 미디엄으로.
bien cuit, e [bjɛ̃kɥi, t] 바싹 구운, well done으로.
saignant, e [sɛɲɑ̃, t] **adj.** 피가 비치는 (英 rare).
salé, e [sale] **adj.** 짠, 소금을 친.
sucré, e [sykre] **adj.** 단맛이 나는.

varié, e [varje]	**adj.** 다양한, 다채로운.
vert, e [vɛr, t]	**adj.** 녹색의. Je suis malade, j'ai mangé des prunes *vertes*. 나는 아프다. 나는 녹색 자두를 먹었다.
vide [vid]	**adj.** 텅빈.

흡연

allumer [alyme]	**v.** 불을 붙이다.
le **briquet** [brikɛ]	**n.** 라이터.
le **cendrier** [sãdrije]	**n.** 재털이.
la **cigarette** [sigarɛt]	**n.** 담배.
éteindre [etɛ̃dr]	**v.** 불을 끄다.
fumer [fyme]	**v.** 담배 피우다.
la **pipe** [pip]	**n.** 파이프.
le **tabac** [taba]	**n.** 담배.
l'**allumette** *f* [alymɛt]	**n.** 성냥.
la **cendre** [sãdr]	**n.** 담뱃재.
le **cigare** [sigar]	**n.** 시가.

12 의복

구입

à l'endroit [alɑ̃drwa] 겉쪽을 밖으로.
à l'envers [alɑ̃vɛr] 반대로, 거꾸로.
Tu as mis ton pull à *l'envers*.
너는 스웨터를 뒤집어 입었다.

à la mode [alamɔd] 최신 유행의.
Le rose est *à la mode* cet été.
핑크색이 올 여름 유행이다.

l'achat m [aʃa] **n.** 구입(↔ vente).
acheter [aʃte] **v.** 물건을 사다.
avoir besoin de [avwarbəzwɛ̃də] ~이 부족하다, ~이 필요하다.
J'ai besoin d'une nouvelle robe.
나는 새 원피스가 필요하다.

avoir du goût [avwardygu] 취향이 있다. 심미안이 있다.
avoir envie de [avwarɑ̃vidə] ~하고 싶다. ~을 갖고 싶다.
*J'ai envie d'*acheter un pantalon.
나는 바지를 하나 사고 싶다.

la boutique [butik] **n.** 소규모 상점.
Ça coûte une fortune. 엄청나게 값이 비싸다.
[sakutynfɔrtyn]
le client, la cliente [klijɑ̃, t] **n.** 고객.
essayer [eseje] **v.** 시도하다. 입어보다.
Vous voulez *essayer*? 입어 보시겠습니까?

l'étiquette f [etikɛt] **n.** 라벨.
le grand magasin [grɑ̃magaz] **n.** 백화점.
J'achète toujours mes vêtements

	dans les ***grands magasins***.
	나는 내 옷을 늘 백화점에서 산다.
la **marchandise** [marʃɑ̃diz]	**n.** 상품, 물품.
la **mode** [mɔd]	**n.** 유행.
le **modèle** [mɔdɛl]	**n.** 모델.
la **paire** [pɛr]	**n.** 켤레, 짝.
	J'ai acheté trois ***paires*** de chaussures.
	나는 신발 세 켤레를 샀다.
payer [peje]	**v.** ~의 값을 지불하다.
	Je les ai ***payées*** pas trop cher.
	나는 그것들을 그다지 비싸게 사지 않게 샀다.
le **prix** [pri]	**n.** 가격.
la **qualité** [kalite]	**n.** 품질.
la **réduction** [redyksjɔ̃]	**n.** 할인.
rendre la monnaie [rɑ̃drəlamɔnɛ]	잔돈을 거슬러주다.
la **taille** [taj]	**n.** 사이즈, 크기.
	Vous faites quelle ***taill**e*?
	사이즈가 어떻게 되십니까?
le **vendeur**, la **vendeuse** [vɑ̃dœr, øz]	**n.** 점원, 판매원.
vendre [vɑ̃dr]	**v.** 팔다(acheter).
la **vitrine** [vitrin]	**n.** 진열대, 진열장.

aller avec [aleavɛk]	~와 어울리다.
	Cette couleur ***va avec*** mes cheveux.
	이 색은 내 머리카락과 잘 어울린다.
coûteux, -euse [kutø, z]	**adj.** 비싼, 비용이 드는.
faire un prix [fɛrpri]	할인해 주다, 깎아주다.
	Le vendeur m'a ***fait un prix***.
	점원은 내게 할인해 주었다.
la **pointure** [pwɛ̃tyr]	**n.** 신발 사이즈.

| les **soldes mpl** [sɔld] | **n.** 바겐 세일.
J'ai acheté ce pull en *soldes*.
나는 바겐 세일 때 이 스웨터를 샀다. |

옷과 신발

la **botte** [bɔt]   **n.** 장화, 부츠.
changer [ʃɑ̃ʒe]   **v.** 바꾸다. 교환하다.
    J'ai déjà *changé* de chemise.
    나는 이미 와이셔츠를 교환했다.

changer (se) [səʃɑ̃ʒe]   **v.** 옷을 갈아입다.
    Je vais me changer. 나는 옷을 갈아입겠다.

le **chapeau, x** [ʃapo]   **n.** 모자.
la **chaussure** [ʃosyr]   **n.** 신발.
la **chemise** [ʃmiz]   **n.** 와이셔츠.
le **costume** [kɔstym]   **n.** 의복, 양복 한벌.
    Etienne a mis son *costume* neuf.
    에띠엔느는 새 양복을 입었다.

couvrir (se) [səkuvrir]   **v.** 따뜻하게 입다.
    Couvre-toi, il fait froid.
    따뜻하게 입어라, 날씨가 춥다.

la **cravate** [kravat]   **n.** 넥타이.
déshabiller (se) [sədezabije]   **v.** 옷을 벗다.
enlever [ɑ̃lve]   **v.** 벗다.
    Si tu as chaud, *enlève* ta veste.
    더우면 자켓을 벗어라.

le **gant** [gɑ̃]   **n.** 장갑.
habiller (s') [sabije]   **v.** 옷을 입다.
l'**imper(méable)** m [pɛrmeabl]   **n.** 레인 코트.
la **jupe** [ʒyp]   **n.** 스커트, 치마.
le **maillot** [majo]   **n.** 수영복.

생활에 필요한 것들

le **manteau, x** [mɑ̃to]   n. 외투, 코트.
mettre [mɛtr]   v. 입다, 착용하다.
                                  Oh, tu as ***mis*** ta nouvelle robe.
                                  야, 너 새 원피스 입었구나.

le **pantalon** [pɑ̃talɔ̃]   n. 바지.

porter [pɔrte]   v. 입다, 착용하다.
                                  Le vert se ***porte*** beaucoup cette année.
                                  금년에는 초록색이 유행이다.

le **pull** [pyl]   n. 스웨터.
le **pyjama** [piʒama]   n. 파자마.
la **robe** [rɔb]   n. 원피스, 드레스.
le **slip** [slip]   n. 팬티.
le **vêtement** [vɛtmɑ̃]   n. 옷, 의복.

l'**anorak** m [anorak]   후드 달린 파카.
le **bas** [ba]   스타킹, 긴 양말.
le **basket** [baskɛt]   농구화.
le **bikini** [bikini]   비키니.
la **blouse** [bluz]   작업복, 블라우스.
le **blouson** [bluzɔ̃]   자켓 잠바.
le **blue-jean** [bludʒin]   청바지.
le **bonnet** [bɔnɛ]   챙 없는 모자.
le **boot** [but]   발목까지 오는 부츠.
le **cardigan** [kardigɑ̃]   가디건 스웨터.
le **casque** [kask]   헬멧.
le **chemisier** [ʃəmizje]   블라우스.
le **ciré** [sire]   레인 코트, 방수복.
                                  Pour aller en mer, mets ton ***ciré***
                                  jaune. 바다에 가려면, 너의 노란 방수복을 입어라.
le **collant** [kɔlɑ̃]   팬티 스타킹.
la **combinaison** [kɔ̃binɛzɔ̃]   여자용 속옷, 아래 위 붙은 작업복, 비행복.

le **corsage** [kɔrsaʒ]	블라우스.
la **culotte** [kylɔt]	짧은 바지.
l'**espadrille** [ɛspadrij]	f. 운동화, 해수욕화.
le **gilet** [ʒilɛ]	조끼.
le **peignoir** [pɛɲwar]	가운, 실내복.
la **sandale** [sɑ̃dal]	샌들.
le **short** [ʃɔrt]	짧은 바지, 운동용 팬츠.
les **sous-vêtements** mpl [suvɛtmɑ̃]	속옷, 내의.
le **soutien-gorge** [sutjɛ̃gɔrʒ]	브래지어.
le **tailleur** [tajœr]	여자용 상하 한 벌.
le **tee-shirt** [tijcert]	티셔츠.
le **training** [trɛniŋ]	트레이닝.
la **veste** [vɛst]	쟈켓, 윗도리.
	Mon mari a déchiré la ***veste*** de son costume. 내 남편은 자신의 양복 윗도리를 찢었다.

옷에 관한 표현

chaud, e [ʃo, d]	**adj.** 더운, 따뜻한. Il est ***chaud***, mon pull. 내 스웨터는 따뜻하다.
la **chaussette** [ʃosɛt]	**n.** 양말.
chic [ʃik]	**adj.** (불변화어) 멋진, 기막힌, 훌륭한 Françoise ne porte que des vêtements ***chic***. 프랑스와즈는 멋진 옷만 입는다.
confortable [kɔ̃fɔrtabl]	**adj.** 편안한, 쾌적한.
le **coton** [kɔtɔ̃]	**n.** 면.
court, e [kur, t]	**adj.** 짧은
le **cuir** [kɥir]	**n.** 가죽. Je ne porte que des chaussures en ***cuir***. 나는 가죽으로 된 구두만 신는다.

élégant, e [elegã, t]   adj. 우아한(gracieux), 고상한.
en or [ãnɔr]   금으로 된.
épais, se [epɛ, s]   adj. 두꺼운, 따뜻한.
Mon manteau est très *épais*.
내 코트는 매우 두껍다.

fin, fine [fɛ̃, fin]   adj. 가는, 섬세한, 미세한
Ma mère porte une chaîne *fine* en or.
나의 어머니는 가는 금줄을 매셨다.

la fourrure [furyr]   n. 모피.
gai, e [gɛ]   adj. 밝은, 명랑한.
Ce tissu a des couleurs *gaies*.
이 옷감은 밝은 색이다.

la laine [lɛn]   n. 모직물, 양모.
large [larʒ]   adj. 넓은, 큰.
léger, -ère [leʒe, ɛr]   adj. 가벼운(↔ lourd).
long, longue [lɔ̃, g]   adj. 긴(↔ court).
moderne [mɔdɛrn]   adj. 현대적인.
neuf, neuve [nœf, nœ:v]   adj. 새로운.
Les chaussures *neuves* font mal aux pieds.
새 신은 발을 아프게 한다.

nouveau, -vel, -velle
[nuvo, nuvɛl]   adj. 새로운, 신규의.
Je n'aime pas la *nouvelle* mode.
나는 최신 유행을 좋아하지 않는다.

le nylon [nilɔ̃]   n. 나일론.
propre [prɔpr]   adj. 깨끗한.
pure laine [pyrlɛn]   n. 순모.
rayé, e [reje]   adj. 줄이 그어진, 줄무늬가 든.
sale [sal]   adj. 더러운.
spécial, e, -aux [spesjal, o]   adj. 특별한.
Le cuir de mon blouson a subi un traitement *spécial*.
내 쟈켓 가죽은 특수처리 된 것이다.

le tissu [tisy]   n. 옷감, 천.

triste [trist]	**adj.** 슬픈, 슬픈 분위기의.
uni, e [yni]	**adj.** 빛깔이 한결 같은, 단색의, 무늬 없는.
usé, e [yze]	**adj.** 낡은, 사용한.
	Ton pull est *usé* aux coudes.
	네 스웨터는 팔꿈치가 낡았다.
véritable [veritabl]	**adj.** 진짜의(faux), 사실의.

à carreaux [akaro]	체크 무늬의.
	La nouvelle mode propose des jupes *à carreaux*. 새로운 패션은 체크 무늬 스커트를 권한다.
à pois [apwa]	물방울 무늬의.
	Ridicules, ces collants *à pois*. 이 물방울 무늬 스타킹은 웃긴다.
à talon haut [atalɔ̃ o]	하이힐의.
démodé, e [demɔde]	**adj.** 유행이 지난.
la dentelle [dɑ̃tɛl]	**n.** 레이스, 레이스 모양의 것.
	Comment tu trouves ce col en *dentelle*? 이 레이스로 된 칼라를 어떻게 생각하니?
doublé, e [duble]	**adj.** 두겹인, 이중으로 된.
	Ce pantalon est *doublé*. 이 바지는 두 겹으로 되어있다.
en argent [ɑ̃narʒɑ̃]	은으로 만든.
l'étoffe *f* [etɔf]	**n.** 직물, 천.
habillé, e [abije]	**adj.** 우아한, 어울리는.
	Cette robe fait très *habillé*. 이 드레스는 무척 어울린다.
imprimé, e [ɛ̃prime]	**adj.** 프린트 된.
précieux, -euse [presjø, z]	**adj.** 값비싼, 소중한.
la soie [swa]	**n.** 실크.
souple [supl]	**adj.** 유연한, 부드러운.
le tricot [triko]	뜨게질해서 만든 천이나 옷, 니트 웨어.

생활에 필요한 것들

악세사리

le **bijou, x** [biʒu]　　　n. 보석.
le **bouton** [butɔ̃]　　　n. 단추.
la **ceinture** [sɛ̃ntyr]　　n. 벨트, 허리띠.
la **chaîne** [ʃɛn]　　　　n. 목걸이, 금줄.
　　　　　　　　　　　Mon frère porte une ***chaîne*** en or.
　　　　　　　　　　　내 형은 금줄을 걸고 다닌다.

le **col** [kɔl]　　　　　n. 칼라, 깃.
la **manche** [mɑ̃ʃ]　　　n. 소매.
la **montre** [mɔ̃tr]　　　n. 회중시계, 손목시계.
le **mouchoir** [muʃwar]　n. 손수건.
le **nœud** [nø]　　　　n. 매듭, 나비 넥타이.
　　　　　　　　　　　Tu mets ton ***nœud*** papillon?
　　　　　　　　　　　너는 나비 넥타이를 매니?

le **parapluie** [paraplɥi]　n. 우산.
la **pièce** [pjɛs]　　　　n. 한 개, 한 벌.
le **pli** [pli]　　　　　n. 주름.
la **poche** [pɔʃ]　　　　n. 포켓.
le **sac** [sak]　　　　　n. 핸드백.

la **bague** [bag]　　　　반지.
le **bracelet** [braslɛ]　　팔찌.
le **col en V** [kɔlɑ̃ve]　　V네크.
le **col roulé** [kɔlrule]　터틀넥.
　　　　　　　　　　　Je ne supporte pas les pulls à
　　　　　　　　　　　col ***roulé***.
　　　　　　　　　　　나는 터틀넥으로 된 스웨터를 입고 있지 못
　　　　　　　　　　　한다.
le **collier** [kɔlje]　　　목걸이.
　　　　　　　　　　　Il est splendide, ton ***collier*** de perles.
　　　　　　　　　　　너의 진주 목걸이는 정말 멋지다.
le **diamant** [djamɑ̃]　　다이아몬드.

l'**élastique** m [elastik]	고무 밴드. Mon ***élastique*** a lâché. 내 고무 밴드가 늘어났다.
la **fermeture éclair** [fɛrtyreklɛr]	지퍼.
le **foulard** [fular]	스카프.
la **perle** [pɛrl]	진주.
la **pierre précieuse** [pjɛrpresjøz]	보석.

작업, 손질

abîmer [abime]	v. 상하게 하다, 망가뜨리다.
l'**aiguille** f [egɥij]	n. 바늘.
les **ciseaux mpl** [sizo]	n. 가위.
coudre [kudr]	v. 바느질하다.
déchirer [deʃire]	v. 찢다.
faire nettoyer [fɛrnetwaje]	v. 깨끗하게 하다.
le **fil** [fil]	n. 실.
laver [lave]	v. 빨다, 세탁하다.
préparer [prepare]	v. 준비하다.
repasser [rəpase]	v. 다리미질하다.
serrer [sere]	v. 조이다, 꼭 끼게 만들다. Il ***serre***, ton pantalon. 네 바지는 꼭 낀다.
la **tache** [taʃ]	n. 점, 얼룩.
le **trou** [tru]	n. 구멍.
broder [brɔde]	v. 수를 놓다. J'ai ***brodé*** mes mouchoirs moi-méme. 나는 내 스스로가 손수건에 수를 놓았다.
la **broderie** [brɔdri]	n. 자수. Tu fais de la ***broderie***? 너는 자수 놓기를 하니?

le **canevas** [kanva]	**n.** 바탕 천, 구상, 밑그림.
élargir [elarʒir]	**v.** 크게 만들다.
faire du crochet [fɛrdykrɔʃɛ]	뜨게질하다.
faire qqc au crochet [fɛrkɛlkəʃozokrɔʃɛ]	무엇을 짜다. 뜨게질하다.
la **machine à coudre** [maʃinakudr]	**n.** 재봉틀.
raccourcir [rakursir]	**v.** 짧게 만들다.
rallonger [ralɔ̃ʒe]	**v.** 길게 만들다.
repriser [rəprize]	**v.** 깁다, 수선하다.
rétrécir [retresir]	**v.** 조이다, 줄이다.
la **teinturerie** [tɛ̃tyrri]	**n.** 염색, 드라이 크리닝.
tricoter [trikɔte]	**v.** 뜨게질하다.

13 주거공간

집

l'**appartement** m [apartəmã] **n.** 아파트.
l'**ascenseur** m [asãsœr] **n.** 엘리베이터, 승강기.
le **balcon** [balkɔ̃] **n.** 발코니.
la **cave** [kav] **n.** 지하 창고, 지하실.
la **chambre** [ʃãbr] **n.** 침실.
Va dans ta ***chambre***. 네 방으로 들어가라.
la **chambre d'enfants** [ʃãbrdãfã] **n.** 어린이방.
le, la **concierge** [kɔ̃sjɛrʒ] **n.** 건물 관리인, 경비.
M. Muller n'est pas là, adressez-vous au ***concierge***.
뮐러씨는 없습니다. 경비원에게 문의하세요.
la **cuisine** [kɥizin] **n.** 부엌.
donner sur [dɔnesyr] ~에 접해 있다. 면해 있다.
Le salon ***donne sur*** le jardin.
거실은 정원에 접해 있다.
l'**entrée** f [ãtre] **n.** 입구, 현관.
l'**escalier** m [ɛskalje] **n.** 계단.
l'**espace** m [ɛspas] **n.** 공간.
Vous n'avez pas mal d'***espace***.
당신은 상당히 넓은 공간을 갖고 있군요.
l'**étage** m [etaʒ] **n.** 층.
J'habite au troisième(***étage***).
나는 4층에 살고 있다.
le **garage** [garaʒ] **n.** 차고, 자동차 정비소.
Tu as mis la voiture au ***garage***?

	너는 차를 차고에 넣었니?
l'**immeuble** m [imœbl]	n. 건물, 부동산.
le **jardin** [ʒardɛ̃]	n. 정원, 마당.
le **luxe** [lyks]	n. 호사, 사치, 호화로움(somptuosité).
	Appartement de *luxe*. 호화 아파트.
la **maison** [mɛzɔ̃]	n. 집, 단독 주택.
la **pièce** [pjɛs]	n. 방, 칸살.
	C'est un trois *pièces*. 방 3개인 아파트.
la **piscine** [pisin]	n. 수영장, 풀장.
le **rez-de-chaussée** [redʃose]	n. 1층.
la **salle** [sal]	n. 방, 홀.
la **salle à manger** [salamɑ̃ʒe]	n. 식당.
la **salle de bain** [saldəbɛ̃]	n. 욕실.
la **salle de séjour** [saldəseʒur]	n. 리빙 룸, 응접실.
le **salon** [salɔ̃]	n. 거실.
le **sol** [sɔl]	n. 땅, 토지, 땅바닥.
le **sous-sol** [susɔl]	n. 지하실.
la **terrasse** [tɛras]	n. 테라스.
les **toilettes fpl** [twalɛt]	n. 화장실.
	Les *toilettes* s.v.p. 화장실이 어딥니까?
le **toit** [twa]	n. 지붕.
la **tour** [tur]	n. 타워.
	La *tour* Montparnasse est le plus grand bâtiment de Paris. 몽빠르나스 빌딩은 파리에서 제일 높은 건물이다.
les **W.-C. mpl** [vese]	n. 화장실.

l'**antenne** f [ɑ̃tɛn]	안테나.
le **building** [bildiŋ]	빌딩.
la **cabinets mpl** [kabinɛ]	화장실.
la **chambre d'amis** [ʃɑ̃brdami]	게스트 룸, 손님용 방.
le **couloir** [kulwar]	복도, 통로.

de **grand standing** [dəgrɑ̃stɑ̃diŋ]	호화로운.
le **débarras** [debara]	거추장스러운 것, 헛간, 광.
le **foyer** [fwaje]	화로, 난로, 가정.
le **grenier** [grənje]	다락방.
luxueux, -euse [lyksɥø, z]	**adj.** 호화로운.
la **maison individuelle** [mɛzɔ̃dividɥəl]	단독 주택.
le **palier** [palje]	층계 참.
le **pavillon** [pavijɔ̃]	단층 주택.
la **résidence** [rezidɑ̃s]	거주지.
	J'ai une ***résidence*** secondaire dans l'Eure. 나는 위르 지역에 별장이 있다.
la **villa** [vila]	전원 주택, 별장.

집의 시설물

la **baignoire** [bɛɲwar]	**n.** 욕조.
central, e, -aux [sɑ̃tral, o]	**adj.** 중심의, 중앙의.
	Nous avons le chauffage ***central***. 우리는 중앙 난방 시스템이 되어있다.
le **chauffage** [ʃofaʒ]	**n.** 난방.
la **cheminée** [ʃəmine]	**n.** 굴뚝, 벽난로.
	Tu allumes la ***cheminée***? 너는 벽난로에 불을 피우니?
	Ma ***cheminée*** tire mal. 굴뚝에 연기가 잘 안 빠진다.
le **coin** [kwɛ̃]	**n.** 구석(encoignure), 코너.
la **douche** [duʃ]	**n.** 샤워.
l'**électricité** f [elɛktrisite]	**n.** 전기.
la **fenêtre** [fənɛtr]	**n.** 창문.
le **gaz** [gaz]	**n.** 가스.
le **lavabo** [lavabo]	**n.** 세면대.

la **lumière** [lymjɛr]	n. 빛, 불빛.
la **marche** [marʃ]	n. 계단 하나하나의 단.
le **mur** [myr]	n. 벽, 담.
	Pousse l'armoire contre le *mur*.
	옷장을 벽에 붙여라.
le **placard** [plakar]	n. 벽장.
le **plafond** [plafɔ̃]	n. 천장.
la **porte** [pɔrt]	n. 문.
la **prise (de courant)** [prizdəkurã]	n. 전기 플러그.
la **vitre** [vitr]	n. 판유리, 창유리.
le **carrelage** [karlaʒ]	타일 깔기, 네모 무늬.
le **courant** [kurã]	전류.
l'**éclairage** m [eklɛraʒ]	조명.
la **moquette** [mɔkɛt]	모케트, 양탄자 (**tapis**).
le **papier peint** [papjepɛ̃]	벽지.
la **persienne** [pɛrsjɛn]	덧문, 겉창, 블라인드 (**volet, jalousie**).
le **plancher** [plãʃe]	마루 바닥.
le **radiateur** [radjatœr]	라지에터, 방열기.
le **volet** [vɔlɛ]	덧문, 겉창.

거주인

déménager [demenaʒe]	v. 이사 가다.
la **femme de ménage** [famdəmenaʒ]	n. 가정부, 파출부.
habiter [abite]	v. 살다, 거주하다.
	J'*habite* dans un H.L.M.
	나는 영세민 공영주택에 살고 있다.
	J'*habite* en banlieue.
	나는 교외에 산다.
	J'*habite* un immeuble neuf.

	나는 새 건물에 산다.
installer (s') [sɛ̃stale]	**v.** 자리잡다, 정착하다.
le, la **locataire** [lɔkatɛr]	**n.** 세입자 (↔ propriétaire).
de **location** [dəlɔkasjɔ̃]	**n.** 임대의.
	J'ai pris un appartement de *location*.
	나는 아파트를 한 채 임대했다.
le **logement** [lɔʒmã]	**n.** 주거, 거주.
loger [lɔʒe]	**v.** 살다, 숙박하다 **v.t.** 머무르게 하다.
	Tu peux *loger* chez moi.
	너는 내 집에서 살수 있다.
	Je peux te *loger*.
	나는 너를 집에서 살게 할 수 있다.
louer [lwe]	**v.** ~에게 빌려주다, ~에게서 세들다.
le **loyer** [lwaje]	**n.** 임대료.
le, la **propriétaire** [prɔprijetɛr]	**n.** 주인, 소유자.

la **bonne** [bɔn]	**n.** 가정부, 하녀.
les **charges fpl** [ʃarʒ]	**n.** 부수적인 비용, 관리비.
emménager [ãmenaʒe]	**v.** 이사 오다.
le, la **sous-locataire** [sulɔkatɛr]	**n.** 세든 사람 밑에 다시 세든 사람.
le **voisin de palier** [vwazɛ̃dpalje]	아파트의 같은 층에 사는 사람.

le **bouton** [butɔ̃]	**n.** 단추, 전등 스위치.
le **bureau, x** [byro]	**n.** 사무용 책상, 사무실
le **cadre** [kadr]	**n.** 창문틀(châssis), 테두리(bordure).
la **chaîne** [ʃɛn]	**n.** 스테레오 시스템, TV 채널.
la **chaise** [ʃɛz]	**n.** 의자.
le **confort** [kɔ̃fɔr]	**n.** 안락함, 편안함.
confortable [kɔ̃fɔrtabl]	**adj.** 안락한, 쾌적한.
le **coussin** [kusɛ̃]	**n.** 쿠션, 방석, 베개.
le **cuir** [kɥir]	**n.** 가죽.
le **fauteuil** [fotœj]	**n.** 팔걸이 있는 의자.

la **glace** [glas]	**n.** 거울.
la **lampe** [lãp]	**n.** 램프.
le **lit** [li]	**n.** 침대.
le **meuble** [mœbl]	**n.** 가구, 집기.
la **plante verte** [plãtvɛrt]	**n.** 식물, 화초.
le **poste (de radio)** [pɔst dəradjo]	**n.** 라디오.
le **rideau, x** [rido]	**n.** 커텐.
la **table** [tabl]	**n.** 식탁, 테이블.
le **tableau, x** [tablo]	**n.** 액자, 그림.
le **tapis** [tapi]	**n.** 카페트, 양탄자.
la **télé(vision)** [televizjõ]	**n.** TV.
	Nous avons la *télé*.
	우리는 TV를 갖고 있다.
le **téléphone** [telefɔn]	**n.** 전화.
	Nous avons le *téléphone*.
	우리는 전화를 갖고 있다.
le **tiroir** [tirwar]	**n.** 서랍.
le **tourne-disque** [turnədisk]	**n.** 전축, 턴테이블.
le **vase** [vaz]	**n.** 꽃병.

l'**armoire** *f* [armwar]	가구, 옷장.
le **baladeur** [baladœr]	워크맨.
le **canapé** [kanape]	소파.
le **double rideau** [dublərido]	커텐, 2중 커텐.
l'**étagère** *f* [etaʒɛr]	선반.
l'**évier** m [evje]	개수대.
le **magnétophone** [maɲetofɔn]	테이프 레코더.
le **magnétoscope** [maɲetoskɔp]	비디오 녹화기.
le **minitel** [minitɛl]	미니텔, 통신용 PC.
le **miroir** [mirwar]	거울.
l'**oreiller** m [ɔreje]	베게.
la **platine** [platin]	레코드 플레이어.

le **sofa** [sɔfa]	소파.
le **store** [stɔr]	블라인드, 발.
le **transistor** [trãzistɔr]	트렌지스터 라디오.

가정용품

l'**appareil** m [aparɛj]	**n.** 기계, 기구, 전화기.
le **briquet** [brikɛ]	**n.** 라이터.
la **brosse** [brɔs]	**n.** 브러쉬, 솔.
le **cendrier** [sãdrije]	**n.** 재털이.
le **chiffon** [ʃifõ]	**n.** 걸레, 넝마.
	J'ai vite passé le *chiffon*.
	나는 재빨리 걸레로 닦았다.
les **ciseaux** mpl [sizo]	**n.** 가위.
la **clé** [kle]	**n.** 열쇠.
le **clou** [klu]	**n.** 못.
la **couverture** [kuvɛrtyr]	**n.** 이불, 담요, 덮게.
le **drap** [dra]	**n.** 시트.
l'**échelle** f [eʃɛl]	**n.** 사다리.
électrique [elɛktrik]	**adj.** 전기의, 「전기」는 électricité.
être sous garantie [ɛtrəsugarãti]	보증되는.
le **fer à repasser** [fɛrarəpase]	**n.** 다리미.
fonctionner [fõksjone]	**v.** 작동하다, 기능하다.
le **four** [fur]	**n.** 오븐.
	Faites dorer au *four*.
	오븐에 넣고 브라운 색으로 만드시오.
le **frigo** [frigo]	**n.** 냉장고(réfrigérateur).
	Qu'est-ce que tu as pris dans le *frigo*?
	너 냉장고에서 뭘 꺼냈니?
	Tu mets tout au *frigo*?
	너는 전부 냉장고에 넣었니?
garantir [garãtir]	**v.** 보증하다, 보장하다.

le **linge** [lɛ̃ʒ]	**n.** 린네르 제품, 내의류, 빨랫감. Avec trois enfants, on a tout le temps du *linge* à laver. 아이가 셋이라서 우리는 늘 빨랫감이 있다.
la **machine** [maʃin]	**n.** 기계.
neuf, neuve [nœf, nœv]	**adj.** 새로운. Ma machine à laver est toute *neuve*. 내 세탁기는 최신 제품이다.
nouveau, -vel, -velle [nuvo, nuvɛl]	**adj.** 새 것인, 새로운. J'ai un *nouveau* toaster. 나는 새 토스터가 있다.
la **pile** [pil]	**n.** 밧테리, 전지.
la **poubelle** [pubɛl]	**n.** 쓰레기통.
le **réfrigérateur** [refriʒeratœr]	**n.** 냉장고.
le **réveil** [revɛj]	**n.** 자명종 (réveille-matin).
le **robinet** [rɔbinɛ]	**n.** 수도 꼭지. Qui a ouvert le *robinet*? 누가 수도를 틀었니?
la **vaisselle** [vɛsɛl]	**n.** 식기들(집합적), 설겆이 할 그릇.

---

l'**appareil ménager** m [aparɛjmenaʒe]	**n.** 가전제품.
l'**aspirateur** m [aspiratœr]	**n.** 진공 청소기.
le **batteur** [batœr]	**n.** 믹서.
la **cafetière** [kaftjɛr]	**n.** 커피포트.
le **chauffe-eau** [ʃofo]	**n.** 물 끓이는 기구.
le **congélateur** [kʒelatœr]	**n.** 냉동기, 결빙기.
la **cuisinière** [kɥizinjɛr]	**n.** 레인지.
l'**équipement** m [ekipmã]	**n.** 시설, 장치.
le **gadget** [gadʒɛt]	**n.** 가정용품, 소형 오락기구.
la **garantie** [garãti]	**n.** 보증. La cuisinière est encore sous *garantie*. 레인지는 아직 보증 기간이 지나지 않았다.

le **lave-vaisselle** [lavvɛsel]	n. 식기 세척기.
la **machine à écrire** [maʃinaekrir]	n. 타자기.
la **machine à laver** [maʃinalave]	n. 세탁기.
le **robot** [rɔbo]	n. 로봇, 자동 기계 장치.
le **sèche-cheveux** [sɛʃʃəvø]	n. 헤어 드라이어.
le **sèche-linge** [sɛʃlʒ]	n. 빨래 건조기.
vide [vid]	adj. 텅빈.
le **vide-ordures** [vidɔrdyr]	n. 쓰레기 통, 쓰레기 투입구.

집안일

accrocher [akrɔʃe]   v. 걸다, 매달다.

allumer [alyme]   v. 불 붙이다, 불켜다 (→ éteindre).
Allume le four s.t.p. 오븐을 켜라.

balayer [baleje]   v. 빗자루로 쓸다. 청소하다.
J'ai *balayé* la cave.
나는 지하실을 비로 쓸었다.

chauffer [ʃofe]   v. 난방하다.
Nous, on *chauffe* au mazout.
우리는 기름으로 난방한다.
C'est bien *chauffé* chez vous.
당신 집은 난방이 참 잘 되었습니다.

le **courant d'air** [kurãdɛr]   n. 공기의 흐름, 통풍.

les **courses fpl** [kurs]   n. 장보기, 쇼핑.
Va me faire les *courses*.
나를 위해 장을 봐다오.

débarrasser [debarase]   v. 거추장스러운 것을 치우다. 식탁을 치우다.
Qui *débarrasse*?
누가 식탁을 치우니?

le **désordre** [dezɔrdr]   n. 무질서.

donner un coup de balai [dɔnekudbalɛ]   빗자루로 쓸다.

éclairer [eklere]   v. 밝게 하다, 조명하다.
Cette pièce est mal *éclairée*.
이 방은 빛이 잘 안든다.

enlever [ãlve]   v. 치우다, 없애다.
Enlève cette horrible nappe.
이 끔찍한 식탁보 좀 치워라.

essuyer [esɥije]   v. 문질러 닦다.

éteindre [etɛ̃dr]   v. 끄다(↔allumer), 불을 끄다.
Eteins la lumière. 전등을 꺼라.

faire du feu [fɛrdyfø]   불을 지피다. 불 피우다.

faire le ménage [fɛrlmenaʒ]   집안일을 하다. 살림을 하다.

fermer [fɛrme]   v. 닫다(↔ouvrir), 끄다.
Ferme la lumière. 전등을 꺼라.
Ferme la télé. TV를 꺼라. 노크하다.

frapper à la porte [frapealapɔrt]   노크하다.

humide [ymid]   adj. 젖은, 축축한, 습기 찬.

l'incendie m [ɛ̃sãdi]   n. 화재.

laver [lave]   v. 씻다. 깨끗이 하다.

la lessive [lesiv]   n. 빨래, 세탁, 세제, 가루비누.
Je suis occupée, je fais la *lessive*.
나는 빨래하느라 바쁘다.

le ménage [menaʒ]   n. 집안 일, 살림살이.

nettoyer [nɛtwaje]   v. 깨끗이 하다. 청소하다.

ouvrir [uvrir]   v. 열다 (↔ fermer).

la poussière [pusjɛr]   n. 먼지.
Tu fais la *poussière*?
네가 먼지를 일으키고 있니?

propre [prɔpr]   adj. 깨끗한 (↔ sale).
Quelle maison *propre*! 참 깨끗한 집이다.

ranger [rãʒe]   v. 정리하다. 정돈하다.

réparer [repare]   v. 수리하다.

repasser [rəpase]   v. 다리미질하다.

sale [sal]   adj. 더러운 (↔propre).

sécher [seʃe]   v. 말리다, 건조하게 하다.
sonner [sɔne]   v. 초인종을 울리다.
On **sonne**. 누가 초인종을 누른다.
utiliser [ytilize]   v. 이용하다 (employer), 활용하다.

---

aérer [aere]   v. 환기시키다, 바람을 통하게 하다.
le **court-circuit** [kursirkɥi]   n. 단락, 쇼트.
donner un coup de main [dɔneœ̃kudɛ̃]   도와주다.
Tu me **donnes un coup de main**?
나를 좀 도와주겠니?

faire la cuisine [fɛrlakɥizin]   요리하다.
Je n'aime pas **faire la cuisine**.
나는 요리하기를 좋아하지 않는다.

faire la vaisselle [fɛrlavesɛl]   설거지 하다.
la **fuite d'eau** [fɥitdo]   n. 누수, 물새기.
mettre la table [mɛtrəlatabl]   상을 차리다.
le **plomb** [plɔ̃]   n. 휴즈 (**plomb fusible**).
Le **plomb** a sauté.
휴즈가 끊어졌다.

생활에 필요한 것들

14 건강

신체

la **bouche** [buʃ]	입.
le **bras** [bra]	팔.
le **coeur** [kœr]	심장.
le **corps** [kɔr]	신체, 몸.
le **cou** [ku]	목.
le **coude** [kud]	팔꿈치.
la **dent** [dã]	이, 치아.
le **doigt** [dwa]	손가락, pouce 엄지, index 검지, majeur 가운데 손가락, annulaire 약지, auriculaire 새끼 손가락.
le **doigt de pied** [dwadpje]	발가락.
le **dos** [do]	등.
l'**épaule** *f* [epol]	어깨.
l'**estomac** m [ɛstɔma]	위장.
la **figure** [figyr]	얼굴, 정면, 앞면.
le **foie** [fwa]	간, 간장.
le **front** [frɔ̃]	이마.
le **genou, x** [ʒnu]	무릎.
la **gorge** [gɔrʒ]	목구멍, 가슴.
la **jambe** [ʒãb]	다리.
la **joue** [ʒu]	볼, 뺨, 측면.
la **langue** [lãg]	혀.
la **lèvre** [lɛvr]	입술.
la **main** [mɛ̃]	손.
le **menton** [mãtɔ̃]	턱.

le **nerf** [nɛr]	신경, 힘줄, 건(tendon).
le **nez** [ne]	코.
nu, e [ny]	**adj.** 벗은, 나체의.
l'**œil, yeux** m [œj, jø]	눈, à l'oeil 눈으로.
l'**oreille** f [ɔrɛj]	귀.
la **peau, x** [po]	피부, 살갗.
le **pied** [pje]	발.
le **poing** [pwɛ̃]	주먹, coup de poing 주먹질.
la **poitrine** [pwatrin]	가슴, 흉곽.
le **poumon** [pumɔ̃]	허파, 폐.
la **respiration** [rɛspirasjɔ̃]	숨쉬기, 호흡.
respirer [rɛspire]	**v.** 숨쉬다, 호흡하다.
le **sang** [sɑ̃]	피.
le **système** [sistem]	시스템, 체계, 조직 구조.
la **tête** [tɛt]	머리.
le **ventre** [vɑ̃tr]	배.
la **voix** [vwa]	목소리.
la **vue** [vy]	시각.
l'**appendice** m [apɛ̃dis]	부속체, 충수, 맹장.
l'**artère** f [artɛr]	동맥.
le **cerveau, x** [sɛrvo]	뇌, 두뇌.
la **cheville** [ʃəvij]	발목.
la **colonne vertébrale** [kɔlɔnvɛrtebral]	척추.
la **crâne** [kran]	두개골, 머리.
la **cuisse** [kɥis]	넓적 다리.
le **derrière** [dɛrjɛr]	뒷쪽, 엉덩이.
les **fesses** fpl [fɛs]	엉덩이, 볼기.
la **hanche** [´ɑ̃ʃ]	히프, 허리.
l'**intestin** m [ɛ̃tɛstɛ̃]	장, 창자.
le **muscle** [myskl]	근육.
le **nombril** [nɔ̃bril]	배꼽.

생활에 필요한 것들

la **nuque** [nyk]	목덜미.
les **organes sexuels mpl** [ɔrgansɛksyɛl]	성기.
l'**os m** [ɔs, o]	뼈.
le **poignet** [pwaɲɛ]	손목.
le **pouce** [pus]	엄지 손가락, 엄지 발가락.
le **rein** [rɛ̃]	신장, 콩팥, 복수형은 허리 (**lombes**).
le **sein** [sɛ̃]	가슴, 유방.
sexuel, le [sɛksyɛl]	**adj.** 성에 관한, 성적인.
le **sourcil** [sursi]	눈썹.
le **système nerveux** [sistɛmnɛrvø]	신경 계통.
le **talon** [talɔ̃]	발 뒤꿈치, 뒤축.
le **tendon** [tɑ̃dɔ̃]	힘줄, **tendon d' Achille** 아킬레스건.
la **veine** [vɛn]	정맥, 혈맥.

질병

l'**accident** m [aksida]	**n.** 사고, 재난(contretemps), 불운(mésaventure).
attraper froid [atrapefrwa]	**n.** 감기 걸리다.
attraper une maladie [atrapeynmaladi]	병이 나다.
aveugle [avœgl]	**adj.** 눈이 먼, **n.** 장님, 맹인.
avoir le mal de mer [avwarləmaldəmɛr]	배멀미를 하다.
avoir mal [avwarmal]	아프다, 고통 받다.
avoir mal au cœur [avwarmalokœr]	메스껍다. *J'ai mal au cœur.* 나는 구역질이 난다.
avoir mal au foie [avwarmalofwa]	속이 좋지 않다. 소화가 안되다. *J'ai mal au foie*, j'ai mangé trop de chocolat. 나는 초코렛을 너무 먹어서 소화가 잘 안된다.
blessé, e [blese]	**adj.** 다친, 부상한.

blessé, e grave [blesegrav] 심하게 다친.
brûler (se) [səbryle] v. 불에 데다, 화상을 입다.
la **chut**e [ʃyt] n. 추락, 떨어짐.
le **coup de soleil** [kudsɔlɛj] n. 햇빛에 데기.
J'ai pris **un coup de soleil**.
나는 햇빛에 데었다.

couper (se) [səkupe] v. 베다.
la **crise** [kriz] n. 위기, 급변(accès), 발작(attaque).
la **crise de foie** [krizdəfwa] n. 간 경변.
le **danger** [dɑ̃ʒe] n. 위험.
enceinte [ɑ̃sɛ̃:t] n. 임신.
Marie est **enceinte** de quatre mois.
마리는 임신 4개월째다.

faire une dépression nerveuse 신경쇠약에 걸리다.
[fɛryndepresjɔ̃nɛrvøz]
la **fièvre** [fjɛvr] n. 열, 열병.
la **folie** [fɔli] n. 정신착란, 정신이상.
grave [grav] adj. 대단한, 심각한(sérieux).
la **grippe** [grip] n. 유행성 감기(influenza).
le **mal, maux** [mal, mo] n. 아픔, 고통.
malade [malad] adj. 병든, 아픈 n. 환자
la **maladie** [maladi] n. 질병.
malin, maligne [malɛ̃, -iɲ] adj. 고약한, 해로운(pernicieux), 악성의.
Le cancer est une tumeur **mali**gne.
암은 악성 종기이다.

muet, te [mɥɛ, t] adj. 말없는, 무성의.
prendre froid [prɑ̃drəfrwa] 감기 걸리다.
le **rhume** [rym] n. 감기.

saigner [seɲe] vi. 피를 흘리다 v.t. 피를 흘리게 하다.
se faire mal [səfɛrmal] 아프다. 고통 받다.
souffrir [sufrir] v. 고통 받다. 참고 견디다.
Paul **souffre** de migraines.

tomber malade [tɔ̃bemalad]	폴은 두통으로 고생한다. 병이 나다.
urgent, e [yrʒɑ̃, t]	**adj.** 위급한, 급성의

l'**abcès** m [apsɛ]	**n.** 종기, 종양.
aggraver (s') [sagrave]	**v.** 상태가 악화되다.
l'**angine** f [ɑ̃ʒin]	**n.** 편도선염.
l'**appendicite** f [apɛ̃disit]	**n.** 맹장염.
asphyxier (s') [sasfiksje]	**v.** 질식하다. Il a failli s'***asphyxier*** au gaz. 그는 가스에 질식할 뻔했다.
la **blessure** [blesyr]	**n.** 상처, 부상.
la **bronchite** [brɔʃit]	**n.** 기관지염.
le **cancer** [kɑ̃sɛr]	**n.** 암.
le **choc** [ʃɔk]	**n.** 쇼크, 충격.
la **coqueluche** [kɔklyʃ]	**n.** 백일해.
la **coupure** [kupyr]	**n.** 벤 상처, 절단.
les **courbatures** fpl [kurbatyr]	**n.** 피로, 기진맥진.
la **crise cardiaque** [krizkardjak]	**n.** 심장마비.
le **diabète** [djabɛt]	**n.** 당뇨병.
la **diarrhée** [djare]	**n.** 설사.
la **douleur** [dulœr]	**n.** 고통, 통증.
empoisonner (s') [sɑ̃pwazɔne]	**v.** 중독되다, 독을 마시다.
évanouir (s') [sevanwir]	**v.** 정신을 잃다(***perdre connaissance***), 실신하다.
la **fracture** [fraktyr]	**n.** 골절.
l'**insolation** f [ɛ̃sɔlasjɔ̃]	**n.** 햇볕에 쬐기, 일사병.
l'**intoxication** f [ɛ̃tɔksikasjɔ̃]	**n.** 중독.
la **morsure** [mɔrsyr]	**n.** 물어 뜯기, 물린 상처.
les **oreillons** mpl [ɔrɛjɔ̃]	**n.** 유행성 이하선염, 볼거리.
l'**otite** f [ɔtit]	**n.** 이염(耳炎).
la **plaie** [plɛ]	**n.** 상처, 흉터.
le **poison** [pwazɔ̃]	**n.** 독, 유해물.

la **rage** [raʒ]	**n.** 공수병, 광견병.
le **rhumatisme** [rymatism]	**n.** 류마티즘.
la **rougeole** [ruʒɔl]	**n.** 홍역.
la **rubéole** [rybeɔl]	**n.** 풍진.
se casser le bras [səkaselbra]	팔을 부러뜨리다
le **SIDA** [sida]	AIDS.
sourd, e [sur, d]	**adj.** 귀머거리의 **n.** 귀머거리.
sourd-muet, sourde-muette [surmyɛ, surdmyɛt]	**adj.** 귀먹은 벙어리의 **n.** 귀먹은 벙어리.
la **tension** [tãsjɔ̃]	**n.** 혈압(**tension artérielle**), 긴장. Il faut prendre sa *tension* régulièrement. 규칙적으로 혈압을 체크해야 한다. J'ai de la *tension*. 나는 혈압이 높다.
le **tétanos** [tetanɔs]	**n.** 파상품.
la **varicelle** [varisɛl]	**n.** 수두.

환자의 상태

avoir chaud [avwarʃo]	더워하다, 더위를 느끼다.
avoir des jambes molles [avwardeʒãbmɔl]	무릎이 약한, 나약한.
avoir froid [avwarfrwa]	추워하다.
avoir mauvaise mine [avwarmɔvɛzmin]	안색이 좋지 않다.
avoir sommeil [avwarsɔmɛj]	졸립다.
brûlant, e [brylã, t]	**adj.** 몹시 뜨거운, 불타는 듯한.
l'état m [eta]	**n.** 상태. Son *état* est très grave. 그의 상태는 매우 심각하다.

éternuer [etɛrnɥe]	**v.** 재채기하다.
faible [fɛbl]	**adj.** 약한, 나약한, 무기력한.
faire mal [fɛrmal]	아프게 하다.
	Qüça *fait mal*? 어디가 아프니?
la **fatigue** [fatig]	**n.** 피로.
fatiguer [fatige]	**v.** 피로하게 만들다.
fragile [fraʒil]	**adj.** 허약한, 연약한(↔ solide).
grossir [grosir]	**v.** 살찌다. 체중이 늘다.
	J'ai grossi de trois kilos.
	나는 몸무게가 3kg 늘었다.
maigre [mɛgr]	**adj.** 마른, 야윈.
maigrir [megrir]	**v.** 마르다, 살이 빠지다.
	J'ai *maigri* de deux kilos.
	나는 2kg 빠졌다.
pâle [pal]	**adj.** 창백한(blafard), 핏기 없는(blème).
se sentir bien/mal [səsãtirbjɛ̃/mal]	상태가 좋다/나쁘다.
tomber de fatigue [tɔ̃bedfatig]	기진맥진해지다.
tomber de sommeil [tɔ̃bedsɔmɛj]	졸려 못견디다.
tousser [tuse]	**v.** 기침하다.
transpirer [trãspire]	**v.** 땀이 나다. 땀을 흘리다(suer).
trembler [trãble]	**v.** 떨다.
avoir le vertige [avwarləvɛrtiʒ]	현기증이 나다.
	J'ai le vertige. 나는 어지럽다.
Ça me démange. [samdemãʒ]	가렵다. 그렇게 하고 싶어 죽겠다.
la **démangeaison** [demãʒɛzɔ̃]	**n.** 가려움, 근질근질함.
épuisé,e [epɥize]	**adj.** 지친, 기진맥진한.
étouffer [etufe]	**v.** 숨막히게 하다. 질식시키다.
	On étouffe dans cette pièce.
	이 방에서는 숨이 막힌다.
être trempé, e [ɛtrətrãpe]	흠뻑 젖은.
handicapé, e [´ãdikape]	**adj.** 장애가 있는.
la **toux** [tu]	**n.** 기침.

치료

l'**aide** f [ɛd]	**n.** 도움, 보조.
aider [ede]	**v.** 도와주다.
	Vous êtes là pour *aider* les malades.
	당신은 환자들을 도와주러 온 겁니다.
améliorer [ameljɔre]	**v.** 개선되다.
avoir bonne mine [avwarbɔnmin]	안색이 좋다.
bien [bjɛ̃]	**adv.** 올바르게, 잘
le **cachet** [kaʃɛ]	**n.** 약포, 정제, 당의정.
le **chirurgien**, la **chirurgienne** [ʃiryrʒjɛ̃, ɛn]	**n.** 외과 의사.
le **client**, la **cliente** [klijɑ̃, t]	**n.** 환자, 의뢰인.
la **clinique** [klinik]	**n.** 개인 병원.
le **comprimé** [kɔ̃prime]	**n.** 정제, 알약.
le **docteur** [dɔktœr]	**n.** 의사, 박사.
efficace [efikas]	**adj.** 효력 있는, 효과적인.
être au régime [ɛtroreʒim]	다이어트 중이다.
être en forme [ɛtrɑ̃fɔrm]	컨디션이 좋다.
examiner [ɛgzamine]	**v.** 점검하다, 검사하다.
l'**exercice** m [ɛgzɛrsis]	**n.** 운동, 연습.
guérir [gerir]	**v.t.** 병을 고치다, 교정하다 **v.i.** 병이 낫다.
l'**hôpital, -aux** m [ɔpital, o]	**n.** 병원, 종합병원.
l'**infirmier, ère** [firmje, ɛr]	**n.** 간호사.
l'**instrument** m [ɛ̃strymɑ̃]	**n.** 도구, 연장.
les **lunettes** m [lynɛt]	**n.** 안경(항상 여성복수로 씀).
	Je porte des *lunettes*. 나는 안경을 쓴다.
le **médecin** [mɛdsɛ̃]	**n.** 의사(여성형이 없음).
la **médecine** [mɛdsin]	**n.** 의학, 의약.
le **médicament** [medikamɑ̃]	**n.** 약(remede).
l'**opération** f [ɔperasjɔ̃]	**n.** 수술.
opérer [ɔpere]	**v.** 수술하다.

생활에 필요한 것들

la **pharmacie** [farmasi]	**n.** 약국.
la **pilule** [pilyl]	**n.** 알약.
porter (se) [səpɔrte]	**v.** 건강 상태가 ~하다.
prendre [prɑ̃dr]	**n.** 먹다, 마시다.
la **prise de sang** [prizdəsɑ̃]	**n.** 수혈.
la **radio** [radjo]	**n.** X-레이.
le **régime** [reʒim]	**n.** 다이어트, 식이요법.
le **repos** [rəpo]	**n.** 휴식, 휴양.
reposer (se) [sərəpoze]	**v.** 쉬다. 휴식하다.
sain, e [s, sɛn]	**adj.** 건강한, 손상되지 않은, 건강에 좋은(salubre).
la **santé** [sɑ̃te]	**n.** 건강.
sauver [sove]	**v.** 구원하다, 구제하다.
soigner [swaɲe]	**v.** 돌보다, 보살피다, 치료하다.
	Je me fais *soigner* les dents régulièrement. 나는 치아를 주기적으로 치료받는다.
le **soin** [swɛ̃]	**n.** 돌보기, 배려, 보살핌.
	Les *soins* sont peu efficaces. 치료는 그다지 효과가 없다.
	Les *soins* du visage. 얼굴 매만지기.
solide [sɔlid]	**adj.** 견고한, 튼튼한.
	René a une santé *solide*. 르네는 매우 튼튼하다.
suivre un régime [sɥvrreʒim]	다이어트를 하다. 식이요법을 하다.
le **traitement** [trɛtmɑ̃]	**n.** 치료.
traiter [trete]	**v.** 치료하다, 처리하다.
	J'ai été *traité* à la cortisone. 나는 코르티손으로 치료 받았다.
	J'ai été *traité* pour mon asthme. 나는 천식때문에 치료 받았다.
la **vie** [vi]	**n.** 생명, 목숨.
vivant, e [vivɑ̃, t]	**adj.** 살아있는.
vivre [vivr]	**v.** 살다.

l'**ambulance** f [ãbylãs]	n. 앰블런스.
le **bandage** [bãdaʒ]	n. 붕대로 감기, 붕대,
le **diagnostic** [djagnɔstik]	n. 진단.
les **gouttes fpl** [gut]	n. 물방울, 점적약.
le **mercurochrome** [mɛrkyrɔkrɔm]	n. 머큐로크롬.
l'**ordonnance** f [ɔrdɔnãs]	n. 처방, 처방전. Faites-moi une *ordonnance*. 내게 처방전을 써 주십시오.
le **pansement** [pãsmã]	n. 붕대 감기.
le **pharmacien**, la **pharmacienne** [farmasjɛ̃, ɛn]	n. 약사.
la **piqûre** [pikyr]	n. 주사.
le **plâtre** [platr]	n. 기브스, 석고. J'ai le bras dans le *plâtre*. 나는 팔을 기브스했다.
la **pommade** [pɔmad]	n. 연고. Appliquer la *pommade* sur la peau. 연고를 피부에 바르다.
la **précaution** [prekosjɔ̃]	n. 조심, 예방.
protéger (se) [səprɔteʒe]	v. 보호하다.
récupérer [rekypere]	v. 회복하다, 회수하다. J'ai besoin de *récupérer*. 나는 회복해야 한다.
le **remède** [rəmɛd]	n. 치료제, 치료약.
remettre (se) [sərəmɛtr]	낫다, 회복하다. Tu t'es *remis* de ta grippe? 너는 감기가 나았니?
reprendre des forces [rəprãdrədefɔrs]	기운을 되찾다.
la **Sécurité sociale** [sekyritesɔsjal]	n. 사회 보장.
le **sparadrap** [sparadra]	n. 반창고.
vacciner [vaksine]	n. ~에게 예방 접종을 하다.

몸단장

le **bain** [bɛ̃] n. 목욕, 욕조(baignoire).
la **barbe** [barb] n. 수염.
le **bouton** [butɔ̃] n. 여드름, 종기.
le **brosse** [brɔs] n. 브러쉬, 솔.
chaud, e [ʃo, d] adj. 더운, 뜨거운.
le **cheveu**, x [ʃəvø] n. 머리카락.
les **ciseaux mpl** [sizo] n. 가위.
coiffer (se) [səkwafe] v. 머리를 단장하다.
le **coiffeur**, la **coiffeuse** [kwafœr, øz] n. 미용사, 이발사.
Je vais chez le *coiffeur*.
나는 미장원에 간다.

la **crème** [krɛm] n. 크림.
le **dentifrice** [dɑ̃tifris] n. 치약(pâte dentifrice).
la **douche** [duʃ] n. 샤워.
Prends une douche. 샤워해라.

l'**éponge** f [epɔ̃ʒ] n. 스폰지.
froid, e [frwa, d] adj. 찬, 추운.
frotter [frɔte] v. 비비다, 마찰하다.
laver [lave] v. 씻다. 깨끗이하다.
laver (se) [səlave] v. 몸을 씻다. 세수하다.
Tu t'es lavé les dents? 너는 이를 닦았니?
la **ligne** [liɲ] n. 얼굴의 윤곽, 옆 얼굴.
Je fais attention à ma *ligne*.
나는 내 얼굴을 들여다 본다.

les **lunettes de soleil fpl** [lynɛtdəsɔlɛj] n. 선글라스.

maquiller (se) [səmakije] v. 화장하다.
mouillé, e [muje] adj. 젖은 (humide), 축축한 (↔ sec).
l'**ongle** m [ɔ̃gl] n. 손톱.
le **parfum** [parf] n. 향수.
le **peigne** [pɛɲ] n. 머리 빗.

peigner (se) [səpeɲe]	v. 머리를 빗다.
peser [pəze]	v.t. 무게를 달다. v.i. 무게가 나가다.
propre [prɔpr]	adj. 깨끗한 (↔ sale).
raser (se) [səraze]	v. 면도하다.
le rouge à lèvres [ruʒalɛvr]	n. 립스틱. J'ai mis du rouge à lèvres. 나는 루즈를 발랐다.
sale [sal]	adj. 더러운 (↔ propre).
le savon [savɔ̃]	n. 비누.
sécher [seʃe]	v. 말리다.
la serviette [sɛrvjɛt]	n. 타올, 수건.
la toilette [twalɛt]	n. 치장, 단장, 화장.
le cil [sil]	n. 속눈썹.
le coton [kɔtɔ̃]	n. 면, 면봉.
l'eau de toilette f [odətwalɛt]	n. 화장수.
faire couler [fɛrkule]	물을 흐르게 하다, 흘리다. Fais-moi couler un bain. 나를 위해 욕조에 물을 받아다오.
la lame de rasoir [lamdərazwar]	n. 면도날.
la laque [lak]	n. 헤어 스프레이.
la lime à ongles [limaɔ̃gl]	n. 손톱용 줄.
moucher (se) [səmuʃe]	v. 코를 풀다.
la moustache [mustaʃ]	n. 코밑 수염.
la paupière [pɔpjɛr]	n. 눈꺼풀.
le poil [pwal]	n. 체모, 털.
la poudre [pudr]	n. 가루, 분, 파우더.
le produit de beauté [prɔdɥidbote]	n. 미용을 위한 제품.
le rasoir [razwar]	n. 면도기.
se faire la barbe [səfɛrlabarb]	면도하다.
le sèche-cheveux [sɛʃʃəvø]	n. 헤어 드라이어.
le teint [tɛ̃]	n. 얼굴빛, 염색, 염색한 빛깔.
le vernis à ongles [vɛrniaɔ̃gl]	n. 매니큐어.

생활에 필요한 것들

15 취미와 스포츠

일반 어휘

actif, -ive [aktif, iv]   **adj.** 활동적인, 능동적인.
l'activité f [aktivite]   **n.** 활동.
avoir besoin de [avwarbəzwɛ̃də]   ~을 필요로 하다, ~이 부족하다.
J'*ai besoin de* courir un peu.
나는 조금 뛰어야겠다.
avoir envie de [avwarɑ̃vidə]   ~하고 싶다.
J'ai envie de faire un footing.
나는 산책을 하고 싶다.
la distraction [distraksjɔ̃]   **n.** 오락, 기분전환.
distraire (se) [sədistrɛr]   **v.** 기분전환하다 (**se divertir**), 마음을 딴 데로 돌리다.
faire la queue [fɛrlakø]   줄서서 기다리다.
le jeu, x [ʒø]   **n.** 게임, 놀이.
jouer [ʒwe]   **v.** 놀다, 플레이하다.
Tu *joues* au volley avec nous?
너 우리와 같이 배구할래?
les loisirs mpl [lwazir]   **n.** 레저, 여가 활동.
L'industrie des *loisir*s. 레저 산업.
le monde [mɔ̃d]   **n.** ~계, ~사람들.
Le *monde* du sport. 스포츠계.
l'occupation f [ɔkypasjɔ̃]   **n.** 일, 활동, 작업.
Mon *occupation* préférée.
내가 선호해 하는 일.
participer [partisipe]   **v.** ~에 참가하다, ~에 참여하다.
J'ai *participé* à une course populaire.
나는 인기있는 경주대회에 참가했다.

la **partie** [parti]	**n.** 게임.
passer son temps à [pasesɔ̃tãa]	~하는데 시간을 보내다.
	Je passe mon temps à tricoter.
	나는 내 시간을 뜨게질 하는데 보낸다.
le **plaisir** [plezir]	**n.** 쾌락, 즐거움.

l'**amateur** m [amatœr]	**n.** 아마추어, 애호가
coûteux, -euse [kutø, z]	**adj.** 값비싼 비용이 많이 드는.
détendre (se) [sədetãdr]	**v.** 긴장을 풀다, 느슨해지다.
le **divertissement** [divɛrtismã]	**n.** 기분 전환, 오락.
le **pro** [prɔ]	**n.** 프로 선수.

취미

l'**appareil photo** m [aparɛjfɔto]	**n.** 사진기, 카메라.
arracher [araʃe]	**v.** 뽑다 (extraire), 뽑아내다 (déraciner).
	Qui m'aide à ***arracher*** les mauvaises herbes?
	나를 도와서 잡초를 뽑겠니?
bricoler [briɔle]	**v.** 손질하다. 무엇을 만들다.
le **bricoleur**, la **bricoleuse**	**n.** 취미로 작업하기를 좋아하는 사람.
[brikɔlœr, øʒ]	Jean Pierre est un ***bricoleur*** fanatique.
	쟝 삐애르는 광적으로 잔일하기를
	좋아한다.
la **caméra** [kamera]	**n.** 비디오 촬영기, 영화 촬영기.
la **carte** [kart]	**n.** 지도, 티켓, 카드.
la **cassette** [kasɛt]	**n.** 카세트.
	Tu me prends une ***cassette*** vidéo?
	내게 비디오 카세트를 하나 갖다 주겠니?
le **catalogue** [katalɔg]	**n.** 카탈로그.
la **colle** [kɔl]	**n.** 풀.
la **collection** [kɔlɛksjɔ̃]	**n.** 컬렉션, 수집.
coller [kɔle]	**v.** 풀칠하다, 붙이다.

développer [devlɔpe]	v. 인화하다, 현상하다.
les échecs mpl [eʃɛk]	n. 서양장기, 체스. On fait une partie d'*échec*s? 우리 체스 게임 할까?
enregistrer [ɑ̃rəʒistre]	v. 녹음하다, 녹화하다. J'ai *enregistré* le concert. 나는 그 연주회를 녹음했다.
l'épreuve f [eprœv]	n. 사진 인화, 프린트.
le film [film]	n. 필름, 영화.
la fleur [flœr]	n. 꽃.
la guitare [gitar]	n. 기타아.
l'herbe f [ɛrb]	n. 풀, 식물.
le jardin [ʒardɛ̃]	n. 정원, 마당, 공원,
le jouet [ʒwɛ]	n. 장난감.
la musique [myzik]	n. 음악.
la peinture [pɛ̃tyr]	n. 그림, 회화,
la photo [fɔto]	n. 사진.
la plante [plɑ̃t]	n. 식물, 초목, 풀.
planter [plɑ̃te]	v. 나무를 심다.
le rythme [ritm]	n. 리듬, 율동, 박자.
le timbre [tɛ̃br]	n. 우표(timbre-poste), 인지.
arroser [aroze]	v. 물을 뿌리다. ~에 물을 대다. J'ai *arrosé* le gazon. 나는 잔디에 물을 뿌렸다.
cultiver [kyltive]	v. 식물을 기르다. 재배하다.
le folklore [fɔlklɔr]	n. 민속, 민요.
le gazon [gazɔ̃]	n. 잔디, 잔디밭.
inscrire (s') [sɛskrir]	v. ~에 등록하다, 가입하다. Je vais *m'inscrire* à un cours de danse. 나는 댄스강좌에 등록하겠다.
la mauvaise herbe [mɔvɛzɛrb]	n. 잡초.
le music-hall [myzikol]	n. 뮤직 홀.

la **pellicule** [pɛlikyl]	**n.** 카메라 필름. Je prends toujours des ***pellicules*** de 400 ASA. 나는 항상 400 ASA 필름을 사용한다.
la **sensibilité** [sãsibilite]	**n.** 기계의 감도, 사진의 감광도.
tondre [tɔ̃dr]	**v.** 잔디를 깎다. 양털을 깎다.

스포츠

battre [batr]	**v.** 때리다 (frapper), 이기다 (vaincre, l'emporter sur). Paris a ***battu*** Marseille 3 à 1. 파리는 마르세유를 3대 1로 이겼다. Personne ne ***battra*** le record du monde de saut en longueur. 아무도 멀리뛰기 세계기록을 깨지 못할 것이다.
le **but** [byt]	**n.** 골, 포인트. Quel joli ***but***! 정말 멋진 골이다!
le **champion**, la **championne** [ʃãpjɔ̃, ɔn]	**n.** 챔피언, 선수권자. Alain Prost a été deux fois ***champion*** du monde. 알랭 프로스트는 두 차례 세계챔피언 이었다.
le **club** [klœb]	**n.** 클럽.
entraîner (s') [sãtrene]	**v.** 트레이닝하다, 훈련하다.
l'**équipe** *f* [ekip]	**n.** 팀. L'***équipe*** nationale. 국가대표 팀.
l'**étape** *f* [etap]	**n.** 단계, 과정. Qui a gagné la troisième ***étape*** du Tour de France? 프랑스 일주 자전거대회 3코스에서 누가 이겼지?
être en forme [ɛtrãfɔrm]	컨디션이 좋다. Je ***suis en*** pleine ***forme***.

	나는 컨디션이 아주 좋다.
la **force** [fɔrs]	**n.** 힘, 기력.
gagner [gaɲe]	**v.** 이기다.
gonfler [gɔ̃fle]	**v.t.** 부풀게하다, 팽창시키다 **v.i.** 부풀다.
	Quel type **gonflé**!
	정말 우쭐해하는 녀석이군.
la **ligne** [liɲ]	**n.** 낚시줄.
	Je n'aime pas la pêche à la **ligne**.
	나는 낚시줄로 하는 낚시를 좋아하지 않는다.
le **maillot** [majo]	**n.** 수영복(maillot de bain), 운동복.
l'**outil** m [uti]	**n.** 도구, 연장이
perdre [pɛrdr]	**v.** 잃다, 지다.
le **record** [rəkɔr]	**n.** 기록.
le **règlement** [rɛgləmɑ̃]	**n.** 규칙, 규정.
remporter [rɑ̃pɔrte]	**v.** 성공을 거두다. 상을 타다.
	Alain Prost a **remporté** la victoire.
	알랭 프로스트는 승리를 거두었다.
le **résultat** [rezylta]	**n.** 결과.
siffler [sifle]	**v.** 호각을 불다. 휘파람을 불다.
	Le public a **sifflé** les joueurs.
	관중들은 선수들에게 휘파람을 불었다.
	L'arbitre a **sifflé** la mi-temps.
	심판은 하프 타임 휘슬을 불었다.
le **sport** [spɔr]	**n.** 스포츠.
le **stade** [stad]	**n.** 스타디움.
le **terrain de sport** [tɛrdspɔr]	**n.** 운동장.
transpirer [trɑ̃spire]	**v.** 땀을 흘리다.
la **victoire** [viktwar]	**n.** 승리.

l'**adversaire** mf [advɛrsɛr]	**n.** 상대방, 상대팀.
l'**arbitre** m [arbitr]	**n.** 심판.
l'**athlète** mf [atlɛt]	**n.** 육상 선수, 운동선수 (**sportif**).
la **belle** [bɛl]	**n.** 결승전.

Henri Leconte a perdu la **belle** contre Boris Becker.
앙리 르꽁뜨는 결승전에서 보리스 베커에게 졌다.

le **championnat** [ʃɑ̃pjɔna]
n. 선수권대회.
Le **championnat** d'Europe.
유럽 선수권대회.
Le **championnat** du monde.
세계 선수권대회.

la **compétition** [kɔ̃petisjɔ̃]
n. 경쟁 (**concurrence**), 대항, 시합.

la **coupe** [kup]
n. 컵.
La **coupe** du monde. 월드컵.

la **défaite** [defɛt]
n. 패배.

le **défi** [defi]
n. 도전.
Le défi de Kasparov contre Karpov.
카스파로프의 카르포프에 대한 도전.

les **jeux Olympiques mpl** [ʒøzɔlɛ̃pik]
n. 올림픽.

lutter [lyte]
v. 싸우다. 레슬링하다.

la **médaille** [medaj]
n. 메달.
Qui a gagné la **médaille** d'or?
누가 금메달을 땄지?

la **mi-temps** [mitɑ̃]
하프타임

le **participant**, la **participante** [partisipɑ̃, t]
n. 참가자.

pratiquer [pratike]
v. 실행하다. 시행하다.
Vous **pratiquez** quel sport?
당신은 어떤 운동을 하십니까?

le **professionnel**, la **professionnelle** [prɔfɛsjɔnɛl]
n. 프로, 프로 선수.

la **revanche** [rəvɑ̃ʃ]
n. 리턴 매치, 설욕전, 복수전.

rival, e, -aux [rival, o]
n. 라이벌.

tirer au sort [tireosɔr]
~을 추첨으로 정하다.

le **vainqueur** [vɛ̃kœr]
n. 승리자.

운동경기

la **balle** [bal]   **n.** 공, 테니스공, 골프공, 탁구공.
le **ballon** [balɔ̃]   **n.** 럭비공, 농구공, 축구공,
le **bateau, x** [bato]   **n.** 보트.
J'ai acheté un petit *bateau* à voiles.
나는 작은 돛단배를 한 척 샀다.

la **chasse** [ʃas]   **n.** 사냥.
La *chasse* aux canards est ouverte.
오리 사냥이 허용되는 시즌이 왔다.

chasser [ʃase]   **v.** 사냥하다.
la **course** [kurs]   **n.** 레이스, 경마.
la **descente** [desãt]   **n.** 내려가기, 하강.
faire de la gymnastique [fɛrdlaʒimnastik]   체조를 하다.
faire du ski [fɛrdyski]   스키를 하다.
faire du sport [fɛrdyspɔr]   운동을 하다.
le **foot(ball)** [futbol]   **n.** 축구.
le **gardien de but** [gardɛ̃dbyt]   **n.** 골키퍼.
grimper [grɛ̃pe]   **v.** 기어오르다.
la **gym(nastique)** [ʒimnastik]   **n.** 체조, 체육.
lancer [lãse]   **v.** 던지다.
le **match** [matʃ]   **n.** 경기, 게임.
nager [naʒe]   **v.** 수영하다, 헤엄치다.
la **neige** [nɛʒ]   **n.** 눈.
l'**obstacle** m [ɔpstakl]   **n.** 장애물.
Une course d'*obstacles*. 장애물 경주.

pêcher [peʃe]   **v.** 낚시질하다.
plonger [plɔ̃ʒe]   **v.** 다이빙하다.
le **rugby** [rygbi]   **n.** 럭비.
sauter [sote]   **v.** 점프하다.
le **ski** [ski]   **n.** 스키.
le **vélo** [velo]   **n.** 사이클.

aller à la pêche [alealapɛʃ]	낚시하러 가다.
l'alpiniste mf [alpinist]	n. 알피니스트, 등산가.
l'arc m [ark]	n. 활, 양궁.
l'athlétisme m [atletism]	n. 경기, 운동, 육상경기.
l'aviron m [avirɔ̃]	n. 조정.
la bicyclette [bisiklɛt]	n. 사이클, 자전거.
la boxe [bɔks]	n. 복싱.
le chasseur, la chasseuse [ʃasœr, øz]	n. 사냥하는 사람.
le cyclisme [siklism]	n. 자전거 경기.
le, la cycliste [siklist]	n. 사이클 선수.
l'escrime f [ɛskrim]	n. 펜싱.
faire de l'alpinisme [fɛrdəlapinism]	등산을 하다.
faire de la voile [fɛrdəlavwal]	요트를 타다.
faire du cheval [fɛrdyʃval]	승마하다.
le filet [filɛ]	n. 네트.
le golf [gɔlf]	n. 골프.
la marche à pied [marʃapje]	n. 걷기, 경보.
la natation [natasjɔ̃]	n. 수영.
le patinage [patinaʒ]	n. 스케이팅, 빙상.
les patins à roulettes mpl [patrulɛt]	n. 롤러 스케이트.
le pêcheur, la pêcheuse [pɛʃœr, øz]	n. 낚시하는 사람.
le ping-pong [piŋpɔn]	n. 탁구.
la planche à roulettes [plɑ̃ʃarulɛt]	n. 스케이드 보드.
la planche à voile [plɑ̃ʃavwal]	n. 서프 보드.
le skieur, la skieuse [skjœr, øz]	n. 스키타는 사람.
les sports d'hiver mp [spɔrdivɛr]	n. 겨울 스포츠.
les sports nautiques mpl [spɔrnotik]	n. 수상 스포츠.
la voile [vwal]	n. 배타기, 요트.
le volley [vɔlɛ]	n. 배구.

생활에 필요한 것들

16 여행

여행준비

l'**agence de voyages** f [aʒɑ̃sdəvwajaʒ]
n. 여행사.

le **catalogue** [katalɔg]
n. 카탈로그.

le **client**, la **cliente** [klijɑ̃, t]
n. 고객, 의뢰인.

l'**employé**, e [ɑ̃plwaje]
n. 직원, 피고용인.

faire sa valise [fɛrsavaliz]
짐을 싸다.

le, la **guide** [gid]
n. 가이드, 안내책자.
Tu peux me prêter ton *guide* Michelin?
너의 미슐랭 안내책자를 빌려줄 수 있니?

l'**indication** f [ɛ̃dikasjɔ̃]
n. 지적, 지시, 표시.

l'**itinéraire bis** m [itinerɛrbis]
n. 우회로, 돌아가는 길.
L'*itinéraire bis* est indiqué par des flèches vertes.
우회로는 초록색 화살표로 표시 되어있다.

la **liste** [list]
n. 리스트, 목록.

de location [dəlɔkasjɔ̃]
임대의, 빌려주는.
On prendra une voiture de *location*?
렌트카를 이용할까?

louer [lwe]
v. 빌리다, 빌려주다.
On *loue* les patins sur place?
우리는 현장에서 스케이트를 빌릴까?

le **projet** [prɔʒɛ]
n. 계획.

le **renseignement** [rɑ̃sɛɲəmɑ̃]
n. 정보.

réserver [rezɛrve]
v. 예약하다, 예매하다.

le **séjour** [seʒur]
n. 체류, 체재.

le **syndicat d'initiative** [sɛ̃dikadinisjativ]	**n.** 관광 안내소.
le, la **touriste** [turist]	**n.** 관광객.
les **vacances** fpl [vakɑ̃s]	**n.** 휴가, 바캉스.bogaonl
	Nous avons passé de bonnes ***vacances***. 우리는 멋진 휴가를 보냈다.
la **valise** [valiz]	**n.** 여행 가방.
le **voyage** [vwajaʒ]	**n.** 여행.
	Je suis parti en ***voyage***. 나는 여행을 떠났다.
le **voyage organisé** [vwajaʒɔrganize]	**n.** 그룹 투어, 단체 여행.
voyager [vwajaʒe]	**v.** 여행하다.
la **vue d'ensemble** [vydɑ̃sɑ̃bl]	**n.** 일람, 전망.

---

les **arrhes** fpl [ar]	**n.** 선금, 계약금.
la **carte routière** [kartrutjɛr]	**n.** 도로 지도.
informer (s') [sɛ̃fɔrme]	**v.** 문의하다, 알아보다.
	Tu ***t'es informé*** des conditions de location? 너는 임대조건을 알아보았니?
l'**itinéraire** m [itinerɛr]	**n.** 일정, 여정.
recommander [rəkɔmɑ̃de]	**v.** 추천하다.
la **réservation** [rezɛrvasjɔ̃]	**n.** 예약.
le **vacancier**, la **vacancière** [vakɑ̃sje, ɛr]	**n.** 바캉스를 즐기는 사람.

여행

accompagner [akɔ̃paɲe]	**v.** 동반하다, 같이 가다.
l'**aéroport** m [aerɔpɔr]	**n.** 공항.
l'**aller et retour** m [aleɛrtur]	**n.** 왕복.
	Tu prends deux ***aller et retour***.

너는 왕복권으로 두장 산다.

l'**arrivée** f [arive]   **n.** 도착(↔ depart).
arriver m [arive]   **v.** 도착하다.
Nous sommes ***arrivés***. 우리는 도착했다.

l'**avion** m [avjɔ̃]   **n.** 비행기.
avoir le mal de mer   배 멀미하다.
[avwarləmaldəmɛr]

les **bagages** mpl [bagaʒ]   **n.** 여행짐, 수하물.
le **bateau, x** [bato]   **n.** 보트, 배.
le **bord** [bɔr]   **n.** 가장자리, 배나 비행기의 승선.
Nous avons une petite maison au ***bord*** de la mer. 우리는 바닷가에 작은 집이 한 채 있다.
Bienvenus à bord.
비행기에 타신 것을 환영합니다.

le **car** [kar]   **n.** 고속버스, 관광버스.
le **carnet** [karnɛ]   **n.** 회수권, 티켓.
la **classe** [klas]   **n.** 등급.
la **consigne** [kɔ̃siɲ]   **n.** 수하물 보관소,
J'ai mis la valise à la ***consigne***.
나는 짐을 수하물 보관소에 넣었다.

le **contrôle** [kɔ̃trol]   **n.** 검사, 표검사.
la **couchette** [kuʃɛt]   **n.** 간이 침대, 침대칸.
coûter cher [kuteʃɛr]   값이 비싸다.
déclarer [deklare]   **v.** 신고하다. 밝히다.
Avez-vous quelque chose à ***déclarer***?
신고할 것 있습니까?

le **départ** [depar]   **n.** 출발(↔ arrivée).
direct, e [dirɛkt]   **adj.** 직행의.
C'est un train ***direct***? 직행 열차입니까?

la **douane** [dwan]   **n.** 세관.
en règle [ɑ̃rɛglə]   정리된, 정돈되어 있는.
Vos papiers ne sont pas ***en règle***.
당신 서류들은 정돈되어 있지 않다.

faire la queue [fɛrlakø]	줄서서 기다리다.
la **formalité** [fɔrmalite]	**n.** 절차, 격식
fouiller [fuje]	**v.** 뒤지다, 몸수색하다.
	On nous a *fouillés*. 우리는 몸수색을 받았다.
la **frontière** [frɔ̃tjɛr]	**n.** 국경.
la **gare** [gar]	**n.** 기차역.
l'**horaire** m [ɔrɛr]	**n.** 시간표.
partir [partir]	**v.** 떠나다.
	Jean-Marc est *parti* pour l'Afrique.
	쟝마크는 아프리카를 향해 떠났다.
le **passager**, la **passagère** [pasaʒe, ɛr]	**n.** 승객, 여행객.
le **passeport** [paspɔr]	**n.** 여권.
payer cher [pejeʃɛr]	비싸게 지불하다.
la **pièce d'identité** [pjɛsdidɑ̃tite]	**n.** 신분증.
le **port** [pɔr]	**n.** 항구.
premier, -ère [prəmje, ɛr]	**n.** 1등석. **adj.** 1등석의.
	Je ne voyage jamais en *première* classe.
	나는 1등석으로 여행하는 일이 전혀 없다.
prendre [prɑ̃dr]	**v.** 교통수단을 이용하다.
le **quai** [ke]	**n.** 플랫폼, 부두.
	De quel *quai* part le bateau?
	어느 부두에서 배가 떠납니까?
rapide [rapid]	**adj.** 빠른.
rater [rate]	**v.** 놓치다.
le **retard** [rətar]	**n.** 지각, 연착.
	Le train est en *retard*. 열차가 연착했다.
second, e [səgɔ̃, d]	**adj.** 2등석의. **n.** 2등석.
le **supplément** [syplemɑ̃]	**n.** 추가 요금.
le **train** [trɛ̃]	**n.** 열차.
la **voiture** [vwatyr]	**n.** 승용차.
voler [vɔle]	**v.** ① 비행하다, 날아가다
	② 훔치다, 도둑질하다.

생활에 필요한 것들

le **wagon-lit** [wagɔ̃li]	침대차.
le **wagon-restaurant** [wagɔ̃rɛstɔrɑ̃]	n. 식당차.

le **compartiment** [kɔ̃partimɑ̃]	n. 기차의 칸.
composter [kɔ̃pɔste]	v. 표에 소인을 찍다, 체크하다. N'oubliez pas de ***composter*** votre billet. 당신의 표에 체크 하는 것을 잊지 마시오.
l'**escalier roulant** m [ɛskaljerulɑ̃]	n. 에스컬레이터.
faire du stop [fɛrdystɔp]	히치하이크, 차를 세워서 타기.
le **ferry** [fɛri]	n. 페리, 연락선.
la **passerelle** [pasrɛl]	n. 인도교, 육교, 구름다리.
le **péage** [peaʒ]	n. 통행료 징수소, 톨게이트. ***Péage*** à 800m. 800m 전방에 톨게이트.
le **tapis roulant** [tapirulɑ̃]	n. 콘베이어 벨트.
le **T.G.V.** [teʒeve]	n. 고속철도(**train à grande vitesse**).
la **T.V.A** [tevea]	n. 부가가치세. (**taxe à la valeur ajoutée**).

관광

ancien, ne [ɑ̃sj, en]	adj. 오래 된, 옛날의. Le Louvre est un ***ancien*** château. 루브르는 오래된 성이다. Marseille est une ville très ***ancienne***. 마르세이유는 매우 오래된 도시다.
l'**appareil photo** m [aparɛjfɔto]	n. 카메라, 사진기.
l'**aventure** f [avɑ̃tyr]	n. 모험.
baigner (se) [səbeɲe]	v. 수영하다, 해수욕하다. On va se ***baigner?*** 우리 수영할까?
le **bain de soleil** [bdsɔlɛj]	n. 일광욕.
le **bateau-mouche** [batomuʃ]	n. 유람선.

bronzé, e [brɔ̃ze]	**adj.** 햇빛에 탄, 그을린.
célèbre [selɛbr]	**adj.** 유명한(illustre), 이름난(renommé).
le **coup de soleil** [kudsɔlɛj]	**n.** 햇빛에 데기.
	J'ai attrapé un *coup de soleil*.
	나는 햇빛에 화상을 입었다.
la **découverte** [dekuvɛrt]	**n.** 발견, 처음으로 가보기.
	A la *découverte* du Népal.
	네팔의 발견.
découvrir [dekuvrir]	**v.** 찾아내다, 발견하다.
en plein soleil [ãplɛ̃sɔlɛj]	태양이 한창 뜨거울 때.
l'**étranger** m [etrãʒe]	**n.** 외국, 해외.
	Je passe mes vacances à l'*étranger*.
	나는 휴가를 해외에서 보낸다.
étranger, -ère [etrãʒe, ɛr]	**n.** 외국인 **adj.** 외국의.
l'**excursion** f [ɛkskyrsjɔ̃]	**n.** 소풍, 유람, 여행.
faire du feu [fɛrdyfø]	불을 피우다.
international, e, -aux [ɛ̃tɛrnasjɔnal, o]	**adj.** 국제적인.
les **lunettes de soleil** fpl [lynɛtdəsɔlɛj]	**n.** 선글라스.
la **mer** [mɛr]	**n.** 바다.
le **Midi** [midi]	**n.** 남불(南佛)지방.
la **neige** [nɛʒ]	**n.** 눈.
le **pays** [pei]	**n.** 지방, 지역, 국가.
la **plage** [plaʒ]	**n.** 해변, 해수욕장.
la **région** [reʒjɔ̃]	**n.** 지역.
le **repos** [rəpo]	**n.** 휴식.
reposer (se) [sərəpoze]	**v.** 쉬다, 휴식하다.
	J'ai dû me *reposer* du voyage.
	나는 여행으로부터 휴식을 취해야했다.
les **ruines** fpl [rɥin]	**n.** 폐허.
le **sable** [sabl]	**n.** 모래.

생활에 필요한 것들

	Attention aux *sables* mouvants dans la baie. 해안의 움직이는 모래에 주의해라.
la **spécialité** [spesjalite]	**n.** 특선요리. Une *spécialité* du pays. 지역 특선요리.
la **statue** [staty]	**n.** 동상, 상(像).
typique [tipik]	**adj.** 전형적인.
visiter [vizite]	**v.** 방문하다, 가보다.
aller danser [aledɑ̃se]	춤추러 가다.
au grand air [ogrɑ̃tɛr]	야외에서, 건물 밖에서.
la **baignade** [bɛɲad]	**n.** 물에 적시기, 담그기.
la **boîte de nuit** [bwatdənɥi]	**n.** 나이트 클럽, 디스코 테크.
bronzer [brɔ̃ze]	**v.** 썬텐하다.
la **croisière** [krwazjɛr]	**n.** 항해 여행, 순양함.
en plein air [ɑ̃plɛnɛr]	야외에서.
le **folklore** [fɔlklɔr]	**n.** 민속, 민요.
la **grande randonnée (GR)** [grɑ̃drɑ̃dɔne ʒeɛr]	**n.** 긴 산책, 긴 드라이브.
la **Manche** [mɑ̃ʃ]	**n.** 영불해협.
la **marée basse** [marebas]	**n.** 간조, 썰물.
les **marées** fpl [mare]	**n.** 조수, 밀물 (**marée montante**), 썰물 (**marée descendante**). L'horaire des *marées*. 밀물과 썰물 시간.
la **Méditerranée** [mediterane]	**n.** 지중해.
la **mer du Nord** [mɛrdynɔr]	**n.** 북해.
pittoresque [pitɔrɛsk]	**adj.** 그림같은.
la **pleine mer** [plɛnmɛr]	**n.** 밀물, 만조.
la **randonnée** [rɑ̃dɔne]	**n.** 소요, 산책.
le **site** [sit]	**n.** 경치, 풍경 (**paysage**).

숙박시설

l'**ascenseur** m [asɑ̃sœr]   **n.** 승강기, 엘리베이터.
Il y a un *ascenseur* à l'hôtel?
호텔에 승강기가 있습니까?

l'**auberge de jeunesse** f [oberʒdəʒœnɛs]   **n.** 유스호스텔.

le **balcon** [balkɔ̃]   **n.** 발코니.

bruyant, e [brɥijɑ̃, t]   **adj.** 시끄러운, 떠들썩한.
C'est *bruyant* chez vous!oa
당신 집은 참 시끄럽군요.

calme [kalm]   **adj.** 조용한, 차분한.

le **camping** [kɑ̃piŋ]   **n.** 캠핑.
Cette année, on a fait du *camping*.
금년에 우리는 캠핑을 했다.

la **catégorie** [kategɔri]   **n.** 카테고리, 분야.

central, e, -aux [sɑ̃tral, o]   **adj.** 중앙의, 중심적인.

la **chambre** [ʃɑ̃br]   **n.** 방, 침실.
C'est une *chambre* à deux lits?
침대가 두개 있는 방인가요?

la **clé** [kle]   **n.** 열쇠.

le **club** [klœb]   **n.** 클럽.

complet, -ète [kplɛ, t]   **adj.** 꽉 찬, 만원인.

le **confort** [kɔ̃fɔr]   **n.** 안락함, 쾌적함.

donner sur [dɔnesyr]   ~에 접해 있다. 면해 있다.
Ma chambre *donne sur* la mer.
내 방은 바다에 접해 있다.

la **douche** [duʃ]   **n.** 샤워.

l'**étoile** f [etwal]   **n.** 별(호텔의 등급을 매기는 단위).

le **grand lit** [grɑ̃li]   **n.** 더블 베드.

le **hall** [´ol]   **n.** 로비.

l'**hôtel** m [ɔtɛl]   **n.** 호텔.

l'**interprète mf** [ɛ̃tɛrprɛt]   **n.** 통역.

le **lavabo** [lavabo]   **n.** 세면대.
le **lit** [li]   **n.** 침대.
le **luxe** [lyks]   **n.** 호화, 호사.
la **pension** [pɑ̃sjɔ̃]   **n.** 하숙, 민박.
Réservez une chambre en demi-***pension***.
하루 한끼 포함된 방을 예약하시오.
Réservez une chambre en ***pension*** sc complète.
세끼 모두 주는 하숙을 예약하시오.
J'habite dans une petite ***pension*** de famille.
나는 민박을 하고 있다.

le **personnel** [pɛrsɔnɛl]   **n.** (집합적) 전 직원.
le **petit déjeuner** [ptideʒøne]   **n.** 아침식사.
la **règle** [rɛgl]   **n.** 규칙, 규율.
C'est la ***règle*** du jeu. 이것이 게임의 규칙이다.

le **restaurant** [rɛstɔrɑ̃]   **n.** 레스토랑.
le **service** [sɛrvis]   **n.** 서비스, 봉사요금.
le **terrain** [tɛr]   **n.** 땅, 대지.
la **terrasse** [tɛras]   **n.** 테라스.
les **W.-C.** mpl [vese]   **n.** 화장실.

---

la **caravane** [karavan]   **n.** 캠핑 트레일러, 하우스 트레일러.
la **clientèle** [klijɑ̃tɛl]   **n.** (집합적) 전체 고객.
la **colo(nie de vacances)** [kɔlɔnidvakɑ̃s]   **n.** 썸머 캠프.

faire du camping [fɛrdykɑ̃piɲ]   캠핑하다.
luxueux, -euse [lyksɥø, z]   **adj.** 호화로운, 화려한.
le **prix forfaitaire** [priforfɛtɛr]   **n.** 일시불 가격, 일괄지불 가격.
la **réception** [resɛpsjɔ̃]   **n.** 리셉션, 프론트 데스크.
la **réclamation** [reklamasjɔ̃]   **n.** 요구, 청구, 이의, 항의.
la **tente** [tɑ̃t]   **n.** 텐트.
J'ai couché sous la ***tente***.
나는 텐트 밑에서 잤다.

17 교육

학교

la **bibliothèque** [biblijɔtɛk]   **n.** 도서관.

la **classe** [klas]   **n.** 학급, 교실.
Je vais en *classe*. 나는 교실에 간다.

le **collège** [kɔlɛʒ]   **n.** 중학교.
Tous les Français vont quatre ans au *collège*.
모든 프랑스인은 4년간 중학교에 다닌다.

l'**échange** m [eʃɑ̃ʒ]   **n.** 교환.

l'**école** f [ekɔl]   **n.** 학교, 초등학교.

l'**élève** mf [elev]   **n.** 학생.

l'**enseignement** m [ɑ̃sɛɲəmɑ̃]   **n.** 교육, 가르침.
L'*enseignement* public est laïque et gratuit en France.
프랑스에서 공공교육은 비종교, 무상교육이다.

l'**instituteur, -trice** [ɛ̃stitytœr, tris]   **n.** 초등학교 교사.

l**instruction** [ɛ̃stryksjɔ̃]   **n.** 가르침, 지도.

le **lycée** [lise]   **n.** 고등학교.

privé, e [prive]   **adj.** 사립의.

le **prof(esseur)** [prɔfɛsœr]   **n.** 교사, 교수.

le **programme** [prɔgram]   **n.** 커리큘럼, 교과목.
Qu'est-ce que vous avez au *programme* cette année? 금년에 어떤 교과목을 배우십니까?

la **réforme** [refɔrm]   **n.** 개선.

la **salle** [sal]   **n.** 교실, 방.

scolaire [skɔlɛr]   **adj.** 학교의.

secondaire [səgdɛr]   **adj.** 중등의, 중학교의.

surveiller [syrveje]	**v.** 감시하다, 감독하다.
le **système** [sistɛm]	**n.** 시스템, 제도.

l'**analphabète** mf [analfabɛt]	**n.** 문맹.
bilingue [bilɛ̃g]	**adj.** 2개 언어를 사용하는.
	Nous aimerions être ***bilingues***.
	우리는 2개 언어를 구사하고 싶다.
le **bilinguisme** [bilɛ̃gɥism]	**n.** 2개 언어사용.
l'**enseignement primaire** m [ɑ̃sɛɲəmɑ̃primɛr]	**n.** 초등 교육.
l'**enseignement secondaire** m [ɑ̃sɛɲəmɑ̃səgɔ̃dɛr]	**n.** 중등 교육.
enseigner [ɑ̃sɛɲe]	**v.** 가르치다, 지도하다.
la **formation professionnelle** [fɔrmasjɔ̃prɔfɛsjɔnɛl]	**n.** 직업 교육.
francophone [frɑ̃kɔfɔn]	**adj.** 프랑스어를 사용하는.
la **francophonie** [frɑ̃kɔfɔni]	**n.** 프랑스어 사용지역.
l'**indigène** mf [diʒɛn]	**in.** 타고난, 고유의
la **maternelle** [matɛrnɛl]	**n.** 유치원, 유아원.
mixte [mikst]	**adj.** 남녀공학의.
l'**option** f [ɔpsjɔ̃]	**n.** 선택과목.
le **primaire** [primɛr]	**n.** 초등학교.
le **proviseur** [prɔvizœr]	**n.** 고등학교 교장.
redoubler [rəduble]	**v.** 유급하다.
la **scolarité** [skɔlarite]	**n.** 취학, 교육과정 이수, 의무교육 연한
	La ***scolarité*** obligatoire est de dix ans.
	의무 교육기간은 10년이다.
le **surveillant**, la **surveillante** [syrvɛjɑ̃, t]	**n.** 자습 감독관, 감독 교사.

교과목

le **calcul** [kalkyl] — **n.** 산수.
la **chimie** [ʃimi] — **n.** 화학.
le **cours** [kur] — **n.** 수업, 강의.
Les **cours** durent une heure entière.
수업은 한 시간을 꼭 채운다.

le **dessin** [desɛ̃] — **n.** 데생, 그림 그리기.
l'**éducation physique** f [edykasjɔ̃fizik] — **n.** 체육.
l'**étude** f [etyd] — **n.** 학습.
la **géographie** [ʒeɔgrafi] — **n.** 지리.
la **gym (nastique)** [ʒimnastik] — **n.** 체육, 체조.
l'**histoire** [istwar] — **n.** 역사.
la **langue** [lɑ̃g] — **n.** 언어.
les **mathématiques** fpl [matematik] — **n.** 수학.
les **maths** fpl [mat] — **n.** 수학.
la **matière** [matjɛr] — **n.** 과목.
la **musique** [myzik] — **n.** 음악.
la **physique** [fizik] — **n.** 물리.
les **sciences naturelles** fpl [sjɑ̃snatyrɛl] — **n.** 자연과학.

l'**instruction civique** [ɛ̃stryksjɔ̃sivik] — **n.** 공인교육.
la **langue étrangère** [lɑ̃getrɑ̃ʒɛr] — **n.** 외국어
la **langue maternelle** [lɑ̃gmatɛrnɛl] — **n.** 모국어.
la **philo(sophie)** [filɔzɔfi] — **n.** 철학.
le **travail manuel** [travajmanɥɛl] — **n.** 수공 작업.

교육내용

le **but** [byt]
n. 목표, 목적,

le **candidat,** la **candidate** [kɑ̃dida, t]
n. 응시자, 수험생.

le **certificat** [sɛrtifika]
n. 증명서, 이수증.
J'ai eu mon *certificat* d'études.
나는 학업증명서를 받았다.

le **concours** [kɔ̃kur]
n. 경쟁 시험.
Tu as passé ton *concours?*
너는 경쟁 입시를 통과했니?

correct, e [kɔrɛkt]
adj. 정확한, 올바른

la **culture** [kyltyr]
n. 교양.
Il n'a aucune *culture* générale.
그는 일반 교양이 전혀 없다.

le **diplôme** [diplom]
n. 졸업장.

écrit, e [ekri, t]
adj. 필기의

l'**écriture** *f* [ekrityr]
n. 글쓰기.

l'**éducation** *f* [edykasjɔ̃]
n. 교육.

être reçu, e [ɛtrərəsy]
adj. 합격한, 통과된(admis).
J'ai *été reçu* au bac.
나는 대학 입학자격 시험에 합격했다.

l'**examen** m [ɛgzamɛ̃]
n. 시험.
J'ai passé mon *examen* de maths.
나는 수학 시험을 봤다.

moyen, ne [mwajɛ̃, ɛn]
adj. 중간의, 평균의

oral, e-aux [ɔral, o]
adj. 구두의,

l'**orthographe** f [ɔrtɔgraf]
n. 철자, 철자법.

le **prix** [pri]
n. 상, 상품, 포상.

le **progrès** [prɔgrɛ]
n. 발전.

le **résultat** [rezylta]
n. 결과.
J'ai eu de bons *résultats.*
나는 좋은 결과를 거두었다.

savoir [savwar]	**v.** 알다. ~을 할 줄 알다.
	Sabine *sait* bien le français.
	사빈은 프랑스어를 잘한다.
la **solution** [sɔlysjɔ̃]	**n.** 해결책.
l'**usage** m [yzaʒ]	**n.** 용법, 사용법.
le **vocabulaire** [vɔkabylɛr]	**n.** 어휘.
distribuer [distribɥe]	**v.** 나눠주다, 분배하다.
la **distribution** [distribysjɔ̃]	**n.** 배분, 할당.
le **lexique** [lɛksik]	**n.** 어휘 목록, 소사전.
la **linguistique** [lɛ̃gɥistik]	**n.** 언어학.
le **niveau, x** [nivo]	**n.** 수준.
la **phonétique** [fɔnetik]	**n.** 음성학.
la **syntaxe** [sɛ̃taks]	**n.** 통사론.

교실

absent, e [apsɑ̃, t]	**adj.** 결석한.
	Qui est *absent*? 누가 결석했지?
apprendre [aprɑ̃dr]	**v.** 배우다, 가르치다 (enseigner).
avoir de la volonté [avwardlavɔlɔ̃te]	의지를 갖다.
bref, brève [brɛf, brɛv]	**adj.** 간략한, 간결한
calculer [kalkyle]	**v.** 셈하다, 계산하다.
le **chiffre** [ʃifr]	**n.** 수치, 숫자.
compliqué, e [kɔ̃plike]	**adj.** 복잡한, 어려운.
la **composition** [kɔ̃pozisjɔ̃]	**n.** 작문.
comprendre [kɔ̃prɑ̃dr]	**v.** 이해하다(saisir), 파악하다(concevoir).
compter [kɔ̃te]	**v.** 계산하다, 셈하다.
copier [kɔpje]	**v.** 베끼다 (transcrire), 복사하다.
corriger [kɔriʒe]	**v.** 고치다, 정정하다 (rectifier).
décrire [dekrir]	**v.** 묘사하다(dépeindre), 서술하다(exposer).

définir [definir]	v. 정의하다, 규정하다 (déterminer).
dessiner [desine]	v. 그림을 그리다.
développer [devlɔpe]	v. 발전시키다. 발육시키다.
les **devoirs** mpl [devwar]	n. 과제, 과제물.
la **dictée** [dikte]	n. 받아쓰기.
la **difficulté** [difikylte]	n. 어려움, 어려운 점.
la **discussion** [diskysjɔ̃]	n. 토론, 토의.
discuter [diskyte]	v. 토의하다.
diviser [divize]	v. 나누다, 분할하다.
écrire [ekrir]	v. 쓰다, 편지 쓰다.
employer [ãplwaje]	v. 이용하다, 활용하다.
l'**épreuve** [eprœv]	n. 시험, 시험 답안지.
étudier [etydje]	v. 공부하다.

J'ai *étudié* la grammaire basque.
나는 바스크어 문법을 공부했다.
Nous *étudions* l'histoire des Francs.
우리는 프랑크족의 역사를 공부하고 있다.

l'**exercice** m [ɛgzɛrsis]	n. 연습, 연습문제.
l'**explication** [ɛksplikasjɔ̃]	n. 설명.
expliquer [ɛksplike]	v. 설명하다.
l'**expression** f [ɛksprɛsjɔ̃]	n. 표현.

C'est une *expression* toute faite.
그것은 고정된 표현이다.

familier, -ère [familje, ɛr]	adj. 친근한, 친숙한.

"Piger" est un mot *familier.*
piger(이해하다)는 일상적인 단어다.

la **faute** [fot]	n. 실수, 실책.

C'est une *faute* grave.
그것은 중대한 실수다.

ignorer [iɲɔre]	v. 모르다.
l'**image** [imaʒ]	n. 이미지, 그림.
incompréhensible [kɔ̃preãsibl]	adj. 이해 할 수 없는.
le **langage** [lãgaʒ]	n. 언어.

	Le *langage* des jeunes. 젊은이들이 쓰는 말.
la **leçon** [ləsɔ̃]	**n.** 학과, 강의, 제 ~ 과.
la **lettre** [lɛtr]	**n.** 철자, 편지.
lire [lir]	**v.** 읽다, 독서하다.
la **note** [nɔt]	**n.** 성적, 노트 필기
	Tu as pris des *notes*?
	너는 노트 필기 했니?
noter [nɔte]	**v.** 노트하다, 적어두다.
nouveau, -vel, -velle [nuvo, nuvɛl]	**adj.** 새로운.
l'**occupation** f [ɔkypasjɔ̃]	**n.** 일, 활동, 작업.
par coeur [parkœr]	외우다, 암기하다.
par écrit [parekri]	필기의
paresseux, -euse [parɛsø, z]	**adj.** 게으른, 나태한.
parler [parle]	**v.** 말하다.
	Tu *parles* anglais? 너는 영어 할줄 아니?
	Parle plus fort. 좀 더 크게 말해다오.
préparer [prepare]	**v.** 준비하다.
	Vous préparez l'examen des Grandes Ecoles?
	그랑제꼴 입시를 준비하세요?
la **preuve** [prœv]	**n.** 증거, 증명.
le **problème** [prɔblɛm]	**n.** 문제.
	J'ai résolu mon *problème* de maths.
	나는 수학 문제를 풀었다.
prouver [pruve]	**v.** 논증하다, 증명하다.
	Qu'est-ce que ça prouve?
	그것이 어쨌다는 것이냐?
la **question** [kɛstjɔ̃]	**n.** 질문.
	Qui a posé la *question*? 누가 질문했지?
rater [rate]	**v.** 실패하다.
	J'ai *raté* mon interro. 나는 시험에 실패했다.
résumer [rezyme]	**v.** 요약하다 (abréger).
la **serviette** [sɛrvjɛt]	**n.** 책가방.
signifier [siɲifje]	**v.** 의미하다.

la **table des matières** [tabləmatjɛr]	n. 시간표.
le **texte** [tɛkst]	n. 교재, 텍스트.
traduire [tradɥir]	v. 번역하다.
transformer [trɑ̃sfɔrme]	v. 변형시키다.

analyser [analize]	v. 분석하다, 분해하다 (**déco**mpo**ser**).
l'**arc** m [ark]	n. 활, 활모양.
le **brouillon** [brujɔ̃]	n. 초고, 초안, 연습장.
citer [site]	v. 인용하다, 예로 들다.
cocher [kɔʃe]	v. 표시하다, 체크 표시를 하다. *Cochez* la case. 칸에 체크하시오.
le **contenu** [kɔ̃tny]	n. 내용.
le **corrigé** [kɔriʒe]	n. 정정, 정답.
la **définition** [definisjɔ̃]	n. 정의.
démontrer [demɔ̃tre]	v. 증명하다, 보여주다.
la **description** [dɛskripsjɔ̃]	n. 묘사, 서술.
le **dossier** [dosje]	n. 파일된 서류나 노트.
dresser [drese]	v. 세우다, 작성하다.
l'**esquisse** f [ɛskis]	n. 개요, 초안.
l'**introduction** f [ɛ̃trɔdyksjɔ̃]	n. 서문, 서론.
la **lecture** [lɛtyr]	n. 강독, 독서.
le **paragraphe** [paragraf]	n. 문단.
prendre des notes [prɑ̃drədenɔt]	노트하다, 메모하다.
la **prononciation** [prɔnɔ̃sjasjɔ̃]	n. 발음.
souligner [suliɲe]	v. 밑줄 긋다.
la **traduction** [tradyksjɔ̃]	n. 번역.

문구

le **bouquin** [bukɛ̃]	n. 책.
le **cahier** [kaje]	n. 노트.

la **calculette** [kalkylɛt]	n. 계산기.
le **crayon** [krɛjɔ̃]	n. 연필, 볼펜 (crayon à bille).
le **dictionnaire** [diksjɔnɛr]	n. 사전.
l'**encre** f [ãkrə]	n. 잉크.
l'**éponge** f [epɔ̃ʒ]	n. 스폰지, 칠판 지우개용 스폰지.
la **feuille** [fœj]	n. 종이 한장, 종잇장.
la **feuille de papier** [fœjdəpapje]	n. 종이 한장.
la **liste** [list]	n. 리스트, 목록.
le **livre** [livr]	n. 책.
le **stylo** [stilo]	n. 만년필.
le **stylo (à) bille** [stilo a bij]	n. 볼펜.
le **tableau, x** [tablo]	n. 칠판, 액자.
le **classeur** [klasœr]	n. 파일, 링 바인더.
le **compas** [kɔ̃pa]	n. 콤파스.
la **craie** [krɛ]	n. 백묵, 분필.
la **gomme** [gɔm]	n. 지우개.
le **manuel** [manɥɛl]	n. 교재. Le *manuel* scolaire. 학습 교재.
le **scotch** [skɔtʃ]	n. 스카치 테이프.
le **taille-crayons** [tajkrɛjɔ̃]	n. 샤프 펜슬.

문법

l'**accent** m [aksã]	n. 악센트, 프랑스어 표기상의 보조기호.
l'**adjectif** m [adʒɛktif]	n. 형용사.
l'**adverbe** m [advɛrb]	n. 부사.
l'**article** m [artikl]	n. 관사.
la **cause** [koz]	n. 원인, 이유, 동기.
la **condition** [kɔ̃disj̃]	n. 조건.
le **discours** [diskur]	n. 담화, 담론, parties du discours 품사.
l'**exception** f [ɛksɛpsjɔ̃]	n. 예외.

생활에 필요한 것들

l'**exemple** m [ɛgzɑ̃pl]	n. 예, 용례.
féminin, e [feminɛ̃, in]	n. 여성형의.
le **genre** [ʒɑ̃r]	n. 성, 남녀성.
la **grammaire** [gramɛr]	n. 문법.
masculin, e [maskylɛ̃, in]	adj. 남성형의.
le **mot** [mo]	n. 단어.
négatif, -ive [negatif, iv]	adj. 부정형의.
le **nom** [nɔ̃]	n. 명사.
la **phrase** [fraz]	n. 문장.
le **pluriel** [plyrjɛl]	n. 복수형.
le **point** [pwɛ̃]	n. 점, 피리어드.
positif, -ive [pozitif, iv]	adj. 긍정적인.
le **présent** [prezɑ̃]	n. 현재형.
relatif, -ive [rəlatif, iv]	adj. 관계의.
le **singulier** [sɛ̃gylje]	n. 단수형.
le **sujet** [syʒe]	n. 주어.
le **temps** [tɑ̃]	n. 시제.
le **verbe** [vɛrb]	n. 동사.
le **complément d'objet direct** [kɔ̃plemɑ̃dɔbʒɛdirɛkt]	n. 직접 목적어.
le **complément d'objet indirect** [kɔ̃plemɑ̃dɔbʒɛɛdirɛkt]	n. 간접 목적어.
le **conditionnel** [kɔ̃disjonɛl]	n. 조건법.
la **conjonction** [kɔ̃ʒɔ̃ksjɔ̃]	n. 접속사.
défini, e [defini]	adj. 한정된, **article défini** 정관사.
le **déterminant** [detɛrminɑ̃]	n. 한정사.
le **futur composé** [fytyrkɔ̃pose]	n. 복합 미래 (전미래).
le **futur simple** [fytyrɛ̃pl]	n. 단순 미래 (미래).
l'**imparfait** m [ɛ̃parfɛ]	n. 반과거.
l'**impératif** m [ɛ̃peratif]	n. 명령형.
indéfini, e [ɛ̃defini]	adj. 부정의, 확정되지 않은.
l'**indicatif** m [ɛ̃dikatif]	n. 직설법

l'**infinitif** m [ɛ̃finitif]	n. 부정법, 동사 원형.
la **manière** [manjɛr]	n. 태도.
marquer [marke]	v. 표시하다, 나타내다.
le **passé composé** [pasekɔ̃poze]	v. 복합 과거.
le **passé simple** [pasesɛ̃pl]	v. 단순 과거.
le **plus-que-parfait** [plyskəparfɛ]	n. 대과거.
la **préposition** [prepozisjɔ̃]	n. 전치사.
le **pronom** [prɔnɔ̃]	n. 대명사.
la **règle** [rɛgl]	n. 규칙.
le **subjonctif** [sybʒɔ̃ktif]	n. 접속법.
la **subordonnée** [sybɔrdɔne]	n. 종속절.
la **syllabe** [silab]	n. 음절.
la **virgule** [virgyl]	n. 쉼표.
la **voix active** [vwaaktiv]	n. 능동태.
la **voix passive** [vwapasiv]	n. 수동태.

대학

le **droit** [drwa]	n. 법학. René est étudiant en ***droit***. 르네는 법대생이다.
l'**étudiant,** e [etydjɑ̃, t]	n. 학생, 대학생.
l'**expérience** ƒ [ɛksperjɑ̃s]	n. 경험.
l'**invention** ƒ [ɛ̃vɑ̃sjɔ̃]	n. 발명, 창의력, 창안.
la **médecine** [mɛdsin]	n. 의학.
la **psychologie** [psikɔlɔʒi]	n. 심리학.
le **savant,** la **savante** [savɑ̃, t]	n. 학자, 박식한 사람.
la **science** [sjɑ̃s]	n. 과학.
les **sciences humaines** fpl [sjɑ̃symɛn]	n. 인문과학.
les **sciences naturelles** fpl	n. 자연과학.

생활에 필요한 것들

프랑스어 기본어휘 … 161

[sjɑ̃snatyrɛl]
scientifique [sjɑ̃tifik]   **adj.** 과학적인.
l'**université** f [ynivɛrsite]   **n.** 대학.

l'**assistant, e** [asistɑ̃, t]   **n.** 조교.
l'**autorité** f [ɔtɔrite]   **n.** 권위.
le **cours magistral** [kurmaʒistral]   **n.** 교수가 직접하는 강의.
la **discipline** [disiplin]   **n.** 학과, 교과목.
les **études** fpl [etyd]   **n.** 연구, 학습.
J'ai fait mes *études* à Rennes.
나는 렌느에서 공부했다.
la **fac(ulté)** [fakylte]   **n.** 단과대학.
la **faculté des lettres** [fakyltedelɛtr]   **n.** 문과대학, 문리대.
inscrire (s') [sɛ̃skrir]   **v.** 등록하다.
la **recherche** [rəʃɛrʃ]   **n.** 연구.
le **resto-U** [rɛstɔy]   **n.** 대학 식당.
les **sciences économiques** fpl [sjɑ̃sekɔnɔmik]   **n.** 경제학.
les **sciences politiques** fpl [sjɑ̃spolitik]   **n.** 정치학.

18 예술

일반어휘

à la mode [alamɔd]   최신 유행의.
Le pop art n'est plus *à la mode*.
팝 아트는 더 이상 유행이 아니다.

amusant, e [amyzã, t]   **adj.** 재미있는.
applaudir [aplodir]   **v.** 박수 갈채를 보내다.
L'artiste a été *applaudi* longuement.
예술가는 오랫동안 박수 갈채를 받았다.

l'**art** m [ar]   **n.** 예술.
L'*art* pour l'art. 예술을 위한 예술.

au premier plan [oprəmjeplɑ̃]   최전면에 있다. 눈에 잘 띄는 위치에 있다.
beau, bel, belle [bo, bɛl]   **adj.** 멋진, 아름다운.
le **billet** [bijɛ]   **n.** 표, 티켓.
bref, brève [brɛf, brɛv]   **adj.** 간단한, 간략한.
célèbre [selɛbr]   **adj.** 유명한 (illustre).
classique [klasik]   **adj.** 고전적인.
complet, -ète [kɔ̃plɛ, kɔ̃plɛt]   **adj.** 완전한, 빠짐없는.
Les œuvres *complètes* de Diderot.
디드로의 전 작품.

créer [kree]   **v.** 만들다, 창조하다.
Picasso a *créé* Guernica.
피카소는 게르니카를 만들어냈다.

critiquer [kritike]   **v.** 비판하다, 비난하다.
découvrir [dekuvrir]   **v.** 발견하다.
distraire (se) [sədistrɛr]   **v.** 기분전환하다.
l'**esprit** m [ɛspri]   **n.** 정신.
L'*esprit* critique. 비판정신.

	Voltaire est un auteur plein d'esprit. 볼테르는 기지가 넘치는 작가이다.
faire la queue [fɛrlakø]	줄서서 기다리다.
incompréhensible [ɛ̃kɔ̃preãsibl]	**adj.** 이해할 수 없는.
laid, e [lɛ, d]	**adj.** 못생긴, 추한.
la **liberté** [libɛrte]	**n.** 자유.
	La *liberté* de l'art. 예술의 자유.
la **matinée** [matine]	**n.** 연극, 행사등의 그날 첫번째 공연.
moderne [mɔdɛrn]	**adj.** 현대적인, 근대적인.
nouveau, -vel, -velle [nuvo, nuvɛl]	**adj.** 새로운.
l'**oeuvre** [œvr]	**n.** 작품.
l'**original, -aux** m [ɛriʒinal, o]	**n.** 원본, 원화.
	L'*original* de la Joconde est au Louvre. 모나리자 그림의 원본은 루브르에 있다.
participer [partisipe]	**v.** 참가하다. 참여하다.
	Nous avons *participé* à un concert pop. 우리는 팝 콘서트에 참석했다.
populaire [pɔpylɛr]	**adj.** 인기 있는, 유행하는.
	J'aime les chansons *populaires*. 나는 가요를 좋아한다.
premier, -ère [prəmje, ɛr]	**adj.** 첫번째의, 1등석의.
le **prix** [pri]	**n.** 가격, 요금.
	Il y a 1500 *prix* littéraires en France. 프랑스에는 1500개의 문학상이 있다.
le **public** [pyblik]	**n.** 청중, 군중.
rare [rar]	**adj.** 희귀한, 드문.
réaliste [realist]	**n.** 사실주의 작가.
	Courbet est un peintre *réaliste*. 꾸르베는 사실주의 화가이다.
réel, le [reɛl]	**adj.** 실제의, 사실의.
siffler [sifle]	**v.** 휘파람을 불다. 휘파람을 불어 야유하다.
	La chanteuse s'est fait *siffler*.

그 여자가수는 야유를 받았다.

la **sortie** [sɔrti]	**n.** 출구.
sortir [sɔrtir]	**v.** 나가다, 외출하다.
le **style** [stil]	**n.** 스타일, 양식.
le **sujet** [syʒe]	**n.** 주제.
le **titre** [titr]	**n.** 제목.
typique [tipik]	**adj.** 전형적인.
la **valeur** [valœr]	**n.** 가치.

l'**artiste** mf [artist]	**n.** 예술가.
artistique [artistik]	**adj.** 예술적인.
baroque [barɔk]	**n.** 바로크 양식.
la **beauté** [bote]	**n.** 아름다움.
la **créativite** [kreativite]	창조성, 창조력.
doué, e [dwe]	**adj.** 재능을 타고난.

Paul est *doué* pour la musique.
폴은 음악 재능을 타고 났다.
Les Italiens sont *doués* en musique.
이탈리아인들은 음악 재능을 타고 났다.

la **fascination** [fasinasjɔ̃]	**n.** 매혹, 매력.
fasciner [fasine]	**v.** 매혹하다, 황홀케하다.
le **festival, s** [fɛstival]	**n.** 페스티발.
gothique [gɔtik]	**n.** 고딕 양식 **adj.** 고딕 양식의
historique [istorik]	**adj.** 역사적인.

Woodstock a été un événement *historique*.
우드스탁은 역사적인 이벤트였다.

inconnu, e [kɔny]	**adj.** 알려지지 않은, 무명의.
médiéval, e, -aux [medjeval, o]	**adj.** 중세의.

L'art *médiéval*. 중세 예술.

la **nouveauté** [nuvote]	**n.** 새로운 것, 신간.

생활에 필요한 것들

문학

l'**auteur** m [otœr] — n. 작가, 저자(여성형 없음).
avoir de l'esprit [avwardəlɛspri] — 기지, 재치가 있다.
le **bouquin** [bukɛ̃] — n. 책.
l'**écrivain** m [ekrivɛ̃] — n. 작가(여성형 없음).
l'**histoire** f [istwar] — n. 역사, 이야기.
la **lettre** [lɛtr] — n. 편지, 서신.
Un roman par **lettres**. 서간문 소설.

la **littérature** [literatyr] — n. 문학.
le **livre** [livr] — n. 책.
la **nouvelle** [nuvɛl] — n. 단편 소설.
la **page** [paʒ] — n. 페이지.
le **passage** [pasaʒ] — n. 문학, 음악 작품의 한 구절(morceau).
la **poésie** [pɔezi] — n. 시.
le **roman** [rɔmɑ̃] — n. 소설.
le **volume** [vɔlym] — n. 권(tome).
Les œuvres complètes de Goethe comprennent 138 **volumes**.
괴테전집은 138권으로 되어있다.

la **bande dessinée** [bɑ̃ddesine] — n. 만화.
La b.d. est la littérature populaire moderne.
만화는 현대의 인기있는 문학이다.

le **dialecte** [djalɛkt] — n. 방언, 사투리.
intellectuel, le [ɛ̃telektɥɛl] — adj. 지적인, 지성의.
la **maison d'édition** [mɛzɔ̃dedisjɔ̃] — n. 출판사.
les **mémoires** fpl [memwar] — n. 회고록.
le **poème** [pɔɛm] — n. 시 한편.
le **poète** [pɔɛt] — n. 시인.
(**poétesse**란 단어도 있지만 일반적으로 여류시인도 **poète** 라고 함)

la **préface** [prefas]	**n.** 서문.
le **récit** [resi]	**n.** 이야기.
le **recueil** [rəkœj]	**n.** 시집, 문집.
	Les Fleurs du Mal sont un *recueil* de poèmes.
	"악의 꽃"은 시집이다.
le **roman policier** [rɔmɑ̃pɔlisje]	**n.** 탐정소설.
le **romancier**, la **romancière** [rɔmɑ̃sje, ɛr]	**n.** 소설가.
le **tome** [tɔm]	**n.** 권.
le **vers** [vɛr]	**n.** 싯귀, 시의 행.
	L'alexandrin est un *vers* des douze syllabes.
	알렉상드랭은 12음절로 된 싯귀이다.

음악

l'**air** m [ɛr]	**n.** 곡조, 멜로디.
	J'aime bien l'*air* de cette chanson.
	나는 이 노래의 곡조를 참 좋아한다.
la **chanson** [ʃɑ̃sɔ̃]	**n.** 노래.
chanter [ʃɑ̃te]	**v.** 노래하다.
	Adamo *chante* l'amour.
	아다모는 사랑을 노래한다.
le **chanteur**, la **chanteuse** [ʃɑ̃tœr, øz]	**n.** 가수.
la **clarinette** [klarinɛt]	**n.** 클라리넷.
le **concert** [kɔ̃sɛr]	**n.** 콘서트.
	J'ai assisté à un *concert* symphonique.
	나는 심포니 콘서트에 참석했다.
le **disque** [disk]	**n.** 음반 disque compact 콤팩트 디스크.

la **flûte** [flyt]	**n.** 플룻.
la **guitare** [gitar]	**n.** 기타아.
	Tu joues de la **guitare**?
	너는 기타를 연주하니?
l'**instrument** m [ɛ̃strymɑ̃]	**n.** 악기.
l'**interprète** mf [ɛ̃tɛrprɛt]	**n.** 연주, 연기.
le **jazz** [dʒaz]	**n.** 재즈.
la **marche** [marʃ]	**n.** 행진곡.
	La **marche** funèbre. 장송곡.
le **mouvement** [muvmɑ̃]	**n.** 진행, 템포, 악장.
	La symphonie a quatre **mouvements**.
	교향곡은 4악장으로 되어있다.
le **musicien**, la **musicien, ne** [myzisjɛ̃, -ɛn]	**n.** 음악가.
la **musique** [myzik]	**n.** 음악.
la **note** [nɔt]	**n.** 음표, 악보.
l'**opéra** m [ɔpera]	**n.** 오페라.
l'**orchestre** m [ɔrkɛstr]	**n.** 오케스트라.
	L'**orchestre** du village a ouvert le bal.
	마을의 오케스트라는 무도회를 열었다.
	L'**orchestre** philharmonique de Vienne a donné un concert.
	비엔나 필하모니 오케스트라는 콘서트를 개최했다.
l'**orgue** m [ɔrg]	**n.** 오르간, 파이프 오르간.
le **piano** [pjano]	**n.** 피아노.
la **pièce** [pjɛs]	**n.** 곡, 악보.
le **rythme** [ritm]	**n.** 리듬.
la **séance** [seɑ̃s]	**n.** 공연.
le **son** [sɔ̃]	**n.** 소리, 사운드.
	L'armée avance aux **sons** des tambours.
	군대는 북소리에 맞추어 전진하다.
la **trompette** [trɔ̃pɛt]	**n.** 트럼펫.

le **violon** [vjɔlɔ̃]	**n.** 바이올린.
l'**alto** m [alto]	**n.** 알토.
la **batterie** [batri]	**n.** 타악기 부문.
le **concerto** [kɔ̃sɛrto]	**n.** 협주곡, 콘체르토. Un *concerto* pour violon. 바이올린을 위한 협주곡.
la **contre-basse** [kɔ̃trəbas]	**n.** 더블베이스, 콘트라베이스.
la **corde** [kɔrd]	**n.** 현악기.
la **gamme** [gam]	**n.** 음계, 범위.
la **harpe** ['arp]	**n.** 하프.
le **hautbois** ['obwa]	**n.** 오보에.
l'**instrument à cordes** m [ɛ̃strymãakɔrd]	**n.** 현악기.
l'**instrument à percussion** m [ɛ̃strymãapɛrkysjɔ̃]	**n.** 관악기.
le **lied, lieder** [lid, lidœr]	**n.** 리트, 독일 가곡. Les *lieder* de Schubert. 슈베르트의 리트.
le **quatuor** [kwatyɔr]	**n.** 사중주.
le **violoncelle** [vjɔlɔ̃sɛl]	**n.** 첼로.
majeur [maʒœr]	**n.** 장조. La symphonie en mi bémol *majeur* de Mozart. 모짜르트 교향곡 E플랫 장조.
mineur [minœr]	**n.** 단조. La messe en si *mineur* de Bach. 바하의 미사곡 B단조.
do, ut [do, yt]	C 도.
ré [re]	D 레.
mi [mi]	E 미.
fa [fa]	F 파.
sol [sɔl]	G 솔.

la [la]	A 라.
si [si]	B 시.
dièse [djɛz]	m. 샤프.
bémol [bemɔl]	m. 플랫.

미술

le **cadre** [kadr]	**n.** 프레임, 틀.
le **dessin** [desɛ̃]	**n.** 데생, 그림.
l'**exposition** f [ɛkspozisjɔ̃]	**n.** 전시회.
le **gardien**, la **gardienne** [gardjɛ̃, ɛn]	**n.** 경비원.
le **musée** [myze]	**n.** 박물관, 미술관.
peindre [pɛ̃dr]	**v.** 그림 그리다.
le **peintre** [pɛ̃tr]	**n.** 화가.
la **peinture** [pɛ̃tyr]	**n.** 회화.
la **sculpture** [skyltyr]	**n.** 조각.
la **statue** [staty]	**n.** 동상, 상(像).
le **tableau, X** [tablo]	**n.** 그림, 액자, 회화. Le *tableau* le plus connu c'est la Joconde. 가장 유명한 그림은 "모나리자의 미소"다.
la **toile** [twal]	**n.** 캔버스. Les voleurs ont découpé la *toile*. 도둑들은 캔버스를 잘라갔다.

abstrait, e [apstrɛ, t]	**adj.** 추상적인.
l'**arc** m [ark]	**n.** 아치, 아치형 건물.
la **galerie** [galri]	**n.** 갤러리, 화랑.
le **sculpteur** [skyltœr]	**n.** 조각가 (여성형 없음).

연극, 영화

l'**acteur, -trice** [aktœr, tris] — **n.** 배우.
la **caméra** [kamera] — **n.** 영화 촬영기.
le **cinéma** [sinema] — **n.** 영화, 영화관.
Tu vas souvent au *cinéma*?
너는 종종 영화관에 가니?

la **comédie** [kɔmedi] — **n.** 희극, 연극.
comique [kɔmik] — **adj.** 코믹한, 희극적인.
le **costume** [kɔstym] — **n.** 의상, 복장.
dramatique [dramatik] — **adj.** 극적인, 연극의.
l'**entracte** m [ãtrakt] — **n.** 막간, 중간 휴식 시간.
On vend des glaces pendant l'*entracte*.
막간에 아이스크림을 판다.

l'**entrée** f [ãtre] — **n.** 입구, 입장.
faire du théâtre [fɛrdyteatr] — **n.** 연극 공연을 하다.
le **film** [film] — **n.** 영화, 필름.
la **mise en scène** [mizãsɛn] — **n.** 연출.
le **personnage** [pɛrsɔnaʒ] — **n.** 인물, 배역.
Le *personnage* de Maigret est joué par Jean Richard. 메그레 역은 쟝 리샤르가 연기했다.

la **pièce de théâtre** [pjɛsdəteatr] — **n.** 연극 한 편.
le **rang** [rã] — **n.** 열, 줄.
la **représentation** [rəprezãtasjɔ̃] — **n.** 상연, 상영, 흥행.
La *représentation* est un succès total.
흥행은 완전한 성공이다.

représenter [reprezãte] — **v.** 상연, 상영하다.
la **revue** [rəvy] — **n.** 쇼, 시사희극.
le **rôle** [rol] — **n.** 역할.
la **salle** [sal] — **n.** 관객석, 극장, 영화관.
la **scène** [sɛn] — **n.** 무대, 장면.
L'acteur est entré en *scène*.
배우는 무대에 들어갔다.

생활에 필요한 것들

le **spectacle** [spɛktakl]	**n.** 공연.
	L'industrie du *spectacle*. 쇼 비즈니스.
	Quel *spectacle*, toi sur un vélo!
	네가 자전거를 타다니, 웬 볼거리냐!
le **spectateur**, la **spectatrice** [spɛktatœr, tris]	**n.** 관객.
le **théâtre** [teatr]	**n.** 연극, 공연장.
tourner un film [turnefilm]	영화 촬영하다.
la **vedette** [vədɛt]	**n.** 스타.
	JJ.P. Belmondo est la *vedette* du cinéma français.
	장폴 벨몽도는 프랑스 영화의 스타이다.

l'**acte** m [akt]	**n.** 막.
le **cirque** [sirk]	**n.** 서커스.
le **décor** [dekɔr]	**n.** 무대장치.
le **dénouement** [denumɑ̃]	**n.** 결말(**fin**), 종국(**solution**),
	Ce film a un *dénouement* inattendu.
	이 영화는 예기치 못한 결말에 이른다.
le **dessin animé** [desanime]	**n.** 만화영화.
	Cendrillon, un grand *dessin animé* de Walt Disney.
	월트 디즈니의 훌륭한 만화영화, 신데렐라.
la **distribution** [distribysjɔ̃]	**n.** 배역, 캐스트.
le **drame** [dram]	**n.** 드라마, 극.
l'**éclairage** m [eklɛraʒ]	**n.** 조명.
le **film de cape et d'épée** [filmdəkapeedepe]	**n.** 활극 영화.
	Les trois mousquetaires est un *film de cape et d'épée*.
	삼총사는 활극영화다.
le **film de conte de fées** [filmdəkɔ̃tdəfe]	**n.** 동화 영화.
le **film de science fiction** [filmdəsjɑ̃sfiksjɔ̃]	**n.** SF, 공상과학 영화.

le **film policier** [filmpɔlisje]	**n.** 탐정영화.
le **metteur en scène** [mɛtœrɑ̃sɛn]	**n.** 연출가, 감독. Claude Chabrol est un *metteur en scène* très connu. 클로드 샤브롤은 매우 유명한 연출가다.
le **monologue** [mɔnɔlɔg]	**n.** 독백.
le **prologue** [prɔlɔg]	**n.** 서막, 도입부.
le **scénario** [senarjo]	**n.** 시나리오.
le, la **scénariste** [senarist]	**n.** 시나리오 작가.
la **tragédie** [traʒedi]	**n.** 비극.
le **western** [wɛstɛrn]	**n.** 서부영화.

19 문화

철학

le **bon sens** [bɔ̃sɑ̃s]	**n.** 상식, 이성.
la **catégorie** [kategɔri]	**n.** 카테고리, 분야.
causer [koze]	**v.** ~의 원인이 되다, ~을 야기하다.
concret, -ète [kkrɛ, t]	**adj.** 구체적인.
la **contradiction** [kɔ̃tradiksjɔ̃]	**n.** 모순.
définitif, -ive [definitif, iv]	**adj.** 결정적인.
l'**effet** m [efɛ]	**n.** 결과, 영향.
	Les causes et les **effets**. 원인과 결과.
élémentaire [elemɑ̃tɛr]	**adj.** 기본적인, 초보적인.
l'**esprit** m [ɛspri]	**n.** 정신.
	L'**esprit** critique. 비판 정신.
l'**idée** [ide]	관념, 개념(concept).
l'**individu** m [ɛ̃dividy]	**n.** 개인.
le **mal** [mal]	**n.** 악.
	Le bien et le mal. 선과 악.
la **méthode** [metɔd]	**n.** 방법, 방법론.
	La **méthode** cartésienne. 데카르트의 방법론.
le **modèle** [mɔdɛl]	**n.** 모델, 형식.
moderne [mɔdɛrn]	**adj.** 근대의, 현대의.
la **mort** [mɔr]	**n.** 죽음.
l'**œuvre** f [œvr]	**n.** 작품.
	L'**œuvre** complète. 전작품.
l'**origine** f [ɔriʒin]	**n.** 근원, 근본.
	De l'**origine** des espèces. 종의 기원에 관하여.
l'**ouvrage** m [uvra:ʒ]	**n.** 작품, 저서.

la **pensée** [pɑ̃se]	**n.** 생각, 사고.
penser [pɑ̃se]	**v.** 생각하다.
	Je *pense* donc je suis.
	나는 사고한다 고로 존재한다.
la **raison** [rɛzɔ̃]	**n.** 이성, 판단력.
raisonnable [rɛzɔnabl]	**adj.** 이성적인, 합리적인.
le, la **réaliste** [realist]	**n.** 현실주의자, 실재론자.
réel, le [reɛl]	**adj.** 실재의.
le **sens** [sɑ̃s]	**n.** 의미.
la **théorie** [teɔri]	**n.** 이론.
la **vérité** [verite]	**n.** 진리, 사실.
la **volonté** [volɔ̃te]	**n.** 의지.
vrai, e [vrɛ]	**adj.** 실제의, 사실의.

l'**acte** m [akt]	**n.** 행위, 행동 (action).
la **conception** [kɔ̃sɛpsjɔ̃]	**n.** 개념, 생각하는 방식, 견해.
concevoir [kɔ̃səvwar]	**v.** 착상하다, 구상하다.
la **dimension** [dimɑ̃sjɔ̃]	**n.** 규모, 차원.
douter [dute]	**v.** 의심하다.
	Le nihiliste *doute* de tout.
	허무주의자는 모든 것을 의심하다.
l'**existence** *f* [ɛgzistɑ̃s]	**n.** 존재.
le **hasard** [ˈazar]	**n.** 우연.
l'**ignorance** *f* [iɲɔrɑ̃s]	**n.** 무지.
les **mœurs** fpl [mœr(s)]	**n.** 품성, 도덕 관념 (morale).
moral, e, -aux [mɔral, o]	**adj.** 도의적인, 도덕적인.
la **morale** [mɔral]	**n.** 도의, 윤리.
spirituel, le [spirityɛl]	**adj.** 정신적인.
le **symbole** [sɛ̃bɔl]	**n.** 상징.
le **terme** [tɛrm]	**n.** 술어, 용어.
vain, e [vɛ̃, ɛn]	**adj.** 헛된, 쓸데없는.
	Tout est *vain*. 모든 것은 헛된 것이다.
	Un *vain* espoir. 헛된 희망.

생활에 필요한 것들

종교

catholique [katɔlik]   *adj.* 가톨릭인.
chrétien, ne [kretʃ, ɛn]   *adj.* 기독교의.
le **ciel** [sjɛl]   *n.* 하늘, 천국.
le **clergé** [klɛrʒe]   *n.* (집합적) 성직자.
Dieu [djø]   *n.* 신.
    Je crois en *Dieu*. 나는 신을 믿는다.
l'**Eglise** *f* [egliz]   *n.* 교회, 성당.
    L'*Eglise* catholique..
Jésus-Christ [ʒezykri(krist)]   예수 그리스도.
le **mariage** [marjaʒ]   *n.* 결혼.
    Le *mariage* à l'église. 교회에서의 결혼식.
    Le *mariage* civil.
    민법상의 결혼식(일반적으로 구청에서 행해짐).
Noël m [nɔɛl]   *n.* 크리스마스.
    Joyeux *Noël*. 메리 크리스마스.
Pâques fpl [pak]   *n.* 부활절.
la **Pentecôte** [pɑ̃tkot]   *n.* 오순절.
prier [prije]   *v.t.* ~에게 기도하다.
    Priez Dieu. 신에게 기도하시오.
    Priez pour les âmes en peine.
    고통받는 영혼들을 위해 기도하시오.
protestant, e [prɔtɛstɑ̃, t]   *adj.* 개신교의.
religieux, -euse [rəliʒjø, z]   *adj.* 종교에 관한, 성직자의.
la **religion** [rəliʒjɔ̃]   *n.* 종교.

---

l'**ange** m [ɑ̃ʒ]   *n.* 천사.
    L'*ange* gardien. 수호 천사.
le **baptême** [batɛm]   *n.* 세례, 영세.
la **Bible** [bibl]   *n.* 성경.
confesser (se) [səkɔ̃fese]   *v.* 고백하다, 참회하다.
le **culte** [kylt]   *n.* 예배, 숭배.

le **curé** [kyre]	**n.** 주임 신부.
le **diable** [kjabl]	**n.** 악마.
	Je ne crois ni à Dieu ni au *diable*.
	나는 신도 악마도 믿지 않는다.
l'**enfer** m [ɑ̃fɛr]	**n.** 지옥 (↔ **paradis**).
la **foi** [fwa]	**n.** 믿음, 신앙.
	La profession de *foi.* 믿음의 표명.
la **messe** [mɛs]	**n.** 미사.
le **miracle** [mirakl]	**n.** 기적.
le **pape** [pap]	**n.** 교황.
le **paradis** [paradi]	**n.** 천국 (↔ **enfer**).
le **pasteur** [pastœr]	**n.** 목사, 사제.
le **péché** [peʃe]	**n.** 죄, 죄악.
	Le *péché* originel. 원죄.
le **prêtre** [prɛtr]	**n.** 사제, 신부, 성직자.
sacré, e [sakre]	**adj.** 신성한, 성직자의
saint, e [sɛ̃, t]	**adj.** 성스러운, 거룩한.
	La *Sainte* Vierge. 성모 마리아.
	Le *saint* Esprit. 성령.
solennel, le [sɔlanɛl]	**adj.** 엄숙한 (**grave**). 정중한 (**cérémonieux**).
la **Toussaint** [tusɛ̃]	**n.** 만성절 (11월1일).

생활에 필요한 것들

역사

battre [batr]	**v.** 싸워 이기다.
	Les Romains ont *battu* les Gaulois.
	로마인들은 고올인들을 싸워 이겼다.
la **bourgeoisie** [burʒwazi]	**n.** 중산층, 부르주아 계급.
le **château, X** [ʃato]	**n.** 성, 저택.
la **colonie** [kɔlɔni]	**n.** 식민지.
la **conquête** [kɔ̃kɛt]	**n.** 정복.

	La *conquête* du Nouveau Monde. 신세계의 정복.
la **constitution** [kɔ̃stitysj]	n. 헌법, 헌법으로 정해진 정체.
la **découverte** [dekuvɛrt]	n. 발견.
l'**empire** m [ɑ̃pir]	n. 제국.
	L'*empire* romain. 로마 제국.
	L'*Empire*. 나폴레옹시대의 제정.
la **Gaule** [gol]	n. 고올.
le **gaulois**, la **gauloise** [golwa, z]	n. 고올족.
la **guerre** [gɛr]	n. 전쟁.
la **guillotine** [gijɔtin]	n. 기요틴, 단두대.
la **légion** [leʒjɔ̃]	n. 군단, 외인부대.
	La *Légion*. 외인부대.
la **liberté** [libɛrte]	n. 자유.
	Les *libertés* individuelles. 개인의 자유.
la **Marseillaise** [marsɛjɛz]	n. 라 마르세예즈, 프랑스 국가(國歌).
la **monarchie** [mɔnarʃi]	n. 군주정치.
	La *monarchie* absolue. 절대 왕정.
la **noblesse** [nɔblɛs]	n. 귀족의 신분.
occuper [ɔkype]	v. 점거하다, 탈취하다.
la **prise de la Bastille** [prizdəlabastij]	바스티유 감옥의 탈취 사건.
la **reine** [rɛn]	n. 왕비, 여왕(souveraine).
la **révolution** [revɔlysjɔ̃]	n. 혁명.
la **Révolution** [revɔlysjɔ̃]	n. 프랑스 대혁명.
le **roi** [rwa]	n. 왕.
romain, e [rɔmɛ̃, ɛn]	adj. 로마의.
la **tradition** [tradisjɔ̃]	n. 전통.
absolu, e [apsɔly]	adj. 절대적인.
l'**absolutisme** m [apsɔlytism]	n. 전제정치, 전제주의.
Charlemagne [ʃarləmaɲ]	샤를마뉴 대제(742-814).
le **citoyen**, la **citoyenne**	n. 시민.

[sitwajɛ̃, ɛn]	
colonial, e, -aux [kɔlɔnjal, o]	*adj.* 식민지의.
le **combat** [kɔ̃ba]	*n.* 전투.
combattre [kɔ̃batr]	*v.* ~와 싸우다.
le **Débarquement** [debarkəmɑ̃]	노르망디 상륙작전.
dominer [dɔmine]	*v.* 지배하다.
les **droits de l'homme** mpl [drwadlɔm]	*n.* 인권.
l'**égalité** *f* [egalite]	*n.* 평등.
	Liberté, *Egalité*, Fraternité.
	자유, 평등, 박애.
l'**empereur** m [ɑ̃prœr]	*n.* 황제.
	L'*empereur* Napoléon 3.
	황제 나폴레옹 3세.
envahir [ɑ̃vair]	*v.* 침략하다.
	Guillaume le Conquérant a *envahi* l'Angleterre.
	정복자 윌리암이 영국을 침략했다.
l'**esclave** mf [ɛsklav]	*n.* 노예.
les **Etats généraux** mpl [etaʒenero]	*n.* 삼부회(三部會).
l'**exécution** [ɛgzekysjɔ̃]	*n.* 실행, 실시.
fonder [fɔ̃de]	*v.* 창설하다(**créer**), 창립하다.
la **fraternité** [fratɛrnite]	*n.* 박애.
la **gloire** [glwar]	*n.* 영광.
l'**invasion** *f* [ɛ̃vazjɔ̃]	*n.* 침략, 침공.
libérer [libere]	*v.* 해방하다.
la **lutte** [lyt]	*n.* 투쟁.
	La *lutte* de la classe ouvrière.
	노동계급의 투쟁.
misérable [mizerabl]	*adj.* 비참한.
la **misère** [mizɛr]	*n.* 비참, 곤궁.

생활에 필요한 것들

	Le peuple a vécu dans la *misère*. 사람들은 비참하게 살았다.
le **plébiscite** [plebisit]	**n.** 국민투표. Louis-Napoléon a éte élu par *plébiscite*. 루이 나폴레옹은 국민투표를 통해 선출됐다.
la **population** [pɔpylasjɔ̃]	**n.** 국민, 주민.
la **Première guerre mondiale** [prəmjɛrgɛrmɔ̃djal]	1차 세계대전.
le **privilege** [privilɛʒ]	**n.** 특권, 특전.
le **règne** [rɛɲ]	**n.** 군림, 통치.
regner [reɲe]	**v.** 통치하다, 군림하다. Louis XIV a *régné* de 1643 à 1715. 루이 14세는 1643년부터 1715년까지 통치했다.
la **Résistance** [rezistɑ̃s]	레지스탕스.
royal, e, -aux [rwajal, o]	**adj.** 왕의 왕에 속하는.
le **royaume** [rwajom]	**n.** 왕국.
la **séparation des pouvoirs** [separasjɔ̃depuvwar]	권력의 분리.
le **siècle des lumières** [sjɛkləlymjɛr]	계몽주의 시대. Les philosophes ont marqué le *siècle des lumières*. 철학자들은 계몽주의시대를 만들었다.
le **tiers état** [tjɛrzeta]	제3계급, 부르주와지.
la **torture** [tɔrtyr]	**n.** 고문, 자책(supplice).
traditionnel, le [tradisjɔnɛl]	**adj.** 전통적인.
victorieux, -euse [viktɔjø, z]	**adj.** 승리의, 승리하는.

사회생활

20. 사생활
21. 친교
22. 일
23. 교통
24. 우편, 은행

20 사생활

가족

l'**aîné, e** [ene]   **n.** 손위 형제, 자매.
le **bébé** [bebe]   **n.** 아기.
cadet, te [kadɛ, t]   **adj.** 어린, 손아래의, 막내인.
C'est moi la *cadette*. 내가 제일 막내다.

le **cousin**, la **cousine** [kuzɛ̃, in]   **n.** 사촌.
enceinte [ãsɛ̃t]   **n.** 임신.
Je suis *enceinte* de trois mois.
나는 임신 3개월째다.

l'**enfan**t mf [ãfã]   **n.** 어린이, 자식.
l'**enfant unique** mf [ãfãynik]   **n.** 유일한 자식.
faire partie de [fɛrpartidə]   ~에 속하다.
Le chien *fait partie de* la famille.
그 개도 식구에 속한다.

la **famille** [famij]   **n.** 가족.
la **femme** [fam]   **n.** 아내.
fiancé, e [fjãse]   **adj.** 약혼한 **n.** 약혼자.
la **fille** [fij]   **n.** 딸.
le **fils** [fis]   **n.** 아들.
le **frère** [frɛr]   **n.** 남자 형제.
le **garçon** [garsɔ̃]   **n.** 사내 아이.
le, la **gosse** [gɔs]   **n.** 어린이.
la **grand-mère** [grãmɛr]   **n.** 할머니.
le **grand-père** [grãpɛr]   **n.** 할아버지.
les **grands-parents** mpl [grãparã]   **n.** 조부모.
l'**homme** m [ɔm]   **n.** 사람, 남자.
L'*homme* était le chef de la famille.

남자가 집안의 어른이었다.

la **maman** [mamɑ̃] **n.** 엄마.
le **mari** [mari] **n.** 남편.
Mon ***mari*** est malade. 내 남편이 아프다.

le **membre** [mɑ̃br] **n.** 구성원.
la **mère** [mɛr] **n.** 어머니.
le **neveu, x** [nəvø] **n.** 남자 조카.
la **nièce** [njɛs] **n.** 여자 조카.
l'**oncle** m [ɔ̃kl] **n.** 아저씨, 삼촌.
le **papa** [papa] **n.** 아빠.
les **parents** mpl [parɑ̃] **n.** 부모, 친척.
le **père** [pɛr] **n.** 아버지.
la **petite-fille** [ptitfij] **n.** 손녀.
le **petit-fils** [ptifis] **n.** 손자.
les **petits-enfants** mpl [ptizɑ̃fɑ̃] **n.** 손자들.
la **sœur** [sœr] **n.** 여자형제.
la **tante** [tɑ̃t] **n.** 아주머니, 숙모.

l'**ancêtre** m [ɑ̃sɛtr] **n.** 조상.
le **beau-fils** [bofis] **n.** 의붓 아들, 사위.
le **beau-père** [bopɛr] **n.** 장인, 시아버지.
les **beaux-parents** mpl [boparɑ̃] **n.** 시부모, 장인과 장모.
la **belle-fille** [bɛlfij] **n.** 며느리.
la **belle-mère** [bɛlmɛr] **n.** 시어머니, 장모.
la **famille nombreuse** [famijnɔ̃brøz] **n.** 대가족.
Ils ont trois enfants, c'est une ***famille nombreuse***.
그들은 자식이 셋이다. 대가족이다.

la **génération** [ʒenerasjɔ̃] **n.** 세대.
Les gens de ma ***génération*** ont été élevés autrement.
내 세대의 사람들은 다르게 키워졌다.

la **mamie** [mami] **n.** 할머니.

la **marraine** [marɛn]	n. 가톨릭의 대모,
la **mémé** [meme]	n. 할머니 (**mémère**).
mineur, e [minœr]	n. 미성년자.
	Le film est interdit aux ***mineurs***.
	그 영화는 미성년자 관람금지이다.
le **papi** [papi]	n. 할아버지.
le **parrain** [parɛ̃]	n. 가톨릭의 대부.
le **pépé** [pepe]	n. 할아버지.

가정생활

abandonner [abɑ̃dɔne]	v. 버리다. 유기하다.
	Janine a dû ***abandonner*** son bébé.
	자닌은 그의 아기를 포기해야만 했다.
l'**amour** m [amur]	n. 사랑.
l'**anniversaire** m [anivɛrsɛr]	n. 생일.
	Bon ***anniversaire***. 생일 축하합니다.
attendre (s') [satɑ̃dr]	v. ~을 기대하다.
	Je m'***attends*** à tout.
	나는 모든 것을 기대한다.
	Je ne m'y suis pas ***attendu***.
	나는 그것을 기대하지 않았다.
le **cadeau, x** [kado]	n. 선물.
le **cimetière** [simtjɛr]	n. 묘지.
commun, e [kɔmœ̃, yn]	adj. 공통의, 공동의.
	Nous, on fait tout en ***commun***.
	우리는 모든 것을 공동으로 한다.
Dieu m [djø]	n. 신, 하느님.
le **divorce** [divɔrs]	n. 이혼.
l'**éducation** f [edykasjɔ̃]	n. 교육.
élever [elve]	v. 자식을 키우다, 양육하다.

l'**émotion** f [emosjɔ̃]	**n.** 감정, 감동.
	Mémé pleure d'***émotion.***
	할머니는 감동해서 우신다.
ému, e [emy]	**adj.** 감동한 (touché), 감격한 (attendri), 흥분한.
l'**enterrement** m [ãtɛrmã]	**n.** 매장.
l'**excursion** f [ɛkskyrsjɔ̃]	**n.** 소풍.
la **fête** [fɛt]	**n.** 축제, 잔치.
	Bonne ***fête***, Paulette.
	좋은 축제가 되거라, 폴레뜨.
l'**intérêt** m [ɛ̃terɛ]	**n.** 이익, 이해관계.
le **mariage** [marjaʒ]	**n.** 결혼.
marier (se) [səmarje]	**v.** ~와 결혼하다.
	Odile s'est ***mariée*** avec son ami.
	오딜은 자기 친구와 결혼했다.
le **ménage** [menaʒ]	**v.** 집안일, 살림살이.
	Scène de ***ménage***. 부부 싸움.
la **mort** [mɔr]	**n.** 죽음.
mort, e [mɔr, t]	**adj.** 죽은.
mourir [murir]	**v.** 죽다.
la **naissance** [nɛsãs]	**n.** 출생.
obéir [ɔbeir]	**v.** ~에 복종하다(à), 순종하다.
religieux, -euse [rəliʒjø, z]	**adj.** 종교에 관한.
la **religion** [rəliʒjɔ̃]	**n.** 종교.
la **retraite** [rətrɛt]	**v.** 은퇴.
séparer [separe]	**v.** 갈라놓다, 헤어지게 하다.
uni, e [yni]	**adj.** 결합된.
	Stéphane et Berthe forment un couple ***uni***.
	스테판과 베르뜨는 조화로운 커플이 된다.
le **baptême** [batɛm]	**n.** 세례, 영세.
baptiser [batize]	**v.** ~에게 세례하다, 영세하다.
la **cérémonie** [seremɔni]	**n.** 의식, 의례.
la **communion solennelle**	**n.** 성체 배령, 신성과 인성의 일치.

[kɔmynjɔ̃sɔlanɛl]
conjugal, e, -aux [kɔ̃ʒygal, o]
le **couple** [kupl]
divorcer [divɔrse]

adj. 부부의.
n. 커플.
v. 이혼하다.
Si tu continues, je *divorce*.
네가 계속 그러면 이혼하겠다.

épouser [epuze]
fiancer (se) [səfjɑ̃se]
l'**héritage** m [eritaʒ]
hériter [erite]

n.t. ~를 배우자로 삼다.
v. ~와 약혼하다.
n. 유산, 상속 (**succession**),
v. ~을 상속받다, (-**de**) ~을 물려받다.
J'ai *hérité* de la maison.
나는 집을 물려받았다.
Il a tout *hérité* de son père.
그는 모든 것을 자기 아버지로부터 물려받았다.

marier [marje]

v.t. ~를 혼인시키다.
'ai *marié* ma fille cadette.
나는 막내딸을 시집보냈다.

parent, e [parɑ̃, t]
la **première communion**
 [prəmjɛrkɔmynjɔ̃]
rompre [rɔ̃pr]

adj. 가까운, 친족의.
n. 친교, 영적 교섭.

v. 끊다. 깨뜨리다.
J'ai *rompu* mes fiançailles avec Guy.
나는 기와의 약혼을 파혼했다.

la **séparation** [separasjɔ̃]
séparer (se) [səsepare]

n. 헤어짐.
v. 헤어지다, 갈라서다.

인간 관계

aimer [eme]

v. 사랑하다.
J'*aim*e les bébés. 나는 아기들을 사랑한다.

l'**ambiance** [ãbjãs]	n. 환경(atmosphère), 분위기.
l'**ami, e** m,f [ami]	n. 친구.
l'**amitié** f [amitje]	n. 우정.
amoureux, -euse [amurø, z]	adj. 사랑의, 사랑하는.
	Je suis *amoureuse* de Gérard Départdieu. 나는 제라르 드빠르디유를 사랑한다.
le **camarade** [kamarad]	n. 동무, 친구.
la **connaissance** [kɔnɛsãs]	n. 앎, 면식, 교우.
	J'ai fait la *connaissance* d'une jolie fille. 나는 예쁜 아가씨를 알게 됐다.
connaître [kɔnɛtr]	v. 알다, 사귀다.
le **contact** [kɔ̃takt]	n. 접촉, 교제.
	Je ne suis plus en *contact* avec Joëlle. 나는 조엘과 더 이상 접촉이 없다.
le **copain**, la **copine** [kɔpɛ̃, kɔpin]	n. 친구, 동무.
détester [detɛste]	v. 싫어하다.
embrasser [ãbrase]	v. 껴안다. 포옹하다.
l'**ennemi, e** m.f [ɛnmi]	n. 적, 원수.
être bien avec qqn [ɛtrəbjnavɛk]	~와 사이가 좋다.
	Je voudrais l'épouser, je suis *bien avec* lui. 나는 그와 결혼하고 싶다. 그와 잘 지낸다.
faire la cour [fɛrlakur]	~의 마음에 들려고 애쓰다.
froid, e [frwa, d]	adj. 차가운.
proche [prɔʃ]	adj. 가까운.
la **relation** [rəlasjɔ̃]	n. 관계.
le **sentiment** [sãtimã]	n. 감정.
sympa(thique) [sɛ̃patik]	sdj. 사람이 좋은.
	C'est un type *sympa*. 참 좋은 사람이다.
tomber amoureux, -euse de [tɔ̃beamurø, zdə]	~와 사랑에 빠지다.
tutoyer [tytwaje]	v. 서로 tu를 쓰다.
le **voisin**, la **voisine** [vwazɛ̃, in]	n. 이웃 사람.

사회생활

affectif, -ive [afɛktif, iv]	**adj.** 감정의, 애정을 나타내는.
amical, e, -aux [amikal, o]	**adj.** 우정의.
chaleureux, -euse [ʃalœrø, z]	**adj.** 열렬한, 열심인.
cordial, e, -aux [kɔrdjal, o]	**adj.** 마음으로 부터의, 다정한.
	Cordialement vôtre.
	충심으로(편지의 끝 부분).
courir après qqn [kurirapɾɛ]	~를 쫓아다니다.
	Il *court après* toutes les filles.
	그는 모든 여자들을 쫓아다닌다.
faire la bise [fɛrlabiz]	볼에 뽀뽀하다.
	Fais la bise à la dame.
	부인께 뽀뽀해 드려라.
la haine ['ɛn]	**n.** 증오, 혐오.
hostile [ɔstil]	**adj.** 적대적인.
	Nous sommes *hostiles* à toute répression.
	우리는 모든 억압에 반대한다.
l'hostilité *f* [ɔstilite]	**n.** 적대 관계.
la liaison [ljɛzɔ̃]	**n.** 호감, 호의.
vouvoyer [vuvwaje]	**v.** 서로 vous를 사용하다.

좋은 경험

avoir confiance en qqn [avwarkɔ̃fjãsã]	~를 믿다, 신뢰하다.
	J'*ai confiance en* ma femme.
	나는 내 아내를 믿는다.
avoir de la chance [avwardlaʃãs]	운이 좋다.
avoir de la veine [avwardlavɛn]	행운이 있다.
avoir du succès [avwardysyksɛ]	성공을 거두다.
avoir envie de [avwarãvidə]	~하고 싶다.
	Tu n'as pas *envie de* faire une belote?
	너는 블롯 카드놀이를 하고 싶지 않니?

avoir la chance de [avwarlaʃɑ̃sdə]	~할 기회가 있다. J'*ai la chance de* passer une semaine à Paris. 나는 1주일 동안 파리를 다녀올 기회가 있다.
avoir pitié [avwarpitje]	~를 동정하다, 가엾게 여기다. Aie pitié de moi. 나를 가엾게 여겨다오.
le **bonheur** [bɔnœr]	**n.** 행운.
la **chance** [ʃɑ̃s]	**n.** 행운, 기회(보통 복수).
la **confiance** [kɔ̃fjɑ̃s]	**n.** 신뢰, 믿음.
désirer [dezire]	**v.** 원하다, 바라다. Que *désirez*-vous? 무엇을 원하세요? Elle *désire* qu'il vienne la voir. 그녀는 그가 그녀를 만나러 오길 바란다.
espérer [ɛspere]	**v.** 희망하다.
l'**espoir** [ɛspwar]	**n.** 희망.
être dans la lune [ɛtrədɑ̃lalyn]	정신을 딴데 팔고 있다.
faire fortune [fɛrfɔrtyn]	성공하다, 재산을 만들다.
fidèle [fidɛl]	**adj.** 성실한, 충실한.
gai, e [gɛ]	**adj.** 즐거운.
heureux, -euse [œrø, z]	**adj.** 행복한(↔ malheureux).
indépendant, e [ɛ̃depɑ̃dɑ̃, t]	**adj.** 독립적인.
libre [libr]	**adj.** 자유로운.
la **patience** [pasjɑ̃s]	**n.** 참을성, 인내, 끈기(persévérance).
patient, e [pasjɑ̃, t]	a. 참을성 있는, 끈기있는.
le **plaisir** [plezir]	**n.** 쾌락. Avec *plaisir.* 기꺼이.
la **responsabilité** [rɛspɔ̃sabilite]	**n.** 책임, 책임감.
responsable [rɛspɔ̃sabl]	**adj.** 책임을 지는. Tu es *responsable* de tout. 너는 모든 것의 책임을 진다.
riche [riʃ]	**adj.** 부유한, 부자인.
satisfait, e [satisfɛ, t]	**adj.** 만족해 하는. Je suis *satisfait* de ton travail à l'école. 나는 너의 학업에 만족해 한다.

사회생활

la **beauté** [bote]	**n.** 아름다움.
le **bien-être** [bjɛ̃nɛtr]	**n.** 복지, 행복.
épanouir (s') [sepanwir]	꽃이 피다, 개화하다.
être à l'aise [ɛtralɛz]	편안하다, 안락하다.
la **gaieté** [gɛte]	**n.** 즐거움, 쾌활함.
la **joie** [ʒwa]	**n.** 즐거움, 쾌락.
l'**optimiste** mf [ɔptimist]	**n.** 낙관주의자.
le **prestige** [prɛstiʒ]	**n.** 위신, 위세.
la **richesse** [riʃɛs]	**n.** 부, 부유함.
la **vertu** [vɛrty]	**n.** 덕성, 미덕.

나쁜 경험

avoir de la peine [avwardlapɛn]	애쓰다, 고생하다. J'*ai eu de la peine* à comprendre. 나는 이해하느라고 애썼다.
avoir des histoires [avwardezistwar]	~와 말썽이 생기다.
avoir du mal à [avwardymala]	~하기 어렵다. 힘들다. J'*ai du mal* à comprendre ça. 나는 그것을 이해하기 힘들었다.
avoir honte [avwarˊɔ̃t]	창피해 하다.
avoir peur [avwarpœr]	겁내다. J'*ai peur* qu'il soit trop tard. 나는 그가 너무 늦을까봐 겁이난다.
le **chagrin** [ʃagrɛ̃]	**n.** 슬픔, 괴로움.
la **charge** [ʃarʒ]	**n.** 책임, 부담.
le **conflit** [kɔ̃fli]	**n.** 갈등.
être de mauvaise humeur [ɛtrədəmovɛzymœr]	기분이 나쁘다. Je ne l'aime pas trop, il est souvent *de mauvaise humeur.*

나는 그를 별로 좋아 하지 않는다.
그는 늘 언짢아 하고 있다.

la **déception** [desɛpsjɔ̃] **n.** 실망.
décevoir [desəvwar] **v.** 실망시키다.
décourager [dekuraʒe] **v.** 낙담하게 하다.
désespéré, e [dezɛspere] **adj.** 절망한, 매우 유감스러운.
l'**embarras** m [ɑ̃bara] **n.** 곤경, 궁지(difficulté), 난처한 처지(géne).
embarrassé, e [ɑ̃barase] **adj.** 난처한, 당황한.
énerver (s') [senɛrve] **v.** 신경질을 내다.
Ça ne vaut pas la peine de s'*énerver*.
신경질 낼 필요는 없다.
Ne t'*énerve* pas! 신경질 내지마!

l'**ennui** m [ɑ̃nɥi] **n.** 권태, 지루함.
ennuyer (s') [sɑ̃nɥije] **v.** 지루해 하다, 싫증을 내다.
l'**épreuve** f [eprœv] **n.** 시험, 테스트, 시련.
être à plaindre [ɛtraplɛ̃dr] 불쌍히 여기다, 한탄하다.
fâcher (se) [səfaʃe] **v.** 화내다.
Corinne s'est *fâchée* avec son ami.
코린은 자기 친구에게 화냈다.
~을 괴롭히다, ~에게 걱정을 끼치다.

faire de la peine à qqn
[fɛrdəlapɛna]
faire des scènes [fɛrdesɛn] 싸움을 걸다.
faire pitié à qqn [fɛrpitjea] 동정하다, 불쌍히 여기다.
faire une gaffe [fɛryngaf] 실수하다.
Jean a *fait une gaffe* et maintenant il a honte. 쟝은 실수했고 지금은 챙피해 한다.

furieux, -euse [fyrjø, z] **adj.** 격노한, 분노한.
inquiet, -iète [ɛ̃kjɛ, t] **adj.** 초조해 하는.
jaloux, -ouse [ʒalu, z] **adj.** 질투하는.
Je suis *jaloux* de Paul.
나는 뽈에 대해 질투한다.

le **malheur** [malœr] **n.** 불행.
malheureux, -euse [malœrø, z] **adj.** 불행한.

mécontent, e [mekɔ̃tɑ̃, t]	**adj.** 불만족스러운.
	Je suis **mécontent** de ton travail à l'école.
	나는 너의 학업에 만족해 하지 않는다.
pauvre [povr]	**adj.** 가난한, 불쌍한.
la **peur** [pœr]	**n.** 공포, 두려움.
seul, e [sœl]	**adj.** 유일한(unique), 하나의.
le **souci** [susi]	**n.** 걱정.
triste [trist]	**adj.** 슬픈.
bouleversé, e [bulvɛrse]	**adj.** 아연실색한.
le **désespoir** [dezɛspwar]	**n.** 실망.
l'**excès** [ɛksɛ]	**n.** 과도한 행위, 지나침.
la **faiblesse** [fɛblɛs]	**n.** 나약함, 허약함.
imprudent, e [ɛ̃prydɑ̃, t]	**adj.** 신중하지 못한.
l'**inquiétude** f [ɛ̃kjetyd]	**n.** 불안, 근심.
la **jalousie** [ʒaluzi]	**n.** 질투.
maladroit, e [maladrwa, t]	**adj.** 서툰 (**gauche**), 어설픈 (**inhabile**).
la **misère** [mizɛr]	**n.** 비참함.
la **pauvreté** [povrəte]	**n.** 가난.
le **regret** [rəgrɛ]	**n.** 후회, 유감.
	Je te quitte sans **regret**.
	나는 아쉬움 없이 너와 헤어진다.
la **solitude** [sɔlityd]	**n.** 고독.
	Beaucoup de vieux vivent dans la **solitude**.
	많은 노인들이 고독하게 살고 있다.
la **terreur** [tɛrœr]	**n.** 공포 (**effroi**), 고뇌 (**angoisse**).
tromper [trɔ̃pe]	**v.** 속이다.
	Robert a **trompé** sa femme.
	로베르는 자기 아내를 속였다.

생활 환경

la **conscience** [kɔ̃sjɑ̃s]
n. 의식, 지각.
J'ai bonne *conscience*.
나는 양심에 거리낌이 없다.

courir un risque [kurirrisk] 위험을 무릅쓰다.
l'**expérience** *f* [ɛksperjɑ̃s] **n.** 경험.
l'**expression** [ɛkspresjɔ̃] **n.** 표현.
familier, -ère [familje, ɛr] **adj.** 친숙한 (liant), 친밀한 (amical).
garder [garde]
v. 지키다, 유지하다.
Paul a *gardé* son sang froid.
폴은 냉정함을 유지했다.
Qui *garde* les enfants?
누가 아이들을 돌보지?

l'**habitude** *f* [abityd]
n. 습관.
J'ai l'*habitude* de faire la sieste.
나는 낮잠 자는 습관이 있다.
D'*habitude*, c'est moi qui fait la vaisselle.
보통, 내가 설거지 한다.

habituel, le [abitɥɛl] **adj.** 습관적인.
jeune [ʒœn] **adj.** 젊은, 어린.
la **jeunesse** [ʒœnɛs] **n.** 젊은이들(집합적), 청춘 시대.
l'**obligation** [ɔbligasjɔ̃] **n.** 의무, 규정, 책임.
l'**occasion** f [ɔkazjɔ̃] **n.** 기회.
s'occuper de [sɔkypedə]
~을 맡아서 하다.
Je *m'occupe* des enfants.
내가 아이들을 돌본다.

prendre des risques [prɑ̃drǝderisk] 위험을 무릅쓰다.
privé, e [prive]
adj. 개인적인.
C'est ma vie *privée*, ça ne te regarde pas.
내 사생활이니, 너와는 상관없는 일이다.

le **réve** [rɛv] **n.** 꿈, 몽상.
le **vieillard** [vjɛjar] **n.** 노인, 늙은이.

la **vieillesse** [vjɛjɛs]   **n.** 노년기, 노인들(집합적).
vieillir [vjɛjir]   **v.** 늙다. 나이 먹다.

l'**adolescent, e** [adɔlɛsɑ̃, t]   **n.** 청년.
l'**attitude** *f* [atityd]   **n.** 태도.
avoir des rapports [avwarderapɔr]   관계를 갖다, 어울리다.
la **carrière** [karjɛr]   **n.** 경험.
le **comportement** [kɔ̃pɔrtəmɑ̃]   **n.** 행동, 태도.
le **moral** [mɔral]   **n.** 도덕, 마음, 기력.
Je n'ai pas le *moral*.
나는 기가 죽어 있다.

particulier, -ère [partikylje, ɛr]   **adj.** 특이한, 개인의.
la **prise de conscience** [prizdəkɔ̃sjɑ̃s]   **n.** 깨달음.

propre [prɔpr]   **adj.** 고유한, 본래의.
Je n'aurais pas attendu ça de mes *propres* enfants.
내 자식들에게서는 그것을 기대하지 못했을 것이다.

le **rapport** [rapɔr]   **n.** 관계.
le **troisième âge** [trwazjɛmaʒ]   **n.** 노년기.
Les gens du *troisième âge* sont de plus en plus nombreux.
노인들이 점점 많아지고 있다.

21 친교

일반어휘

aller voir [alevwar] ~를 방문하다, 만나다.
attendre [atãdr] v. 기다리다.
chercher [ʃɛrʃe] v. 찾다.
choisir [ʃwazir] v. 선택하다, 고르다.
le choix [ʃwa] n. 선택.
concerner [kɔ̃sɛrne] v. ~에 관련되다.
Ça nous *concerne*. 그것은 우리와 관련된다.
diriger [diriʒe] v. 지휘하다, 지도하다.
emmener [ãməne] v. ~로 데려가다.
inviter [ɛ̃vite] v. 초대하다.
montrer [mɔ̃tre] v. 보여주다.
placer [plase] v. 자리 잡아주다.
On était mal *placés*. 우리는 자리가 좋지 않았다.
présenter [prezãte] v. 소개하다.
ramener [ramne] v. 다시 데려오다.
Tu me *ramènes*? 나를 집에 데려다 주겠니?
recevoir [rəsvwar] v. 맞이하다.
On a été bien *reçus*. 우리는 환영 받았다.
la rencontre [rãktr] n. 만남.
rencontrer [rãktre] v. 만나다.
le rendez-vous [rãdevu] n. (복수불변) 약속, 데이트.
rendre qqc à qqn [rãdr] ~을 ~에게 돌려주다.
retenir [rətnir] v. 잡아두다.
Je ne vous *retiens* pas plus longtemps.
나는 당신들을 더 이상 잡아두지는 않겠다.
retrouver [rətruve] v. 다시 만나다.
sauver [sove] v. 구원하다.
supporter [sypɔrte] v. 참다 (endurer), 버티다 (soutenir).

la **surprise** [syrpriz]	**n.** 놀라움, 뜻밖의 일.
tirer [tire]	**v.** 잡아당기다.
trouver [truve]	**v.** ~라고 생각하다.
	Comment tu *trouves* le nouveau prof?
	너는 새 선생님을 어떻게 생각하니?
intéresser [ɛ̃terese]	**v.** 관심을 끌다, 흥미롭게 하다.
rattraper [ratrape]	**v.** 따라잡다 (**rejoindre**), 만회하다.
rechercher [rəʃɛrʃe]	**v.** 추구하다, 연구하다.
réclamer [reklame]	**vt.** 요구하다 (**solliciter**).
	vi. ~에 항의하다 (**-contre**).
réveiller [reveje]	**v.** 잠을 깨우다.
revoir [rəvwar]	**v.** 다시 보다.
le **sacrifice** [sakrifis]	**n.** 희생.
surprendre [syrprɑ̃dr]	**v.** ~를 놀라게 하다.
traiter [trete]	**v.** 다루다, 취급하다.
	On s'est fait *traiter* d'imbéciles.
	우리는 바보로 여겨졌다.
	Jean-Luc *tra*ite sa femme comme une bonne.
	쟝 뤽은 자기 아내를 하녀로 여긴다.

좋은 행동

aider [ede]	**v.** 도와주다.
	Il faut *aider* Marie Christine.
	마리 크리스틴을 도와줘야 한다.
aimer [eme]	**v.** 사랑하다, 좋아하다.
cacher [kaʃe]	**v.** 감추다 (**masquer**), 가리다 (**voiler**).
calmer [kalme]	**v.** 가라 앉히다, 차분하게 하다.
caresser [karese]	**v.** 쓰다듬다 어루만지다.
couvrir [kuvrir]	**v.** 덮다, 커버하다.
donner [dɔne]	**v.** ~에게 주다.
donner un coup de main [dɔneœ̃kudmɛ̃]	~를 도와주다.
embrasser [ɑ̃brase]	**v.** 껴안다, 포옹하다.
louer [lwe]	**v.** 칭찬하다.

protéger [prɔteʒe]	v. 보호하다.
serrer [sere]	v. 조이다, 밀착시키다.
	Serre-moi dans les bras.
	나를 팔안에 안아다오.
serrer la main [serelamɛ̃]	악수하다.
soutenir [sutnir]	v. 받쳐주다, 지원하다.
tolérer [tɔlere]	v. 참다 (endurer), 묵인하다 (permettre).

adopter [adɔpte]	v. 채택하다, 양자로 삼다.
attirer [atire]	v. 끌어당기다, 유인하다.
	Je me sens *attiré* par Nicole.
	나는 니꼴에게 끌린다고 느낀다.
délivrer [delivre]	v. ~에서 석방시키다, 교부하다.
libérer [libere]	v. ~를 자유롭게 하다.
respecter [respɛkte]	v. 존경하다, 존중하다.

나쁜 행동

battre [batr]	v. 싸우다.
le **coup** [ku]	n. 일격, 때림.
	Un *coup* de poing. 주먹질.
	Un *coup* de pied. 발길질.
enfermer [ɑ̃fɛrme]	v. 가두다, 감금하다.
faire du mal à [fɛrdymala]	~를 괴롭히다.
faire marcher [fɛrmarʃe]	~를 속이다.
	Tu m'as *fait marcher*. 너는 나를 속였다.
frapper [frape]	v. 때리다, 두드리다 (battre).
gêner [ʒene]	v. ~에게 폐를 끼치다.
la **gifle** [ʒifl]	n. 따귀 치기.
imiter [imite]	v. 모방하다. 흉내내다.
lâcher [laʃe]	v. 느슨하게 하다, 풀어주다.
	Lache-moi. 나를 풀어다오.
laisser [lese]	v. 두고가다, 남겨두다.
mettre à la porte [mɛtralapɔrt]	쫓아내다.
perdre de vue [pɛrdrədvy]	시야에서 놓치다.
pousser [puse]	v. 밀다, 부추기다.

punir [pynir]	v. 벌하다, 처벌하다.
quitter [kite]	v. ~를 떠나다.
remplacer [rɑ̃plase]	v. 대체하다.
renvoyer [rɑ̃vwaje]	v. 해고하다, 쫓아내다.
	J'ai été **renvoyé**. 나는 해고 당했다.
repousser [rəpuse]	v. 떠밀다, 물리치다, 격퇴하다.
salir [salir]	v. 더럽히다.
séparer [separe]	v. 분리시키다, 갈라놓다.
tuer [tɥe]	v. 죽이다.

contraindre [kɔ̃trɛ̃dr]	v. 강요하다 (**forcer**), 억지로 시키다 (**obliger**).
	On m'a **contraint** à démissionner. 나는 사임을 강요당했다.
la **contrainte** [kɔ̃trɛ̃t]	n. 강제, 구속, 억압.
dominer [domine]	v. 지배하다.
humilier [ymilje]	v. 창피를 주다, 모욕을 주다.
inquiéter [ɛ̃kjete]	v. 불안하게 하다, 걱정시키다.
maltraiter [maltrete]	v. 학대하다, 구박하다.
négliger [negliʒe]	v. 무시하다.
la **perte** [pɛrt]	n. 손실, 분실.
poursuivre [pursɥivr]	v. 뒤쫓다, 추격하다.
presser [prese]	v. 누르다, 압박하다.
priver [prive]	v. 빼앗다, 박탈하다.
	Je vais te **priver** de dessert. 너에게서 디저트는 제외시키겠다.
provoquer [prɔvɔke]	v. 야기하다, 고발하다.
sacrifier [səkrifje]	v. 희생하다, 바치다.
	Je t'ai **sacrifié** les meilleures années de ma vie. 나는 내 인생의 황금기를 네게 바쳤다.
secouer [səkwe]	v. 흔들다, ~에게 충격을 주다.
tromper [trɔ̃pe]	v. 속이다 (**abuser**), 배신하다.
vexer [vɛkse]	v. 약올리다, 화나게 하다.

22 일

일터

la **banque** [bãk]	**n.** 은행.
le **bureau, x** [byro]	**n.** 사무실, 행정관서.
	Je travaille dans un **bureau**.
	나는 사무실에서 일한다.
les **chemins de fer** mpl [ʃmɛ̃dfɛr]	**n.** 철도.
l'**école** f [ekɔl]	**n.** 학교.
l'**hôpital, -aux** m [ɔpital, o]	**n.** 병원.
l'**hôtel** [ɔtɛl]	**n.** 호텔.
le **magasin** [magazɛ̃]	**n.** 가게.
la **poste** [pɔst]	**n.** 우체국(P.T.T.).
	Je travaille à la **poste**. 나는 우체국에서 일한다.
le **restaurant** [rɛstɔrã]	**n.** 레스토랑.
la **société** [sɔsjete]	**n.** 회사.
	Je travaille pour une **société** commerciale.
	나는 회사에서 일한다.
l'**usine** f [yzin]	**n.** 공장.

l'**atelier** m [atəlje]	**n.** 작업장, 공장, 화실.
le **chantier** [ʃãtje]	**n.** 작업장, 조선소.
l'**exploitation** f [ɛksplwatasjɔ̃]	**n.** 농장, 광산.
	Je travaille dans une **exploitation** agricole.
	나는 농장에서 일한다.
la **ferme** [fɛrm]	**n.** 농장 (**domaine**), 농가.
la **grande surface** [grãdsyrfas]	**n.** 쇼핑센터.
la **mine** [min]	**n.** 광산.
les **P.T.T.** fpl [petete]	**n.** 우체국(**Postes, Télégraphes et Téléphon**es).
la **S.N.C.F. (Société Nationale**	**n.** 프랑스 철도청.

사회생활

des chemins de fer Français)
[ɛsɛnseɛf]

일의 분야

le **bâtiment** [batimã]　　　　**n.** 건물, 건축, 건립.
　　　　　　　　　　　　　　Je travaille dans le ***bâtiment***.
　　　　　　　　　　　　　　나는 건물 안에서 일한다.
le **commerce** [kɔmɛrs]　　　　**n.** 상업.
l'**enseignement** m [ãsɛɲəmã]　**n.** 교육, 지도.
l'**entreprise** f [ãtrəpriz]　　　**n.** 기업.
l'**industrie** f [ɛ̃dystri]　　　　**n.** 산업.
le **spectacle** [spɛktakl]　　　　**n.** 공연.

l'**administration** f [administrasjɔ̃]　**n.** 행정.
l'**agriculture** [agrikyltyr]　　**n.** 농업.
l'**hôtellerie** f [ɔtɛlri]　　　　**n.** 호텔 경영.
l'**informatique** f [ɛ̃fɔrmatik]　**n.** 전산, 컴퓨터 과학, 정보 처리.
la **marine** [marin]　　　　　**n.** 항해, 해상 근무.
les **services publics** mpl　　　**n.** 공공 서비스.
[sɛrvispyblik]
le **textile** [tɛkstil]　　　　　**n.** 직물, 직물 공업.
le **tourisme** [turism]　　　　**n.** 관광.
les **transports** mpl [trãspɔr]　**n.** 수송.

작업

actif, -ive [sktif, iv]　　　　**adj.** 능동적인, 활동적인.
l'**activité** f [aktivite]　　　　**n.** 활동.
l'**affaire** f [afɛr]　　　　　　**n.** 일, 사업.
le **chef** [ʃɛf]　　　　　　　　**n.** 우두머리, 대표.
le **chômage** [ʃomaʒ]　　　　**n.** 실업 상태.

	Je suis au chômage. 나는 지금 실업자다.
le **concours** [kɔ̃kur]	**n.** 경쟁, 경쟁 시험.
le **congé** [kɔ̃ʒe]	**n.** 휴가.
	Les *conges* payés existent depuis 60 ans. 유급 휴가가 생겨난 지 60년째이다.
	Je suis en *congé* de maladie. 나는 질병 휴가 중이다.
l'**emploi** m [ãplwa]	**n.** 고용.
l'**employé, e** [ãplwaje]	**n.** 피고용인.
employer [ãplwaje]	**v.** 고용하다, 채용하다.
engager [ãgaʒe]	**v.** 고용하다.
être pris, e [ɛtrəpri, z]	바쁘다, 스케줄이 있다.
	Je *suis pris* toute l'après-midi. 나는 오후내내 스케줄이 있다.
être reçu, e [ɛtrərəsy]	시험에 합격하다.
exporter [ɛkspɔrte]	**v.** 수출하다.
la **fonction** [fɔ̃ksjɔ̃]	**n.** 기능, 직능.
le, la **fonctionnaire** [fɔ̃ksjɔnɛr]	**n.** 공무원.
gagner [gaɲe]	**v.** 돈을 벌다, 이기다.
gagner de l'argent [gaɲedlarʒã]	돈을 벌다.
gagner sa vie [gaɲesavi]	생활비를 벌다.
l'**heure supplémentaire** f [œrsyplemãtɛr]	추가 근무시간.
importer [ɛ̃pɔrte]	**v.** 수입하다.
livrer [livre]	**v.** 인도하다, 배달하다.
l'**ouvrier, -ère** [uvrije, ɛr]	**n.** 일꾼.
le **patron**, la **patronne** [patrɔ̃, ɔn]	**n.** 고용주, 사장.
le **personnel** [pɛrsɔnɛl]	**n.** (집합적) 전직원.
le **poste** [pɔst]	**n.** 지위.
prendre [prãdr]	**v.** 일을 맡다.
produire [prɔdɥir]	**v.** 생산하다, 제조하다.
le **produit** [prɔdɥi]	**n.** 제품, 생산품.
le **salaire** [salɛr]	**n.** 봉급.
taper à la machine [tapealamaʃin]	타이핑 하다.

le **travail, -aux** [travaj, o]	**n.** 일.
travailler [travaje]	**v.** 일하다.
le **travailleur immigré** [travajœrimigre]	외국에서 온 노동자.
la **vente** [vãt]	**n.** 판매.
l'**apprentissage** m [aprãtisaʒ]	**n.** 도제 기간, 연수, 수습.
le **boulot** [bulo]	**n.** 일 (**travail**).
le **cadre moyen** [kadrmwajɛ̃]	**n.** 중간 간부.
le **cadre supérieur** [kadrəsyperjœr]	**n.** 고급 간부.
le **chômeur**, la **chômeuse** [ʃomœr, øz]	**n.** 실업자.
contrat [kɔ̃tra]	**n.** 계약, 계약서.
le **curriculum vitae** [kyrikyləmvite]	**n.** 이력서.
les **débouchés** mpl [debuʃe]	**n.** 취직자리, 판로 (**marché**), 돌파구. Il n'y a pas de *débouchés* dans le bâtiment. 건축업에 판로가 없다.
la **demande d'emploi** [dəmãddãplwa]	**n.** 구직(求職). Il y a de plus en plus de *demandes d'emploi*. 구직자는 점점 늘어간다.
embaucher [ãboʃe]	**v.** 고용하다 (**engager**).
être au chômage [ɛtroʃomaʒ]	실업 상태이다.
experimenté, e [ɛksperimãte]	**adj.** 숙련된, 경험 있는.
faire le pont [fɛrlpɔ̃]	연휴를 만들다. Vendredi, je ne viens pas, je *fais le pont*. 나는 금요일에 출근하지 않고 연휴를 만든다.
le **jour de congé** [ʒurdəkɔ̃ʒe]	**n.** 휴가. Le lundi est mon *jour de congé*. 월요일은 나의 휴무일이다.
la **main d'oeuvre** [mɛ̃dœvr]	**n.** 노동력.
la **qualification** [kalifikasjɔ̃]	**n.** 자격 취득.
qualifié, e [kalifje]	**adj.** 자격 있는.

les **revenus** mpl [rəvny]	v. 수입.
le **salarié**, la **salariée** [salarje]	n. 봉급생활자.
le **siège social** [sjɛʒsɔsjal]	n. 본사, 본점.
le, la **spécialiste** [spesjalist]	n. 전문가.
le **stage** [staʒ]	n. 연수.
le, la **stagiaire** [staʒjɛr]	n. 연수생, 수습 사원.
le **travail manuel** [travajmanɥɛl]	n. 수공업, 육체 노동.

노동문제

l'**action** [aksjɔ̃]	n. 활동, 소송.
assister [asiste]	v. 참석하다(-à), 도와주다.
augmenter [ɔgmɑ̃te]	v. 올리다, 인상하다.
	Le taux de chômage a *augmenté*.
	실업률이 증가했다.
automatique [ɔtɔmatik]	adj. 자동적인.
contester [kɔ̃tɛste]	v. 이의를 제기하다, 항의하다.
	Les mesures du gouvernement sont très *contestées*.
	정부조치는 많은 논란을 야기했다.
la **difficulté** [difikylte]	n. 어려움.
économique [ekɔnɔmik]	adj. 경제적인.
économiser [ekɔnɔmize]	v. 절약하다.
être en rapport [ɛtrɑ̃rapɔr]	회합하다.
	M. le directeur *est en réunion*.
	사장은 회의에 참석했다.
la **grève** [grɛv]	n. 파업.
licencier [lisɑ̃sje]	v. 해산하다, 해고하다.
la **manifestation** [manifɛstasjɔ̃]	n. 시위.
mener [məne]	v. 이끌다, 주도하다.
	Il faut *mener* une campagne contre les licenciements.

사회생활

해고 반대운동을 이끌어야 한다.
l'**organisation** [ɔrganizasjɔ̃] **n.** 조직.
responsible [rɛspɔ̃sabl] **adj.** ~에 책임을 진.
Je suis *responsable* de tout.
내가 모든 일의 책임을 진다.

la **réunion** [reynjɔ̃] **n.** 모임, 미팅.
la **revendication** [rəvɑ̃dikasjɔ̃] **n.** 청구, 요구.
social, e, -aux [sɔsjal, o] **adj.** 사회적인.
le **syndicat** [sɛ̃dika] **n.** 노동 조합, 기업 조합.
le **tarif** [tarif] **n.** 정가, 가격, 임금.

l'**accroissement** m [akrwasmɑ̃] **n.** 증가.
le **clochard**, la **clocharde** **n.** 부랑자, 거지(*mendiant*).
[klɔʃar, d]
la **démarche** [demarʃ] **n.** 교섭, 운동, 진행 과정.
Il faut faire des *démarches*
auprès du préfet.
도지사와 교섭해야 한다.

l'**expansion** [ɛkspɑ̃sjɔ̃] **n.** 확장.
la **faillite** [fajit] **n.** 파산.
Cette banque privée a fait *faillite*.
이 개인은행은 파산했다.

le **licenciement** [lisɑ̃simɑ̃] **n.** 해고.
lutter [lyte] **v.** 싸우다, 투쟁하다.
le **niveau de vie** [nivodvi] **n.** 생활 수준.
le **pouvoir d'achat** [puwardaʃa] **n.** 구매력.
les **ressources** fpl [rəsurs] **n.** 자원, 재원, 생활 수단, 수입원.
revendiquer [rəvɑ̃dike] **v.** 요구하다, 요청하다.
le **S.M.I.C.** [smik] **n.** 최저임금 (*Salaire minimum interprofessionnel de croissance*).
syndical, e, -aux [sɛ̃dikal, o] **adj.** 조합의.
le **taux de chômage** [todʃomaʒ] **n.** 실업률.
En 1986, le *taux de chômage*
était de 11,25%.
1986년, 실업률은 11.25%였다.

23 교통

승용차

l'**assurance** f [asyrɑ̃s] — **n.** 보험.
assurer [asyre] — **v.** 보험에 가입하다.
l'**autobus** m [ɔtɔbys] — **n.** 버스.
l'**avion** m [avjɔ̃] — **n.** 비행기.
Je suis allé en **avion** à Munich.
나는 뮌헨에 비행기로 갔다.

le **bateau, x** [bato] — **n.** 배.
le **bus** [bys] — **n.** 버스.
Pour aller à la gare, il faut prendre le **bus**.
기차역까지 버스를 타고 가야 한다.

le **camion** [kamjɔ̃] — **n.** 트럭.
le **car** [kar] — **n.** 고속버스, 관광버스.
le **chauffeur** [ʃofœr] — **n.** 운전 기사.
conduire [kɔ̃dɥir] — **v.** 운전하다.
Tu me laisses **conduire** la voiture?
내가 운전해도 되겠니?

lent, e [lɑ̃, t] — **adj.** 느린, 완만한.
la **machine** [maʃin] — **n.** 기계, 엔진.
la **moto** [mɔto] — **n.** 오토바이.
le **moyen de transport** [mwajɛ̃dətrɑ̃spɔr] — **n.** 교통 수단.
neuf, neuve [nœf, nœv] — **adj.** 새로운.
Mais tu as une voiture toute **neuve**.
너는 새 차를 갖고 있구나.
nouveau, -vel, -velle — **adj.** 새, 새로운.

[nuvo, nuvɛl] Voilà ma ***nouvelle*** voiture, elle n'a que 10.000km.
내 차는 1만 km밖에 주행하지 않은 새 차다.

le **permis** [pɛrmi] **n.** 면허증.
rapide [rapid] **adj.** 빠른.
le **taxi** [taksi] **n.** 택시.
le **train** [trɛ̃] **n.** 열차.
le **vélo** [velo] **n.** 자전거.

Je vais au travail en ***vélo***.
나는 자전거로 출근한다.

la **voiture** [vwatyr] **n.** 승용차.
la **voiture d'occasion** **n.** 중고차.
[vwatyrdɔkazjɔ̃]

l'**auto** *f* [ɔto] **n.** 승용차.
l'**automobiliste** mf [ɔtɔmɔbilist] **n.** 드라이버, 운전자.
la **bicyclette** [bisiklɛt] **n.** 자전거.
le **break** [brɛk] **n.** 소형 웨건, 라이트 밴.
la **camionnette** [kamjɔnɛt] **n.** 소형 트럭, 봉고차.
la **caravane** [karavan] **n.** 캠핑용 트레일러.
la **carte grise** [kartəgriz] **n.** 자동차 등록증.
la **décapotable** [dekapɔtabl] **n.** 지붕을 걷을수 있는 차.
l'**hélicoptère** m [ɛlikɔptɛr] **n.** 헬리콥터.
la **mobylette** [mɔbilɛt] **n.** 오토바이.
le **T.G.V.** [teʒeve] **n.** 고속철도 (**train à grande vitesse**).

Le ***T.G.V.*** roule à 270 km à l'heure.
T. G. V. 는 시속 270km로 달린다.

le **tram** [tram] **n.** 전차.
le **véhicule** [veikyl] **n.** 교통 수단, 탈 것.
le **vélomoteur** [velɔmɔtœr] **n.** 모터 사이클.
le **wagon** [vagɔ̃] **n.** 철도 차량.
le **wagon-lit** [vagɔ̃li] **n.** 침대차.
le **wagon-restaurant** [vagɔ̃rɛstɔrɑ̃] **n.** 식당차.

도로와 신호

l'**agent** m [aʒɑ̃]   **n.** 교통 순경.
l'**autoroute** f [ɔtɔrut]   **n.** 고속도로.
le **carrefour** [karfur]   **n.** 4거리, 교차로.
le **chemin** [ʃmɛ̃]   **n.** 길(route), 도로.
le **code de la route** [kɔddəlarut]   **n.** 도로 교통법.
le **danger** [dɑ̃ʒe]   **n.** 위험.
Danger de mort. 대단히 위험함.
dangereux, -euse [dɑ̃ʒrø, z]   **adj.** 위험한.
le **feu, x** [fø]   **n.** 신호등.
Tounez au *feu* à droite.
신호등에서 오른쪽으로 도시오.
limiter [limite]   **v.** 제한하다.
la **nationale** [nasjɔnal]   **n.** 국도(route nationale).
obligatoire [ɔbligatwar]   **adj.** 의무적인.
Sens *obligatoiire*. 의무적인 방향.
le **panneau, x** [pano]   **n.** 게시판, 표지판.
le **parking** [parkiŋ]   **n.** 주차장.
le **passage** [pasaʒ]   **n.** 통행, 통로.
Passage à niveau. 건널목.
Passage interdit. 통행 금지.
la **priorité** [prijɔrite]   **n.** 우선권.
Vous n'avez pas la *priorité*.
당신은 우선권이 없습니다.
Priorité à droite. 우측차선 우선.
le **règlement** [rɛgləmɑ̃]   **n.** 규칙, 규정.
la **route** [rut]   **n.** 도로.
La *route* de Strasbourg passe par Saverne.
스트라스부르로 가는 길은 사베르느를 지난다.
la **rue** [ry]   **n.** 길, 가(街).
J'habite *rue* de Strasbourg.
나는 스트라스부르가(街)에 산다.

sens interdit [sãsɛ̃tɛrdi]	n. 진입 금지.
sens unique [sãsynik]	n. 일방 통행.
la sortie [sɔrti]	n. 출구.
le stationnement [stasjɔnmã]	n. 주차.
	Stastionnement réglementé. 순환주차 시스템.
le verglas [vɛrgla]	n. 빙판.
	Verglas fréquent. 자주 빙판이 생기는 길.
le virage [viraʒ]	n. 회전, 선회.
le chantier [ʃãtje]	n. 공사장.
chaussée déformée [ʃosedefɔrme]	n. 일그러진 차도.
la déviation [devjasjɔ̃]	n. 빗나감, 벗어남.
les gravillons mpl [gravijɔ̃]	n. 작은 자갈.
la limitation de vitesse [limitasjɔ̃dvitɛs]	n. 속도 제한.
le parcomètre [parkɔmɛtr]	n. 주차요금 미터기.
le péage [peaʒ]	n. 통행료 징수소, 톨게이트.
sans issue [sãzisy]	막다른 길.
le sentier [sãtje]	n. 오솔길.
stationnement interdit [stasjɔnmãɛ̃tɛrdi]	n. 주차 금지.
la voie rapide [vwarapid]	n. 고속도로.
la zone bleue [zonblø]	n. 단시간 주차구역.

정비소, 주유소

arrêter le moteur [aretelmotœr]	모터를 정지 시키다.
la ceinture [sɛ̃ntyr]	n. 벨트.
la clé [kle]	n. 열쇠, 키.
l'essence f [esãs]	n. 가솔린, 휘발유.
faire le plein [fɛrləplɛ̃]	가득 채우다.

le **feu, x** [fø]	**n.** 라이트. Mon *feu* arrière ne marche pas. 내 뒤쪽 라이트가 작동하지 않는다.
le **frein** [frɛ̃]	**n.** 브레이크.
le **garage** [garaʒ]	**n.** 차고, 정비소.
gonfler [gɔ̃fle]	**v.** 부풀리다.
l'**huile** f [ɥil]	**n.** 오일. Vérifiez l'*huile* s.v.p. 오일을 체크해 주십시오.
la **marche arrière** [marʃarjɛr]	**n.** 후진 기어.
la **marche avant** [marʃavɑ̃]	**n.** 전진 기어.
le **moteur** [mɔtœr]	**n.** 모터.
l'**ordinaire** m [ɔrdinɛr]	**n.** 보통유, 일반 가솔린.
la **panne** [pan]	**n.** 고장. Je suis tombé en *panne*. 내 차가 고장났다.
le **pneu** [pnø]	**n.** 타이어. J'ai changé de marque de *pneus*. 나는 타이어 브랜드를 교환했다.
la **roue** [ru]	**n.** 바퀴, 휠.
la **roue de secours** [rudsəkur]	**n.** 스페어 휠.
sans plomb [sɑ̃plɔ̃]	휴즈가 없는.
la **station-service** [stasjɔ̃sɛrvis]	**n.** 주유소.
le **super** [sypɛr]	**n.** 고급유, 고급 가솔린.
vérifier [verifje]	**v.** 점검하다.
la **vitesse** [vitɛs]	**n.** 속도, 변속. Le nouveau modèle a cinq *vitesses*. 새 모델은 5단 변속으로 되어있다.
le **volant** [vɔlɑ̃]	**n.** 핸들.
la **banquette arrière** [bɑ̃kɛtarjɛr]	**n.** 차의 뒷자리.
la **boîte de vitesses** [bwatdəvitɛs]	**n.** 기어 박스, 변속기.
la **bougie** [buʒi]	**n.** 실린더.
le **capot** [kapo]	**n.** 후드.

le **carburateur** [karbyratœr]	n. 기화기.
le **clignotant** [kliɲɔtɑ̃]	n. 깜빡이, 점멸등.
consommer [kɔ̃sɔme]	v. 사용하다, 소비하다.
le **démarreur** [demarœr]	n. 시동 장치.
l'**essuie-glace** m [esɥiglas]	n. 와이퍼.
J'ai crevé. [ʒekrəve]	타이어가 펑크났다.
le **lave-glace** [lavglas]	n. 와이퍼의 살수 장치.
le **niveau d'huile** [nivodɥil]	n. 오일 수준.
le **pare-brise** [parbriz]	n. 앞 유리.
le **pare-chocs** [parʃɔk]	n. 범퍼.
le **phare** [far]	n. 헤드라이트.
le **pot d'echappement** [podeʃapmɑ̃]	n. 머플러, 배기관.
la **précaution** [prekosjɔ̃]	n. 조심, 주의.
le **radiateur** [radjatœr]	n. 라지에터.
la **vidange** [vidɑ̃ʒ]	n. 오일 교환. Faites la *vidange* s.v.p. 오일을 교환해 주세요.

운전

l'**accident** m [aksidɑ̃]	n. 사고.
arrêter (s') [sarete]	v. 차를 세우다.
attacher [ataʃe]	n. 매다, 묶다. *Attachez* vos ceintures. 벨트를 매십시오.
bloquer [blɔke]	v. 봉쇄하다. La route est complètement *bloquée*. 길이 완전히 막혔다.
le **bouchon** [buʃɔ̃]	n. 교통 체증. Sur la RN7, il y a un *bouchon* de 10 km.

	7번 국도에, 10km에 걸친 교통체증이 있다.
le **commissariat** [kɔmisarja]	**n.** 경찰서.
le **contrôle** [kɔ̃trol]	**n.** 통제, 감독.
courir un risque [kurirɛ̃risk]	위험을 무릅쓰다.
démarrer [demare]	**v.** 출발하다, 시동을 걸다.
	Démarrez. 출발하시오.
dépasser [depase]	**v.** 추월하다.
le **détour** [detur]	**n.** 우회, 우회로.
doubler [duble]	**v.** 추월하다.
éclairer [eklere]	**v.** 라이트를 켜다.
	Mes phares *éclairent* mal.
	내 차의 헤드라이트가 밝지 않다.
l'**embouteillage** m [ɑ̃butɛjaʒ]	**n.** 교통 체증, 병목 현상.
l'**énergie** f [enɛrʒi]	**n.** 에너지.
être au volant [ɛtrovɔlɑ̃]	핸들을 잡다.
	Arrête! C'est moi qui *suis au volant*.
	그만해! 운전하는 사람은 나다.
faire un détour [fɛrdetur]	우회하다.
freiner [frene]	**v.** 브레이크를 밟다.
garer [gare]	**v.** 주차시키다.
	Il vaut mieux *garer* la voiture dans un parking.
	주차장에 주차시키는 것이 낫다.
mettre en marche [mɛtrɑ̃marʃ]	작동시키다, 기어를 넣다.
passer [pase]	**v.** 지나가다.
le **plan** [plɑ̃]	**n.** 지도.
la **police** [pɔlis]	**n.** 경찰.
le **poste (de police)** [pɔst dəpɔlis]	**n.** 파출소.
prendre des risques [prɑ̃drəderisk]	위험을 무릅쓰다.
	Tu *prends* trop *de risques* au volant.
	너는 너무 위험하게 운전한다.
prendre le volant [prɑ̃drəlvɔlɑ̃]	핸들을 잡다.
ralentir [ralɑ̃tir]	**v.** 감속하다.
rouler [rule]	**v.** 굴리다, 운행하다.

사회생활

Ma voiture *roule* à 160 km à l'heure.
내 차는 시속 160km로 주행한다.

la **sécurité** [sekyrite] — n. 안전.
tenir la route [tənirlarut] — 길을 따라가다.
tourner [turne] — v. 돌다.
tourner à droite [turneadrwat] — v. 우회전하다.
tourner à gauche [turneagoʃ] — v. 좌회전하다.
tout droit [tudrwa] — 직진, 스트레이트, 똑바로.
Continuez *tout droit*. 계속 직진하시오.

le **transport** [trɑ̃spɔr] — n. 운송.
transporter [trɑ̃spɔrte] — v. 실어 나르다.
traverser [travɛrse] — v. 가로 지르다.
le **trou** [tru] — n. 구멍.
la **victime** [viktim] — n. 희생자.
Il y a trop de *victime*s de la circulation.
교통사고 희생자가 너무 많다.

accélérer [akselere] — v. 속도를 높이다.
l'**amende** *f* [amɑ̃d] — n. 벌금.
l'**avertissement** m [avɛrtismɑ̃] — n. 예고, 경고.
la **contravention** [kɔ̃travɑ̃sjɔ̃] — n. 위반 (**infraction**).
donner un coup de frein [dɔnekudfrɛ̃] — 브레이크를 밟다.
écraser [ekraze] — v. 치다, 짓밟다.
Chaque matin, je vois un chat *écrasé* sur la route.
매일 아침 나는 도로에서 차에 치인 고양이를 본다.
l'**encombrement** m [ɑ̃kɔ̃brəmɑ̃] — n. 혼잡, 붐빔.
l'**excès de vitesse** m [ɛksɛdvitɛs] — n. 과속.
J'ai eu une amende pour *excès de vitesse*.
나는 과속으로 벌금을 내게 됐다.
faire demi-tour [fɛrdəmitur] — U턴 하다.

le **procès verbal** [prɔsɛvɛrbal]	교통 위반 통지서, 딱지. Alors l'agent m'a collé un P.V. 그래서 경찰관은 내게 교통위반 통지서를 주었다.
rater le virage [ratelviraʒ]	커브에 실패하다.
serrer à droite [sereadrwat]	우측으로 바짝대다. Vehicules lents, ***serrez à droite.*** 차들은 천천히, 우측으로 붙으시오.
stationner [stasjɔne]	v. 주차하다.
tenir sa droite [tənirsadrwat]	오른쪽 차선을 유지하여 가다.

대중교통

l'**arrêt d'autobus** m [arɛdɔtɔbys] — n. 버스 정류장.

attendre [atɑ̃dr] — v. 기다리다.

le **carnet** [karnɛ] — n. 회수권, 10매 묶음.

changer [ʃɑ̃ʒe] — v. 갈아타다.
Il faut ***changer*** à Châtelet.
샤뜰레에서 갈아타야 한다.

descendre [desɑ̃dr] — v. 내리다.
Tous les voyageurs ***descendent*** du train.
모든 승객이 열차에서 내린다.

la **direction** [dirɛksjɔ̃] — n. 방향, ~행.
Direction Mairie d'Issy. 메리디씨 행.

la **gare** [gar] — n. 기차역.

les **gens** mpl [ʒɑ̃] — n. 사람들.

la **ligne** [liɲ] — n. 노선.

le **métro** [metro] — n. 지하철.

monter [mɔ̃te] — v. 타다.
Je suis ***monté*** dans le bus. 나는 버스에 탔다.

사회생활

le **passager**, la **passagère** [paʒaʒe, ɛr]	**n.** 승객, 통행자.
le **passant**, la **passante** [pasã, t]	**n.** 지나가는 사람, 통행자.
le **piéton** [pjetɔ̃]	**n.** 보행자.
presser (se) [səprese]	**v.** 서두르다.
le **quai** [ke]	**n.** 플랫폼.
rater [rate]	**v.** 차를 놓치다. J'ai *raté* le bus. 나는 버스를 놓쳤다.
la **station de métro** [stasjɔ̃dmetro]	**n.** 지하철 역.
le **ticket** [tikɛ]	**n.** 티켓.
le **trajet** [traʒɛ]	**n.** 통행, 여정. Chaque matin j'ai une heure de *trajet* pour aller au travail. 나는 매일 아침 출근하는데 한 시간을 보낸다.
valable [valabl]	**adj.** 유효한. En dehors de cette limite, les tickets ne sont plus *valables*. 이 제한구역 밖에서 티켓은 효력이 없다.
accès interdit m [aksɛɛ̃tɛrdi]	**n.** 접근 금지.
composter [kɔ̃pɔste]	**v.** 표에 체크하다. 스탬프를 찍다.
la **correspondance** [kɔrɛspɔ̃dɑ̃s]	**n.** 갈아 타기, 환승.
le **R.E.R.** [ɛrəɛr]	수도권 고속전철(Réseau Express Régional).
le **terminus** [tɛrminys]	**n.** 종착 역.
les **transports en commun** [trãspɔrãkɔm]	**n.** 대중 교통.

24 우편, 은행

우편

l'adresse f [adrɛs]
n. 주소.
C'est à quelle *adresse*?
어느 주소로 보내는 거지?

la boîte aux lettres [bwatolɛtr]
n. 우편함.

la cabine (téléphonique) [kabin telefɔnik]
n. 전화 박스, 공중 전화.
Les nouvelles *cabines* fonctionnent toutes par carte.
새 공중 전화는 모두 카드로 작동된다.

le cachet [kaʃe]
n. 인장, 스탬프.

la carte postale [kartpɔstal]
n. 우편 엽서.

le courrier [kurje]
n. 우편물.
J'ai reçu un tas de *courrier* ce matin.
나는 오늘 아침에 많은 우편물을 받았다.

écrire [ekrir]
v. 쓰다. 편지 쓰다.

l'enveloppe f [ãvlɔp]
n. 봉투.

envoyer [ãvwaje]
v. 보내다, 우송하다.

le facteur, la factrice [faktœr, tris]
n. 우체부, 집배원.

faire part [fɛrpar]
알리다, 통보하다.
Claudine nous *fait part* de son mariage.
끌로딘은 우리에게 청첩을 보낸다.

le guichet [giʃɛ]
n. 창구.
Adressez-vous au *guichet* trois.
3번 창구에 문의하시오.

la lettre [lɛtr]
n. 편지, 서신.

Ne quittez pas. [nəkitepa]
잠깐만 기다리세요(전화에서).

le paquet [pakɛ]
n. 소포.

la poste [pɔst]
n. 우편.
Le bureau de *poste* est fermé à six heures.

	우체국은 6시에 닫는다.
le **tarif** [tarif]	**v.** 요금, 요금표.
le **téléphone** [telefɔn]	**n.** 전화.
	J'ai reçu un coup de **téléphone** de Paul.
	나는 폴의 전화를 받았다.
téléphoner [telefɔne]	**v.** 전화하다.
	J'ai **téléphoné** à ta mère. 나는 너의 어머니께
	전화했다.
le **timbre** [tɛ̃br]	**n.** 우표(timbre-poste), 수입인지.
	On peut acheter des **timbres** au bureau de tabac.
	담배 가게에서 우표를 살수 있다.
urgent, e [yrʒɑ̃, t]	**adj.** 다급한 긴급을 요하는, 「지급」.
les **vœux** mpl [vø]	기원, 희망.
	Meilleurs **vœux**. 새해 복 많이 받으세요.

la **boîte postale** [bwatpɔstal]	**n.** 우편함, 우체통.
le **colis** [kɔli]	**n.** 소포.
le **compte chèque postal** [kɔ̃tʃɛkpɔstal]	**n.** 우편대체 예금 계좌.
l'**expéditeur** m [ɛkspeditœr]	**n.** 발송인.
la **lettre express** [lɛtrɛkspres]	**n.** 속달.
le **mandat** [mɑ̃da]	**n.** 우편환.
poste restante [pɔstrɛstɑ̃t]	**n.** 우체국 유치 우편(수취인이 찾아가는).
recommandé, e [rəkɔmɑ̃de]	**adj.** 등기로 된.
le **télégramme** [telegram]	**n.** 전보.
télégraphier [telegrafje]	**v.** 전보를 보내다, 타전하다.

은행

l'**addition** [adisjɔ̃]	**n.** 계산서, 합산.
	L'**addition** s.v.p. 계산서 주세요(식당에서).
l'**argent** [arʒɑ̃]	**n.** 돈, 은.
avoir de la monnaie [avwardlamonɛ]	잔돈이 있다.
la **banque** [bɑ̃k]	**n.** 은행.

le **billet** [bijɛ]	**n.** 지폐.
	Un ***billet*** de cent euros. 100유로짜리 지폐.
la **caisse** [kɛs]	**n.** 카운터, 계산대.
	Passez à la ***caisse***. 계산대로 가세요.
le **centime** [sãtim]	**n.** 1/100프랑.
changer [ʃãʒe]	**v.** 환전하다.
	Je voudrais ***changer*** des dollars en euros.
	나는 달러를 유로화로 환전하고 싶습니다.
le **chèque** [ʃɛk]	**n.** 수표.
le **compte** [kɔ̃t]	**n.** 계좌, 구좌.
	Vous avez un ***compte*** en banque?
	은행에 구좌가 있습니까?
compter [kɔ̃te]	**v.** 계산하다.
coûter [kute]	**v.** 값이 나가다, 비용이 들다.
	Ça ***coûte*** combien? 얼마죠?
le **crédit** [kredi]	**n.** 신용.
dépenser [depãse]	**v.** 돈을 쓰다.
la **dette** [dɛt]	**n.** 빚.
	Je n'aime pas faire des ***dettes***.
	나는 빚지는 것을 싫어한다.
devoir [dəvwar]	**v.** ~를 빚지고 있다. 지불해야 한다.
	Combien je vous ***dois***? 얼마 드려야 됩니까?
emprunter [ãprœ̃te]	**v.** 빌리다.
faire des économies	아끼다, 절약하다.
[fɛrdezekɔnɔmi]	
la **fortune** [fɔrtyn]	**n.** 재산.
	J.R. a fait ***fortune*** dans le pétrole.
	J.R. 은 오일 사업으로 큰 돈을 벌었다.
les **frais** mpl [frɛ]	**n.** 비용(cout), 경비(dépense).
	Les ***frais*** de voyage. 여행 경비.
	On partage les ***frais***? 우리 비용을 분담할까?
le **franc** [frã]	**n.** 프랑화.
gratuit, e [gratɥi, t]	**adj.** 무료인, 공짜인.
la **monnaie** [mɔnɛ]	**n.** 잔돈, 동전, 화폐.
	L'ECU est la ***monnaie*** européenne.
	유로는 유럽의 화폐 단위다.

payer [peje]	**v.** 지불하다.
payer comptant [pejekɔ̃tɑ̃]	현찰로 지불하다.
	Vous *payez comptant*? 현찰로 내실겁니까?
la **pièce de monnaie** [pjɛsdəmɔnɛ]	**n.** 동전.
le **portefeuille** [pɔrtəfœj]	**n.** 지갑.
le **porte-monnaie** [pɔrtmɔnɛ]	**n.** 동전 지갑.
prêter [prete]	**v.** 돈을 빌려주다.
	Tu me *prêtes* dix mille balles?
	내게 만프랑을 빌려주겠니?
le **prix** [pri]	**n.** 가격, 물가(복수형).
rembourser [rɑ̃burse]	**v.** 환불하다, 상환하다 (rendre).
la **somme** [sɔm]	**n.** 합계, 총액.
valable [valabl]	**adj.** 유효한, 효력있는.
la **valeur** [valœr]	**n.** 가치.
la **carte de crédit** [kartdəkredi]	**n.** 신용카드.
	Vous acceptez les *cartes de crédit*?
	여기 신용카드 받습니까?
le **change** [ʃɑ̃ʒ]	**n.** 환전, 환전소.
le **chèque de voyage** [ʃɛkdəvwajaʒ]	**n.** 여행자수표(TC).
le **chéquier** [ʃekje]	**n.** 수표책 (carnet de chèques).
coûteux, -euse [kutø, z]	**adj.** 비용이 드는, 값이 싼.
les **devises** fpl [dəviz]	**n.** 외국 어음, 외국 통화.
l'**eurochèque** m [ørɔʃɛk]	**n.** 유로 체크.
	Il y a des maisons qui n'acceptent pas les *eurochèques*.
	유로체크는 받지 않는 가게들이 있다.
le **livret d'épargne** [livrɛdepar]	**n.** 저금 통장.
les **recettes** fpl [rəsɛt]	**n.** 수입.
le **sou** [su]	**n.** 일전, 한푼.
	Je n'ai pas de *sous*.
	나는 한푼도 없다.
le **taux d'intérêt** [todɛ̃terɛ]	**n.** 이자율.
la **tirelire** [tirlir]	**n.** 저금통.

정치, 경제

25. 정치
26. 매스미디어

25 정치

의회

l'**Assemblée nationale** *f* [asɑ̃blenasjɔnal]
n. 국회, 하원의원.
L'*Assemblée nationale* et le Sénat constituent le Parlement. 하원과 상원이 국회를 구성한다.

central, e, -aux [satral, o]
adj. 중앙의, 중도적인.

le **conseil** [kɔ̃sɛj]
n. 자문회, 심의회, 협의회.

la **constitution** [kɔ̃stitysjɔ̃]
n. 헌법.

la **déclaration** [deklarasjɔ̃]
n. 선포.

démocratique [demokratik]
adj. 민주주의의.

l'**élection** f [elɛksjɔ̃]
n. 선거.

élire [elir]
v. 선출하다.
Le Président est *élu* au suffirage vol universel direct.
대통령은 보통 직접 선거를 통해 선출된다.

le **gouvernement** [guvɛrnmɑ̃]
n. 행정부.

l'**individu** m [ɛ̃dividy]
n. 개인.

légal, e, -aux [legal, o]
adj. 합법적인.

la **liberté** [libɛrte]
n. 자유.

la **loi** [lwa]
n. 법률.

le **membre** [mɑ̃br]
n. 회원, 구성원.

le **ministre** [ministr]
n. 장관.
Le *ministre* de l'Intérieur. 내무부 장관.
Le *ministre* des Finances. 재무부 장관.
Le *ministre* de la Défense Nationale. 국방부 장관.
Le *ministre* de la Santé Publique. 보건부 장관.

Le *ministre* de l'Education Nationale.
교육부 장관.

la **nationalité** [nasjɔnalite]   **n.** 국적.
le **Premier ministre** [prəmjeministr]   **n.** 총리.
le **président**, la **présidente** [prezidɑ̃, t]   **n.** 의장, 대통령.
la **république** [repyblik]   **n.** 공화국.
la **séance** [seɑ̃s]   **n.** 회의(réunion), 회기(session).
La séance publique. 공개 회의.
La séance est ouverte. 회의가 개회되었다.

la **société** [sɔsjete]   **n.** 사회.
le **système** [sistɛm]   **n.** 체계, 시스템.
la **voix** [vwa]   **n.** 발언권, 투표, 투표권.
le **vote** [vɔt]   **n.** 투표.
Les Françaises ont le droit de vote depuis 1944.
프랑스 여인들은 1944년부터 투표권을 가졌다.

voter [vɔte]   **v.** 투표하다.
voter une loi [vɔteynlwa]   법률안을 표결하다.

l'**autorité** *f* [ɔtɔrite]   **n.** 권위.
le **chef d'Etat** [ʃɛfdeta]   국가 원수.
Le *chef d'Etat*, c'est le Président.
국가 원수는 대통령이다.

le **citoyen**, la **citoyenne** [sitwajɛ̃, ɛn]   **n.** 시민.
dissoudre [disudr]   **v.** 해산하다.
Le Président peut *dissoudre* l'Assemblée.
대통령은 의회를 해산시킬 수 있다.

le **drapeau, x** [drapo]   **n.** 깃발.
l'**égalité** *f* [egalite]   **n.** 평등.
les **élections législatives** *fpl* [elɛksjɔ̃leʒislativ]   **n.** 국회의원 선거.

정치·경제

l'**élection présidentielle** f [elɛksjɔ̃prezidɑ̃sjɛl] **n.** 대통령 선거.

l'**indépendance** f [ɛ̃depɑ̃dɑ̃s] **n.** 독립.

la **législative** [leʒislativ] **n.** 입법 의회.

nommer [nɔme] **v.** 임명하다.
M. Gross a été **nommé** si ambassadeur à Paris.
그로스씨는 파리주재 대사로 임명되었다.

le **parlement** [parləmɑ̃] **n.** 국회.

parlementaire [parləmɑ̃tɛr] **adj.** 의회의, 국회의.

le **pouvoir exécutif** [puvwarɛgzekytif] **n.** 행정부.

le **pouvoir judiciaire** [puvwarʒydisjɛr] **n.** 사법부.

le **pouvoir législatif** [puvwarleʒislatif] **n.** 입법부.

proclamer [prɔklame] **v.** 선언하다, 선포하다.
Charles de Gaulle a **proclamé** la Cinquième République.
샤를 드골은 제5공화국을 선포했다.

ratifier [ratifje] **v.** 비준하다, 재가하다.

le **Sénat** [sena] **n.** 상원.

le **Sénateur** [senatœr] **n.** 상원 의원.

le **siège** [sjɛʒ] **n.** 의석.
Le Parti Communiste a obtenu 35 **sièges**.
공산당은 35석을 차지했다.

le **suffrage universel** [syfraʒynivɛrsɛl] **n.** 보통 선거.
Le Président est élu au **suffrage universel** direct.
대통령은 보통직접 선거로 선출된다.

행정

la **capitale** [kapital] — **n.** 수도.
le **département** [departəmã] — **n.** 도(道), 프랑스는 본토 95도, 해외 5도로 구성됨.
l'**Etat** m [eta] — **n.** 국가, 정부, 정체.
la **mairie** [meri] — **n.** 시청, 구청, 동사무소.
officiel, le [ɔfisjɛl] — **adj.** 공식적인.
l'**organisation** f [ɔrganizasjɔ̃] — **n.** 조직, 구성.
le **pays** [pei] — **n.** 나라, 지방.
le **règlement** [rɛgləmã] — **n.** 규칙, 법규.

administratif, -ive [administratif, iv] — **adj.** 행정의.
l'**administration** f [administrasjɔ̃] — **n.** 행정.
l'**arrondissement** m [arɔ̃dismã] — **n.** 구(파리는 20개의 구로 구성되어 있음).
la **bureaucratie** [byrokrasi] — **n.** 관료 정치, 관료적 방식.
bureaucratique [byrokratik] — **adj.** 관리의, 관료적인.
la **centralisation** [sãtralisasjã] — **n.** 중앙 집권화, 중앙 집중.
La *centralisation* a diminuée depuis 1982.
1982년 이후 중앙집권화가 약해졌다.

la **collectivité** [kɔlɛtivite] — **n.** 집단, 단체(↔ **individu**).
communal, e, -aux [kɔmynal, o] — **adj.** 군, 면, 동의.
la **commune** [kɔmyn] — **n.** 읍, 면(프랑스에서 제일 작은 행정단위).
le **conseil municipal** [kɔ̃sɛjmynisipal] — **n.** 시의회.

le **conseil régional** [kɔ̃sɛjreʒjɔnal] — **n.** 지방 의회.
la **décentralisation** [desãtralizasjɔ̃] — **n.** 지방 분권화.
décentraliser [desãtralize] — **v.** 지방 분권을 실시하다.
les **D.O.M.-T.O.M.** mpl [dɔmtɔm] — **n.** 해외 도(道), 해외 영토.
La Nouvelle Calédonie est un territoire d'outre-mer.
뉴 칼레도니아는 TOM이다.

정치 · 경제

	La Martinique est un département d'outre-mer. 마르띠니끄는 DOM이다.
l'**institution** *f* [ɛ̃stitysjɔ̃]	n. 기관, 기구, 제도.
la **métropole** [metrɔpɔl]	n. 수도, 주요 도시, 본토.
le **ministère** [ministɛr]	n. 정부의 부, 성.
municipal, e, -aux [mynisipal, o]	adj. 시의.
la **préfecture** [prefɛktyr]	n. 도, 도청 소재지.
le **préfet** [prefɛ]	n. 도지사. Le *préfet* est nommé par le ministre de l'Intérieur. 도지사는 내무장관에 의해 임명된다.
régional, e, -aux [reʒjɔnal, o]	adj. 지방의.
la **régionalisation** [reʒjɔnalizasjɔ̃]	n. 지방 분권.

정치

la **bourgeoisie** [burʒwazi]	n. 중산층, 부르주아 계급. La *bourgeoisie* est au pouvoir depuis la Révolution. 중산층은 프랑스대혁명 이후 권력을 갖는다.
le **candidat**, la **candidate** [kɑ̃dida, t]	n. 입후보자.
le **changement** [ʃɑ̃ʒmɑ̃]	n. 변화.
le, la **communiste** [kɔmynist]	n. 공산주의자.
diriger [diriʒe]	v. 지도하다, 이끌다.
la **droite** [drwat]	n. 우파.
efficace [efikas]	adj. 효력있는, 유효한.
être de droite [ɛtrədədrwat]	우파이다. Le Figaro *est de droite*. 피가로는 우파신문이다.

être de gauche [ɛtrədgoʃ] 좌파이다.
fonctionner [fɔ̃ksjɔne] v. 수행하다, 일하다.
la gauche [goʃ] n. 좌파.
les gens mpl [ʒɑ̃] n. 사람들.
le groupe [grup] n. 그룹.
Le Front National est un *groupe* politique minoritaire.
국민전선은 소수파 정치 그룹이다.
l'homme d'Etat m [ɔmdeta] n. 주요 지위에 있는 정치가.
indépendant, e [depɑ̃dɑ̃, t] adj. 독립적인.
industriel, le [dystrijɛl] adj. 산업의.
La France est un pays *industriel*.
프랑스는 산업국가이다.
l'initiative f [inisjativ] n. 이니셔티브, 솔선.
la majorité [maʒɔrite] n. 다수.
Au sein de la *majorité*. 다수당의 가운데서.
la minorité [minɔrite] n. 소수.
L'Assemblée a mis le gouvenement en *minorité*.
국회는 집권당을 소수파로 만들었다.
national, e, -aux [nasjɔnal, o] adj. 국가의.
l'opposition f [ɔpozisjɔ̃] n. 반대, 야당.
le parti [parti] n. 정당.
politique [pɔlitik] adj. 정치의.
le programme [prɔgram] n. 프로그램, 정당의 강령.
le résultat [rezylta] n. 결과.
la réunion [reynjɔ̃] n. 회의, 회합.
la revendication [rəvɑ̃dikasjɔ̃] n. 권리의 요구.
le, la secrétaire [səkretɛr] n. 비서, 사무처장.
Le *secrétaire* d'Etat.
프랑스의 정무차관, 미국의 국무장관.
le, la socialiste [sɔsjalist] n. 사회주의자.
la solution [sɔlysjɔ̃] n. 해결책.

정치·경제

le **sujet** [syʒɛ]	**n.** 주제.
le **syndicat** [sɛ̃dika]	**n.** 노동조합.
	Les négociations avec les ***syndicats*** n'ont pas encore abouti.
	노조와의 협상은 아직 타결되지 않았다.
la **victoire** [viktwar]	**n.** 승리.

adhérer [adere]	**v.** 가입하다.
	J'ai ***adhéré*** au parti socialiste.
	나는 사회당에 입당했다.
adopter [adɔpte]	**v.** 채택하다.
	L'Assemblée nationale a ***adopté*** une loi importante.
	국회는 중요한 법안을 채택했다.
l'**adversaire** mf [advɛrsɛr]	**n.** 반대자, 상대방.
analyser [analize]	**v.** 분석하다.
assumer la responsabilité [asymelarɛspɔ̃sabilite]	책임을 맡다.
l'**autonomie** *f* [ɔtɔnɔmi]	**n.** 자치제, 자율, 자립.
l'**autonomiste** mf [ɔtɔnɔmist]	**n.** 자치론자.
le **budget** [bydʒɛ]	**n.** 예산, 예산안.
	L'Assemblée a voté le ***budget***.
	국회는 예산안을 통과시켰다.
le **capitalisme** [kapitalism]	**n.** 자본주의.
le, la **capitaliste** [kapitalist]	**n.** 자본주의자.
consulter [kɔ̃sylte]	**v.t.** ~을 참조하다.
la **contestation** [kɔ̃tɛstasjɔ̃]	**n.** 이의, 이론, 논쟁.
le **débat** [deba]	**n.** 토론, 토의.
la **démission** [demisjɔ̃]	**n.** 사직, 사임.
démissionner [demisjɔne]	**v.** 사임하다.
le **député** [depyte]	**n.** 국회의원, 하원의원.
	M. Lecanuet, ***député***-maire de Rouen.
	국회의원이자 루앙시 시장인 르까뉘에씨.

gouverner [guvɛrne]	**v.** 통치하다.
le **leader** [lidɛer]	**n.** 지도자.
	M. Marchais est le ***leader*** du parti communiste.
	마르셰씨는 공산당 지도자이다.
manifester [manifɛste]	**v.** 시위하다.
le **message** [mesaʒ]	**n.** 메시지.
	Il faut que le ***message*** passe.
	메시지가 전달되어야 한다.
négocier [negɔsje]	**v.** 교섭하다, 협상하다.
	Le traité a été ***négocié*** avec soin.
	조약은 신경을 쓰며 교섭되었다.
le **patronat** [patrɔna]	**n.** (집합적) 고용주, 고용주의 지위.
la **population** [pɔpylasjɔ̃]	주민, 인구.
la **population active** [pɔpylasjɔ̃aktiv]	**n.** 활동 인구.
le **projet de loi** [prɔʒɛdlwa]	**n.** 법률안.
le **racisme** [rasism]	**n.** 인종 차별주의.
	La lutte anti-***racisme***.
	인종차별 반대 투쟁.
le, la **raciste** [rasist]	**n.** 인종 차별주의자.
rassembler (se) [sərasɑ̃ble]	**v.** 모이다, 회합하다, 집결하다.
la **subvention** [sybrɑ̃sjɔ̃]	**n.** 보조금, 장려금.
succéder (se) [səsyksede]	**v.** 계속해서 일어나다.
le **sympathisant**, la **sympathisante** [sɛ̃patizɑ̃, t]	**n.** 동조자.

정치·경제

국제정치

l'**échange** m [eʃɑ̃ʒ]	**n.** 교환.
	On s'est contenté d'un ***échange*** de vues.
	우리는 의견 교환에 만족해 했다.

les **Etats-Unis** mpl [etazyni]	**n.** 미국.
l'**étranger** m [etrɑ̃ʒe]	**n.** 외국.
étranger, -ère [etrɑ̃ʒe, ɛr]	**adj.** 외국의.
l'**Europe** f [ørɔp]	**n.** 유럽.
européen, ne [øropeɛ̃, ɛn]	**adj.** 유럽의.
franco-allemand, e [frɑ̃kɔalmɑ̃, d]	**adj.** 프랑스와 독일간의.
international, e, -aux [ɛ̃tɛrnasjɔnal, o]	**adj.** 국제적인.
mondial, e, -aux [mɔ̃djal, o]	**adj.** 세계의.
la **paix** [pɛ]	**n.** 평화. La *paix* par le désarmement. 무장 해제를 통한 평화. Le traité de *paix*. 평화 조약.
la **puissance** [pɥisɑ̃s]	**n.** 강대국.
puissant, e [pɥisɑ̃, t]	**adj.** 강력한, 힘이 있는.
le **régime** [reʒim]	**n.** 정체, 체제.
la **relation** [rəlasjɔ̃]	**n.** 관계. Les *relations* internationales sont tendues. 국제관계가 긴장되어있다.
la **réunion au sommet** [reynjɔ̃osɔmɛ]	**n.** 정상(頂上)회담.
le **tiers monde** [tjɛrmɔ̃d]	**n.** 제3 세계.
l'**accord** m [akɔr]	**n.** 합의. Les deux pays sont arrivés à un *accord*. 두 나라는 합의에 도달했다.
l'**ambassadeur**, l'**ambassadrice** [ɑ̃basadœr, dris]	**n.** 대사.
l'**amélioration** f [ameljorasjɔ̃]	**n.** 개선. L'*amélioration* des relations est considérable.

상당한 관계개선이 이뤄졌다.

asiatique [azjatik] **adj.** 아시아의.
l'**Asie** f [azi] **n.** 아시아.
l'**Australie** f [ɔstrali] **n.** 호주.
australien, ne [ɔstraliɛ̃, ɛn] **adj.** 호주의.
avoir des rapports [avwarderapɔr] 관계를 갖다.
la **C.E.E.** [seəə] EC.
Communauté économique européenne. 유럽경제공동체.
la **Chine** [ʃin] **n.** 중국.
chinois, e [ʃinwa, z] **adj.** 중국의.
la **coopération** [kɔɔperasjɔ̃] **n.** 협력.
la **détente** [detɑ̃t] **n.** 데탕트, 긴장 완화.
La politique de **détente.** 긴장 완화정책.
l'**évolution** f [evɔlysjɔ̃] **n.** 진전(**progression**), 발전(**développement**).
francophone [frɑ̃kɔfɔn] **adj.** 프랑스어를 사용하는.
la **francophonie** [frɑ̃kɔfɔni] **n.** 프랑스어 사용권.
le **Marché Commun** [marʃekɔmœ̃] **n.** 공동 시장.
l'**ONU** f [ɔny] **n.** UN. 국제연합.
l'**OTAN** f [ɔtɑ̃] **n.** NATO, 북대서양 조약기구.
la **pression** [prɛsjɔ̃] **n.** 압력, 압박.
la **Russie** [rysi] **n.** 러시아.
l'**Allemagne** [almaɲ] **n.** 독일.
le **traité** [trete] **n.** 조약.
Le **traité** de Versailles. 베르사이유 조약.

위기

le **conflit** [kɔ̃fli]   n. 갈등, 분쟁, 대립.
Un *conflit* a éclaté au Liban.
레바논에서 분쟁이 일어났다.

le **coup d'Etat** [kudeta]   n. 쿠데타.
la **crise** [kriz]   n. 위기.
le **danger** [dɑ̃ʒe]   n. 위험.
la **dictature** [diktatyr]   n. 독재, 독재 정치.
la **difficulté** [difikylte]   n. 어려움.
la **révolution** [revɔlysjɔ̃]   n. 혁명, 변혁.
la **violence** [vjɔlɑ̃s]   n. 폭력.

aggraver (s') [sagrave]   v. 상태가 악화되다, 심각해지다.
l'**agitation** ƒ [aʒitasjɔ̃]   n. 소요 사태, 소란.
l'**attentat** m [atɑ̃ta]   n. 테러 기도.
intervenir [ɛ̃tɛrvənir]   v. 간섭하다, 관여하다.
la **provocation** [prɔvokasjɔ̃]   n. 도발, 사태의 야기.
renverser [rɑ̃vɛrse]   v. 전복시키다.
Renverser le gouvernement.
정부를 전복시키다.

répandre (se) [sərepɑ̃dr]   v. 확산되다.
la **révolte** [revɔlt]   n. 폭동, 반란, 모반.
révolter [revɔlte]   n. 폭동을 일으키다.
la **terreur** [tɛrœr]   n. 공포.
le **terrorisme** [tɛrɔrism]   n. 테러리즘, 공포 정치.

25 매스미디어

언론

à suivre [asɥivr]	다음호에 계속.
l'affiche f [afiʃ]	n. 포스터, 벽보.
l'annonce f [anɔ̃s]	n. 공고, 예고, 광고.
annoncer [anɔ̃se]	n. 알리다, 예고하다.
l'article m [artikl]	n. 기사.
assister à [asistea]	~에 참석하다, 입회하다.
l'auteur m [otœr]	n. 저자, 필자.
le concurrent, la concurrente [kɔ̃kyrɑ̃, t]	n. 경쟁자.
critique [kritik]	adj. 비판적인. Le Canard Enchaîné est un journal *critique*. "까나르 앙셰네"는 비판적인 신문이다.
la critique [kritik]	n. 비평.
critiquer [kritike]	v. 비판하다, 비난하다.
le détail [detaj]	n. 세부적인 것, 상세한 내용. C'est expliqué en *détail*. 상세히 설명되어 있다.
l'hebdomadaire m [ɛbdɔmadɛr]	n. 주간지.
illustré, e [ilystre]	adj. 삽화가 들어있는.
l'influence f [ɛ̃flyɑ̃s]	n. 영향, 영향력.
influencer [ɛ̃flyɑ̃se]	n. ~에게 영향을 주다.
l'information f [ɛ̃fɔrmasj]	n. 보도, 정보, 소식.
informer [ɛ̃fɔrme]	v. ~에게 알리다, 통지하다.
le journal, -aux [ʒurnal, o]	n. 신문, 저널.
le, la journaliste [ʒurnalist]	n. 신문기자, 방송기자.
la nouvelle [nuvɛl]	n. 소식, 뉴스.
l'opinion f [ɔpinjɔ̃]	n. 의견.

정치·경제

	L'*opinion* publique change vite.
	여론은 빨리 바뀐다.
la **page** [paʒ]	**n.** 페이지, 면.
	Un journal à la *page*. 최신 뉴스.
paraître [parɛtr]	**v.** 발간되다, 간행되다.
	Le Monde *paraît* tous les soirs sauf le dimanche.
	르몽드는 일요일을 제외한 매일 저녁 발간된다.
le **point de vue** [pwɛ̃dvy]	**n.** 관점.
la **position** [pozisjɔ̃]	**n.** 입장.
la **presse** [prɛs]	**n.** 프레스, 언론.
le **reportage** [rəpɔrtaʒ]	**n.** 르뽀, 현지보고 기사.
résumer [rezyme]	**v.** 요약하다.
la **revue** [rəvy]	**n.** 잡지.
la **série** [seri]	**n.** 시리즈.
la **suite** [sɥit]	**n.** 속편, 계속.
le **sujet** [syʒɛ]	**n.** 주제.
le **texte** [tɛkst]	**n.** 본문.
le **titre** [titr]	**n.** 타이틀, 제목.
l'**agence de presse** f [aʒɑ̃sdəprɛs]	**n.** 통신사.
l'**audace** f [odas]	**n.** 대담함 (**hardiesse**), 뻔뻔스러움.
le **correspondant**, la **correspondante** [kɔrɛspɔ̃dɑ̃, t]	**n.** 상주 주재원, 특파원.
l'**éditeur, -trice** [editœr, tris]	**n.** 편집자.
l'**envoyé spécial** m [ɑ̃vwajespesjal]	**n.** 특파원.
les **faits divers** mpl [fɛdivɛr]	**n.** 사회면 기사.
fonder [fɔ̃de]	**v.** 창립하다, 세우다 (**créer**).
imprimer [ɛ̃prime]	**v.** 인쇄하다.
l'**imprimerie** f [ɛ̃primri]	**n.** 인쇄.
le **lecteur**, la **lectrice** [lɛktœr, tris]	**n.** 독자.
la **lecture** [lɛktyr]	**n.** 독서.
le **magazine** [magazin]	**n.** 잡지.
la **maison d'édition** [mɛzdedisjɔ̃]	**n.** 출판사

le **mensuel** [mɑ̃sɥɛl]	**n.** 월간지.
objectif, -ive [ɔbʒɛktif, iv]	**adj.** 객관적인.
l'**objectivité** f [ɔbʒɛktivite]	**n.** 객관성.
le **périodique** [perjɔdik]	**n.** 정기 간행물.
le, la **photographe** [fɔtɔgraf]	**n.** 사진 기자, 사진 작가.
la **publication** [pyblikasjɔ̃]	**n.** 발간, 출판.
publier [pyblije]	**v.** 출판하다, 간행하다.
le **quotidien** [kɔtidjɛ̃]	**n.** 일간지.
le **rédacteur**, la **rédactrice** [redaktœr, tris]	**n.** 편집자.
le **rédacteur en chef** [redaktœrɑ̃ʃɛf]	**n.** 편집장, 편집 책임자.
rédiger [rediʒe]	**v.** 글을 작성하다, 편집하다.
la **rubrique** [rybrik]	**n.** 제목, 표제, ~란.
la **sensation** [sɑ̃sasjɔ̃]	**n.** 센세이션.
le **tirage** [tiraʒ]	**n.** 발행 부수.

Ouest-France a le plus grand *tirage* en France.
"서부 프랑스"는 프랑스에서 발행 부 수가 가장 많다.

라디오와 TV

l'**actualité** f [aktɥalite]	**n.** 시사 문제, 뉴스.
actuel, le [aktɥɛl]	**adj.** 현재의, 현행의(présent).
au courant [okurɑ̃]	~을 알고 있는.
la **chaîne** [ʃɛn]	**n.** 채널.

Les Dossiers de l'Ecran, c'est sur quelle *chaîne*?
"스크린 보고서"는 어느 채널에서 하지?

l'**écran** m [ekrɑ̃]	**n.** 스크린.

Sur le petit *écran*. TV 화면에서.

l'**émission** [emisjɔ̃]	**n.** 방송.
être au courant de [ɛtrokurɑ̃də]	~에 관해 알고 있다.

l'interview [ɛ̃tɛrvju]	n. 인터뷰.
la **météo** [meteo]	n. 일기예보 (météorologie).
le **micro** [mikro]	n. 마이크.
	Léon Zitrone au *micro*.
	레옹 지트론이 마이크를 잡고 있다.
le **programme** [prɔgram]	n. 프로그램.
public, -ique [pyblik]	adj. 공공의.
la **pub(licité)** [pyblisite]	n. 광고, CF.
	Je ne regarde que la pub.
	나는 상업 광고만 본다.
le **son** [sɔ̃]	n. 소리, 음향.
le **studio** [stydjo]	n. 스튜디오.
la **télé(vision)** [televizjɔ̃]	n. TV.
la **voix** [vwa]	n. 사람의 목소리.
l'**antenne** *f* [ãtɛn]	n. 안테나, 방송국.
	Je vous rends l'*antenne*.
	마이크를 스튜디오로 넘깁니다.
l'**audience** *f* [odjãs]	n. 청취, (집합적) 방청객.
audio-visuel, le [odjovisɥɛl]	adj. 시청각의.
l'**auditeur, -trice** [oditœr, tris]	n. 청취자.
le **débat** [deba]	n. 토론.
diffuser [difyze]	v. 방송하다.
l'**émetteur** m [emɛtœr]	n. 방송사, 중계소.
	L'*émetteur* pour la Bretagne est en panne. 브리따뉴지역을 위한 중계소에 고장이 났다.
le **feuilleton** [fœjtɔ̃]	n. 연속극.
	Les Français raffolent des *feuilletons* comme Dallas.
	프랑스인들은 "달라스" 같은 연속극을 무척 좋아한다.
l'**héroïne** *f* [erɔin]	n. 여자 주인공.
le **héros** ['ero]	n. 남자 주인공.

publicitaire [pyblisitɛr]	**adj.** 광고의 Slogan *publicitaire*. 광고 구호.
la **réception** [resɛpsjɔ̃]	**n.** 수신.
le **téléspectateur**, la **téléspectatrice** [telespɛktatœr, tris]	**n.** 시청자.
les **variétés** fpl [varjete]	**n.** 버라이어티 쇼.

전쟁

l'**action** [aksjɔ̃]	**n.** 행동.
attaquer [atake]	**v.** 공격하다(↔ défendre).
la **bataille** [bataj]	**n.** 전투, 교전(combat).
bloquer [blɔke]	**v.** 봉쇄하다, 차단하다.
la **bombe** [bɔ̃b]	**n.** 폭탄.
brutal, e, -aux [brytal, o]	**adj.** 난폭한(↔doux), 거친.
le **chef** [ʃɛf]	**n.** 우두머리.
le **conflit** [kɔ̃fli]	**n.** 분쟁, 갈등.
la **conséquence** [kɔ̃sekɑ̃s]	**n.** 결과(effet), 귀결(résultat).
le **coup de feu** [kudfø]	**n.** 사격. Le *coup de feu* a tué un manifestant. 사격으로 시위대 1명이 피살됐다.
déclarer [deklare]	**v.** 선언하다, 선포하다. Le gouvernement a *déclaré* la guerre aus terrorisme. 정부는 테러에 대한 전쟁을 선포했다.
défendre [defɑ̃dr]	**v.** 지키다(↔ attaquer), 방어하다.
la **défense** [defɑ̃s]	**n.** 수호, 방어. Le ministre de la *Défense* Nationale. 국방부 장관.
efficace [efikas]	**adj.** 효력있는, 효과적인.
l'**ennemi, e** [ɛnmi]	**n.** 적.
grave [grav]	**adj.** 심각한, 대단한(sérieux). Un incident *grave* s'est produit à la frontière.

대단한 사고가 국경지대에서 터졌다.

le **groupe** [grup] **n.** 그룹, 무리.
la **guerre** [gɛr] **n.** 전쟁.
l'**incident** [ɛ̃sidɑ̃] **n.** 우발적인 사건.
mener [məne] **v.** 이끌다, 리드하다.
militaire [militɛr] **adj.** 군사적인.
nucléaire [nyklɛɛr] **adj.** 핵의.
La guerre *nucléaire* n'aura pas lieu.
핵전쟁은 일어나지 않을 것이다.

l'**occupation** [ɔkypasjɔ̃] **n.** 점령, 점거.
occuper [ɔkype] **v.** 점령하다.
l'**ordre** m [ɔrdr] **n.** 명령, 지시.
la **paix** [pɛ] **n.** 평화.
le **pays** [pei] **n.** 국가, 지방.
le **plan** [plɑ̃] **n.** 계획.
la **province** [prɔvɛ̃s] **n.** 수도에 대한 지방, 시골.
la **région** [reʒjɔ̃] **n.** 지방, 지역.
rétablir [retablir] **v.** 복구하다, 회복시키다.
L'armée syrienne a *rétabli* l'ordre.
시리아 군대는 질서를 회복시켰다.

le **soldat** [sɔlda] **n.** 사병.
tuer [tɥe] **v.** 죽이다.
la **victime** [viktim] **n.** 희생자.
L'attentat de la rue de Rennes a fait de nombreuses *victimes*.
렌느거리의 폭탄테러는 많은 희생자를 만들었다.

la **victoire** [viktwar] **n.** 승리.

l'**adversaire** mf [advɛrsɛr] **n.** 상대방, 적.
l'**arme** *f* [arm] **n.** 무기.
l'**armée** *f* [arme] **n.** 군대.
armer [arme] **v.** 무장시키다.
l'**armistice** m [armistis] **n.** 휴전(**trêve, cessez-le-feu**).
L'*armistice* a été respecté pendant trois jours.

휴전은 3일동안 지켜졌다.
l'**avertissement** m [avɛrtismã] n. 통지(avis), 경고.
les **blessés** mpl [blese] n. 부상자.
capituler [kapityle] v. 항복하다 (**serendre**), 굴복하다.
la **défaite** [defɛt] n. 패배.
le **défilé** [defile] n. 퍼레이드.
envahir [ãvair] v. 침략하다.
l'**exécution** [ɛgzekysjɔ̃] n. 실행, 시행.
l'**expansion** f [ɛkspãsjɔ̃] n. 확장.
la **force de frappe** [fɔrsdəfrap] n. 기동 타격대.
la **fuite** [fɥit] n. 도망, 도주.
hostile [ɔstil] adj. 적대적인.
l'**invasion** f [ɛ̃vazjɔ̃] n. 침입, 침략.
les **morts** mpl [mɔr] n. 사망자, 시신.
l'**objecteur de conscience** m [ɔbʒɛktœrdkɔ̃sjãs] n. 신앙 또는 사상에 따른 병역 기피자.
le **service militaire** [sɛrvismilitɛr] n. 군복무.
Guy a fait son s*ervice militaire* en Allemagne.
기는 독일에서 군복무를 했다.
la **torture** [tɔrtyr] n. 고문.
Le prisonnier a parlé sous la *tortur*e.
포로는 고문에 못이겨 말했다.
la **trahison** [traizɔ̃] n. 배반, 배신.
le **traître**, la **traîtresse** [trɛtr, ɛs] n. 배신자.
la **troupe** [trup] n. 군 부대.
le **vainqueur** [vkœr] n. 정복자.
volontaire [vɔlɔ̃tɛr] adj. 자의에 의한.
Jean s'est porté volontaire.
쟝은 자원했다.

사법

accuser [akyze]   **v.** 기소하다, 비난하다.
On vous *accuse* de vol.
당신은 절도혐의로 기소되었습니다.

la bagarre [bagar]   **n.** 싸움판, 소동.
le cas [ka]   **n.** 범죄 사실, 소송 사유.
compliqué, e [kɔ̃plike]   **adj.** 복잡한, 복합적인.
condamner [kɔ̃dane]   **v.** 선고하다, ~에게 유죄판결을 내리다.
coupable [kupabl]   **adj.** 유죄의.
le crime [krim]   **n.** 범죄.
le droit [drwa]   **n.** 권리.
enlever [ãlve]   **v.** 유괴하다, 납치하다.
l'enquête f [ãkɛt]   **n.** 탐문, 조사.
La police mène l'*enquête* sur ce hold-up.
경찰은 무장강도 사건에 대한 탐문을 실시한다.

l'injustice f [ʒystis]   **n.** 불의, 부정행위.
innocent, e [inosã, t]   **adj.** 무죄의.
interroger [ɛ̃tɛrɔʒe]   **v.t.** ~를 심문하다.
le juge [ʒyʒ]   **n.** 재판관, 판사.
jurer [ʒyre]   **v.** 선서하다. 서약하다, 단언하다.
juste [ʒyst]   **adj.** 올바른, 정의로운.
la justice [ʒystis]   **n.** 정의, 공평, 재판.
Je demande *justice*.
나는 시비를 가려줄 것을 요청한다.
On m'a trainé en *justice*.
나는 재판에 끌려갔다.

la liberté [libɛrte]   **n.** 자유.
la loi [lwa]   **n.** 법률.
Il a passé sa vie à violer la *loi*.
그는 법을 어기는데 일생을 보냈다.

majeur, e [maʒœr]   **adj.** 성년의 (↔mineur).
la police [pɔlis]   **n.** 경찰.
le poste (de police) [pɔstdəpɔlis]   **n.** 파출소.
la preuve [prœv]   **n.** 증거.

le **prison** [prizɔ̃]	**n.** 감옥.
prouver [pruve]	**v.** 증명하다, 입증하다.
punir [pynir]	**v.** 처벌하다.
la **question** [kɛstjɔ̃]	**n.** 질문.
le **témoin** [temw]	**n.** 증인, 목격자.
la **violence** [vjɔlɑ̃s]	**n.** 폭력.
violent,e [vjɔlɑ̃, t]	**adj.** 폭력적인.
le **vol** [vɔl]	**n.** 절도.
le **voleur**, la **voleuse** [vɔlœr, øz]	**n.** 절도범.

l'**accusé, e** [akyze]	**n.** 피고인.
l'**assassin** m [asasɛ̃]	**n.** 살인자 (**meurtrier**), 암살자.
la **bande** [bɑ̃d]	**n.** 무리 (**clan**), 집단 (**troupe**).
le **délit** [deli]	**n.** 위법 행위.
le **dossier** [dosje]	**n.** 서류, 소송기록.
la **drogue** [drɔg]	**n.** 마약.
l'**escroc** m [ɛskro]	**n.** 사기꾼.
le **gangster** [gɑ̃gstɛr]	**n.** 깡패, 강도, 악당(**crapule**).
l'**interrogatoire** m [ɛ̃tɛrɔgatwar]	**n.** 신문 조서, 질문.
le **juge d'instruction** [ʒyʒdɛ̃stryksjɔ̃]	**n.** 예심 판사.
le **meurtre** [mœrtr]	**n.** 살인.
le **mobile** [mɔbil]	**n.** 행동의 동기.
l'**otage** m [ɔtaʒ]	**n.** 인질. Les bandits ont pris un vendeur en *otage*. 범인들은 상인 한명을 인질로 잡았다.
le **paragraphe** [paragraf]	**n.** 문단, 절, 항.
la **piste** [pist]	**n.** 발자취, 흔적. La police est sur la *piste* des malfaiteurs. 경찰은 범인들을 뒤쫓고 있다.
la **Police judiciaire** [pɔlisʒydisjɛr]	**n.** 사법 경찰.
le **procès** [prɔsɛ]	**n.** 소송.

정치·경제

	On lui a fait le ***procès***. 그는 재판 받았다.
la **rafle** [rafl]	**n.** 일제 검거, 소탕.
rechercher [rəʃɛrʃe]	**v.** 수색하다, 탐색하다.
suspect, e [syspɛ, ɛkt]	**adj.** 혐의를 받고 있는.
la **trace** [tras]	**n.** 흔적.
	Le cambrioleur n'a pas laissé de ***traces***. 가택침입 절도범들은 흔적을 남기지 않았다.
le **tribunal, -aux** [tribynal, o]	**n.** 재판소.
le **verdict** [vɛrdikt]	**n.** 평결, 의결.

정치

améliorer [ameljɔre]	**v.** 개선되다.
contester [ktɛste]	**v.** ~에 이의를 제기하다.
	Les syndicats ***contestent*** ce projet de loi. 노조들은 법률안에 이의를 제기했다.
l'**équilibre** m [ekilibr]	**n.** 균형.
l'**étape** f [etap]	**n.** 단계.
l'**événement** m [evɛnmã]	**n.** 사건, 이벤트.
il **se passe** [ilsəpas]	일어나다, 벌어지다.
	Il se passe des événements graves. 큰 사건들이 벌어진다.
la **manif(estation)** [manifɛstasjɔ̃]	**n.** 시위.
officiel, le [ɔfisjɛl]	**adj.** 공식적인.
le **progrès** [prɔgrɛ]	**n.** 진보, 발전.
la **radio** [radjo]	**n.** 라디오.
le **résultat** [rezylta]	**n.** 결과, 성과.
la **situation** [sitɥasjɔ̃]	**n.** 환경.
la **solution** [sɔlysjɔ̃]	**n.** 해결책.
supprimer [syprime]	**v.** 폐지하다, 제거하다.

l'**union** f [ynjɔ̃]	On a *supprimé* les plus grandes injustices. 가장 불공정한 것들이 폐지됐다. **n.** 결합, 화합.
aggraver (s') [sagrave]	**v.** 상태가 악화되다. La situation du tiers monde *s'aggrave*. 제3세계의 환경은 악화되고 있다.
l'**Hexagone** m [ɛkzagɔn]	**n.** 프랑스 (6각형의 나라라는 뜻).
l'**intrigue** f [ɛ̃trig]	**n.** 음모, 책략.
le **message** [mesaʒ]	**n.** 메시지.
le **militant**, la **militante** [militɑ̃, t]	**n.** 투사, 열성분자.
occidental, e, -aux [ɔksidɑ̃tal, o]	**adj.** 서구의.
opposé, e [ɔpoze]	**adj.** 반대하는.
provoquer [prɔvɔke]	**v.** 야기하다, 도발하다.
le **scandale** [skɑ̃dal]	**n.** 스캔들, 추문.
secret, -ète [səkrɛ, t]	**adj.** 비밀의.
le **symbole** [sɛ̃bɔl]	**n.** 상징.

정치 · 경제

재난

l'**accident** m [aksidɑ̃]	**n.** 사고.
bruler [bryle]	**v.t.** 불에 태우다 **v.i.** 타다.
la **catastrophe** [katastrɔf]	**n.** 재난(calamité), 큰 불행.
la **chimie** [ʃimi]	**n.** 화학.
le **danger** [dɑ̃ʒe]	**n.** 위험.
les **dégâts** mpl [dega]	**n.** 손해, 손실.
dramatique [dramatik]	**adj.** 극적인.
l'**élément** m [elemɑ̃]	**n.** 구성 요소, 부품.
l'**explosion** [ɛksplozjɔ̃]	**n.** 폭발, 파열.
inattendu, e [inatɑ̃dy]	**adj.** 예상치 못한.
l'**incendie** m [ɛ̃sɑ̃di]	**n.** 화재.
pollué, e [pɔlɥe]	**adj.** 오염된.
la **pollution** [pɔlysjɔ̃]	**n.** 오염.

La ***pollution*** chimique du Rhin a tué tous les poissons. 라인강의 화학물질 오염은 모든 물고기를 죽였다.

prendre feu [prɑ̃drəfø] 불이 붙다, 발화하다.
tragique [traʒik] *adj.* 비극적인, 비참한.

l'**avalanche** f [avalɑ̃ʃ] *n.* 눈사태.
les **besoins** mpl [bəzwɛ̃] *n.* 필요한 것, 필수품.
la **centrale nucléaire** [sɑ̃tralnykleɛr] *n.* 원자력 발전소.
le **choc** [ʃɔk] *n.* 충격, 쇼크.
la **coulée de lave** [kuledlav] *n.* 용암의 분출.
La ***coulée de lave*** a détruit St.Pierre. 용암의 분출이 쌩 피에르를 파괴했다.

le **désastre** [dezastr] *n.* 재난 (***calamité***), 재해.
Le ***désastre*** de Lisbonne a coûté 60000 morts. 리스본의 재난은 6만명의 목숨을 앗아갔다.

la **dimension** [dimɑ̃sjɔ̃] *n.* 차원.
distribuer [distribɥe] *v.* 분배하다, 배급하다.
la **distribution** [distribysjɔ̃] *n.* 분배, 배급.
l'**épidémie** *f* [epidemi] *n.* 전염병.
Le SIDA est en train de devenir une ***épidémie***. 에이즈는 전염병이 되고 있는 중이다.

l'**éruption** f [ɛerypsjɔ̃] *n.* 분출, 분화.
héroïque [erɔik] *adj.* 영웅적인.
imprévu, e [ɛ̃prevy] *adj.* 뜻밖의, 의외의.
l'**inondation** *f* [inɔ̃dasjɔ̃] *n.* 홍수, 침수.
intervenir [ɛ̃tɛrvənir] *v.* 개입하다, 중재하다.
la **marée noire** [marenwar] *n.* 바닷물의 기름 오염, 흑조.
le **nuage radioactif** [nɥaʒradjɔaktif] *n.* 방사능 구름.
Le ***nuage radioactif*** de Tchernobyl a traversé toute l'Europe. 체르노빌의 방사능 구름은 전 유럽을 가로 질러갔다.

le **nuage toxique** [nɥaʒtɔksik] *n.* 유독물 구름.
la **précaution** [prekosjɔ̃] *n.* 조심, 주의.
la **radioactivité** [radjɔaktivite]

la **tempête** [tãpɛt]	**n.** 방사능. **n.** 폭풍우. On annonce une ***tempête*** sur la Manche. 영불해협에 폭풍우가 예고 되었다.
la **tornade** [tɔrnad] le **tremblement de terre** [trãbləmãdtɛr]	**n.** 회오리 바람, 선풍. **n.** 지진.

사회문제

le **chômage** [ʃomaʒ]   **n.** 실업.
Le taux de ***chômage*** ne cesse d'augmenter.
실업률이 끊임없이 증가한다.

la **civilisation** [sivilizasjɔ̃]   **n.** 문명.
la **difficulté** [difikylte]   **n.** 어려움.
diminuer [diminɥe]   **v.** 감소하다, 줄어들다.
Le taux de croissance ***diminue***.
성장률이 감소한다.

l'**économie** [ekɔnɔmi]   **n.** 경제.
économique [ekɔnɔmik]   **adj.** 경제적인.
faire partie de [fɛrpartidə]   ~에 속하다.
La France ***fait partie des*** pays riches.
프랑스는 부유한 나라에 속한다.

les **gens** mpl [ʒã]   **n.** 사람들(단수형 없음).
l'**impôt** m [ɛ̃po]   **n.** 세금, 조세.
les **jeunes** mpl [ʒœn]   **n.** 젊은이들.
la **jeunesse** [ʒœnɛs]   **n.** (집합적) 젊은이들, 청춘기.
mériter [merite]   **v.** ~받을 만하다. ~할 자격이 있다.
le **monde** [mɔ̃d]   **n.** 세계, 사람들.
le **mouvement** [muvmã]   **n.** 운동.
Le ***mouvement*** ouvrier existe depuis plus d'un siècle.
노동운동은 1세기 이상 존재해 왔다.

l'**ouvrier, -ère** [uvrije, ɛr]	n. 일꾼, 노동자,
pauvre [povr]	adj. 가난한.
positif, -ive [pozitif, iv]	adj. 긍정적인,
la **possibilité** [pɔsibilite]	n. 가능성.
possible [pɔsibl]	adj. 가능한.
réaliste [realist]	adj. 현실적인.
la **réalité** [realite]	n. 현실.

La **réalité** dépasse souvent la fiction.
현실은 종종 픽션을 능가한다.

la **réduction** [redyksjɔ̃]	n. 할인.
la **réforme** [refɔrm]	n. 개혁, 개선.
riche [riʃ]	adj. 부유한.
scandaleux, -euse [skãdalø, z]	adj. 스캔들을 일으키는, 언어도단의.
la **société** [sɔsjete]	n. 사회.
soulever un problème [sulveœ̃prɔblɛm]	n. 문제를 일으키다.
la **vieillesse** [vjɛjɛs]	n. 노년기.

---

accroître [akrwatr]	v. 늘어나다, 증가하다.
les **conditions de vi**e fpl [kɔ̃disjdvi]	n. 생의 조건들.
dépeupler (se) [sədepœple]	v. 인구가 줄어들다.

L'Allemagne se **dépeuple** rapidement.
독일은 급격히 인구가 줄고 있다.

l'**exode rural** m [ɛgzɔdryral]	농촌을 떠나기.
l'**exode urbain** m [ɛgzɔdyrbɛ̃]	도시를 떠나기.
immigré, e [imigre]	adj. 이주해 온.
la **lutte** [lyt]	n. 투쟁 (**conflit**), 싸움 (**combat**).
lutter [lyte]	v. 싸우다.

Nous **luttons** pour un meilleur monde.
우리는 더 나은 세상을 위해 싸운다.

le **milieu, x** [miljø]	n. 주위, 환경.
le **niveau, x** [nivo]	n. 수준.
la **pauvreté** [povrəte]	n. 가난함, 빈곤.

환경

27. 기후
28. 자연
29. 도시환경

27 기후

일반어휘

améliorer (s') [sameljɔre]
  v. 더 좋아지다.
  Le temps **s'améliore**.
  날씨가 점점 더 좋아지고 있다.

le changement [ʃãʒmã]
  n. 변화.
  Je ne supporte pas le **changement** de temps.
  나는 기후의 변화를 견디지 못한다.

le ciel [sjɛl]
  n. 하늘.
le climat [klima]
  n. 기후, 풍토.
coucher (se) [səkuʃe]
  v. 잠자리에 들다.
le degré [dəgre]
  n. 온도.
  Il fait 25 **degrés**. 날씨가 25도이다.

diminuer [diminɥe]
  v.t. 줄이다. v.i. 줄다, 짧아지다.
faible [fɛbl]
  adj. 약한, 나약한.
fort, e [fɔr, t]
  adj. 강인한.
lever (se) [səlve]
  v. 일어서다.
  Le soleil se **lève** à six heures.
  태양은 6시에 뜬다.
  Le vent se **lève**. 바람이 인다.

la météo [meteo]
  n. 일기예보.
moyen, ne [mwaj, ɛn]
  adj. 보통의, 중간의.
l'ombre f [ɔ̃br]
  n. 그늘, 그림자, 응달.
prévoir [prevwar]
  v. 예견하다, 미리 알다.
souffler [sufle]
  v. 바람이 불다.
  Le vent souffle fort. 바람이 세게 분다.

la température [tãperatyr]
  n. 기온, 기후.
le temps [tã]
  n. 날씨.

le **vent** [vã]	**n.** 바람.

l'**anticyclone** m [ãtisiklon]	**n.** 역선풍, 고기압권.
l'**arc-en-ciel** m [arkãsjɛl]	**n.** 무지개.
la **bourrasque** [burask]	**n.** 돌풍, 광풍.
la **brise** [briz]	**n.** 미풍, 산들바람.
la **dépression** [depʀɛsjɔ̃]	**n.** 저기압.
les **prévisions** fpl [pʀevizjɔ̃]	**n.** 일기예보.

좋은 날씨

agréable [agreabl]	**adj.** 기분좋은, 유쾌한.
beau, bel, belle [bo, bɛl]	**adj.** 날씨가 좋은.
	Il fait *beau*. 날씨가 좋다.
briller [bʀije]	**v.** 빛나다.
	Le soleil *brille*. 태양이 빛나다.
la **chaleur** [ʃalœʀ]	**n.** 열, 뜨거움, 더위.
clair, e [klɛʀ]	**adj.** 밝은, 맑은.
doux, douce [du, dus]	**adj.** 부드러운.
en plein soleil [ãplsɔlɛj]	태양이 한창 때인.
favorable [favɔʀabl]	**adj.** 호의적인.
Il fait chaud. [ilfɛʃo]	날씨가 덥다.
le **rayon** [ʀɛjɔ̃]	**n.** 광선, 빛, 복사선.
sec, sèche [sɛk, sɛʃ]	**adj.** 마른, 건조한.
le **soleil** [sɔlɛj]	**n.** 태양.
	Il fait du *soleil*. 햇빛이 비친다.
tiède [tjɛd]	**adj.** 미지근한.

la **canicule** [kanikyl]	**n.** 폭염, 한여름.
l'**éclaircie** f [eklɛʀsi]	**n.** 구름 사이에 트인 하늘, 일시적인 갬.
éclaircir (s') [seklɛʀsiʀ]	**v.** 밝아지다, 날씨가 개다.
Le soleil tape. [ləsɔlɛjtap]	햇볕이 쨍쨍 내리쬐다.

궂은 날씨

baisser [bese]
  v. 기온이 내려가다.
  La température *baisse*. 날씨가 추워진다.

bas, se [ba, s]   **adj.** 낮은.
le **courant d'air** [kurɑ̃dɛr]   **adj.** 바람.
dur, e [dyr]   **adj.** 굳은, 힘든.
frais, fraîche [frɛ, frɛʃ]   **adj.** 신선한.
le **froid** [frwa]   **n.** 추위, 냉기, 감기.
froid, e [frwa, d]   **adj.** 추운.
geler [ʒle]
  v. 얼다.
  Il gèle. 날씨가 얼어붙는다.

la **glace** [glas]   **n.** 얼음.
Il **fait du vent.** [ilfɛdyvɑ̃]   바람이 분다.
Il **fait frais.** [ilfɛfrɛ]   날씨가 신선하다.
Il **fait froid.** [ilfɛfrwa]   춥다.
la **neige** [nɛʒ]   **n.** 눈.
neiger [neʒe]
  v. 눈이 오다.
  Il *neige*. 눈이 온다.

le **verglas** [vɛrgla]   **n.** 빙판.

le **blizzard** [blizar]   **n.** 큰 눈보라.
le **flocon de neige** [flɔkɔ̃dnɛʒ]   **n.** 눈송이.
fondre [fɔ̃dr]   **v.** 녹다.
le **gel** [ʒɛl]   **n.** 결빙.
la **gelée** [ʒle]   **n.** 서리, 얼음이 어는 추위.
la **givre** [ʒivr]   **n.** 서리, 성애.
la **grêle** [grɛl]   **n.** 우박.
le **brouillard** [brujar]
  n. 짙은 안개.
  Il fait du *brouillard*. 안개가 짙게 낀다.

épais, se [epɛ, s]
  adj. 짙은, 빽빽한.
  Quel brouillard *épais* ! 웬 짙은 안개냐!

la **goutte** [gut]	**n.** 물방울.
humide [ymid]	**adj.** 축축한, 습기찬.
Il **fait mauvais.** [ilfɛmɔvɛ]	날씨가 나쁘다.
Il **fait meilleur.** [ilfɛmɛjœr]	날씨가 더 나아진다.
le **nuage** [nɥaʒ]	**n.** 구름.
l'**orage** m [ɔraʒ]	**n.** 천둥치는 비바람, 뇌우.
pleuvoir [plœvwar]	**v.** 비오다.
	Il *pleut*. 비가 온다.
la **pluie** [plɥi]	**n.** 비.
tomber [tɔ̃be]	**v.** 떨어지다.
le **tonnerre** [tɔnɛr]	**n.** 천둥, 우뢰.
variable [varjabl]	**adj.** 변하는, 다양한.
l'**averse** *f* [avɛrs]	**n.** 소나기(**ondée**).
la **brume** [brym]	**n.** 안개(**brouillard**).
le **ciel couvert** [sjɛlkuvɛr]	**n.** 구름으로 덮힌 하늘.
le **crachin** [kraʃɛ̃]	**n.** 이슬비, 가랑비.
l'**éclair** m [eklɛr]	**n.** 번개.
être trempé, e [ɛtrətrãpe]	흠뻑 젖은.
la **foudre** [fudr]	**n.** 벼락.
	La *foudre* s'est abattue sur un arbre.
	나무위에 벼락이 떨어졌다.
la **tempête** [tãpɛt]	**n.** 폭풍우.

28 자연

동물

l'**animal**, -**aux** m [animal, o]	n. 동물.
la **bête** [bɛt]	n. 동물, 짐승.
le **canard** [kanar]	n. 오리.
le **chat** [ʃa]	n. 고양이.
le **cheval**, -**aux** [ʃval, o]	n. 말.
le **chien** [ʃjɛ̃]	n. 개.
le **cochon** [kɔʃɔ̃]	n. 돼지(porc).
l'**insecte** m [ɛ̃sɛkt]	n. 곤충.
le **lapin** [lapɛ̃]	n. 토끼.
le **lion** [ljɔ̃]	n. 사자.
le **loup** [lu]	n. 늑대.
la **mouche** [muʃ]	n. 모기.
le **mouton** [mutɔ̃]	n. 양.
l'**oiseau**, x m [wazo]	n. 새.
le **papillon** [papijɔ̃]	n. 나비.
le **poisson** [pwasɔ̃]	n. 물고기.
la **poule** [pul]	n. 암탉.
le **serpent** [sɛrpɑ̃]	n. 뱀.
le **singe** [sɛ̃ʒ]	n. 원숭이.
la **souris** [suri]	n. 생쥐.
le **tigre** [tigr]	n. 호랑이.
la **vache** [vaʃ]	n. 암소, 젖소.
le **veau**, x [vo]	n. 송아지.
l'**abeille** f [abɛj]	n. 꿀벌.
l'**agneau**, x m [aɲo]	n. 새끼 양.

l'**aigle** m [ɛgl]	n. 독수리.
l'**alouette** f [alwɛt]	n. 종달새.
l'**âne** m [an]	n. 당나귀.
la **baleine** [balɛn]	n. 고래.
la **chèvre** [ʃɛvr]	n. 염소.
la **cigogne** [sigɔn]	n. 황새.
la **coccinelle** [kɔksinɛl]	n. 무당벌레.
le **coq** [kɔk]	n. 수탉.
la **femelle** [fəmɛl]	n. 암컷.
la **fourmi** [furmi]	n. 개미.
la **guêpe** [gɛp]	n. 말벌,
le **hareng** [´arã]	n. 청어.
l'**hirondelle** f [irɔ̃dɛl]	n. 제비.
mâle [mal]	n. 수컷.
le **merle** [mɛrl]	n. 티티새.
le **moustique** [mustik]	n. 모기.
l'**ours** m [urs]	n. 곰.
le **pigeon** [piʒɔ̃]	n. 비둘기.
la **queue** [kø]	n. 짐승의 꼬리.
la **race** [ras]	n. 종, 품종.
le **rat** [ra]	n. 쥐.
le **renard** [rənar]	n. 여우.
le **requin** [rəkɛ̃]	n. 상어.
le **taureau, x** [tɔro]	n. 투우용 황소.
la **trace** [tras]	n. 흔적, 발자취.
le **troupeau, x** [trupo]	n. 떼, 무리.
la **truite** [trɥit]	n. 송어.
la **vipère** [vipɛr]	n. 살모사.

환경

식물

l'**arbre** m [arbr]	**n.** 나무.
le **blé** [ble]	**n.** 밀.
le **bouton** [butõ]	**n.** 싹 (bourgeon), 봉우리.
la **branche** [brɑ̃ʃ]	**n.** 나뭇가지.
la **cerise** [səriz]	**n.** 체리.
le **champignon** [ʃɑ̃piɲõ]	**n.** 버섯.
la **feuille** [fœj]	**n.** 나뭇잎.
la **fleur** [flœr]	**n.** 꽃.
la **fraise** [frɛz]	**n.** 딸기.
le **fruit** [frɥi]	**n.** 과일.
l'**herbe** f [ɛrb]	**n.** 풀, 초본식물.
mûr, e [myr]	**adj.** 익은, 숙성한.
la **plante** [plɑ̃t]	**n.** 식물.
la **poire** [pwar]	**n.** 배.
la **pomme** [pɔm]	**n.** 사과.
la **pomme de terre** [pɔmdətɛr]	**n.** 감자 (복수는 pommes de terre).
la **prune** [pryn]	**n.** 자두.
la **rose** [roz]	**n.** 장미.
la **vigne** [viɲ]	**n.** 포도나무.
l'**avoine** f [avwan]	**n.** 귀리.
la **betterave** [bɛtrav]	**n.** 사탕무우.
le **bouleau, x** [bulo]	**n.** 자작나무.
la **bruyère** [brɥjɛr]	**n.** 히드, 히드 뿌리.
le **cassis** [kasis]	**n.** 카시스, 까막까치밥 나무(열매).
le **cerisier** [sərizjə]	**n.** 벚나무.
le **chêne** [ʃɛn]	**n.** 떡갈나무.
le **colza** [kɔlza]	**n.** 평지, 평지씨.
le **coquelicot** [kɔkliko]	**n.** 개양귀비.
fâner [fane]	**v.t.** 시들게하다, 퇴색시키다.
fleurir [flœrir]	**v.** 꽃이 피다, 개화하다.

la **framboise** [fʁɑ̃bwaz]	n. 나무딸기.
le **froment** [fʁɔmɑ̃]	n. 밀, 소맥.
le **genêt** [ʒnɛ]	n. 금작화.
le **glaïeul** [glajœl]	n. 글라디올러스.
la **groseille** [gʁosɛj]	n. 까치밥나무 열매.
le **hêtre** ['ɛtʁ]	n. 너도밤나무.
le **jonc** [ʒɔ̃]	n. 골풀, 등심초.
le **jonquille** [ʒɔ̃kij]	n. 황수선.
le **lilas** [lila]	n. 라일락.
le **maïs** [mais]	n. 옥수수.
le **muguet** [mygɛ]	n. 은방울꽃.
la **mûre** [myʁ]	n. 뽕나무 열매, 나무딸기 열매.
la **noisette** [nwazɛt]	n. 개암나무.
la **noix** [nwa]	n. 호두, 견과.
l'**œillet** m [œjɛ]	n. 카네이션.
l'**olivier** m [ɔlivje]	n. 올리브 나무.
l'**orge** f [ɔʁʒ]	n. 보리.
l'**orme** m [ɔʁm]	n. 느릅나무.
le **palmier** [palmje]	n. 종려나무.
la **pâquerette** [pakʁɛt]	n. 데이지.
le **pêcher** [peʃe]	n. 복숭아나무.
le **peuplier** [pøplije]	n. 포플라나무.
le **pin** [pɛ̃]	n. 소나무.
le **platane** [platan]	n. 플라타나스.
le **pommier** [pɔmje]	n. 사과나무.
la **racine** [rasin]	n. 뿌리.
la **ronce** [rɔ̃s]	n. 나무딸기.
le **sapin** [sapɛ̃]	n. 전나무.
le **seigle** [sɛgl]	n. 호밀, 쌀보리.
le **tilleul** [tijœl]	n. 보리수.
le **tournesol** [tuʁnəsɔl]	n. 해바라기.
la **tulipe** [tylip]	n. 튤립.
la **violette** [vjɔlɛt]	n. 제비꽃.

환경

자연환경

abandonner [abɑ̃dɔne]　　v. 버리다, 포기하다.
　　Sur les terres ***abandonnées*** poussent les ronces.
　　버려진 땅위에 나무 딸기가 자란다.

agricole [agrikɔl]　　adj. 농업의.
le **champ** [ʃɑ̃]　　n. 밭.
cueillir [kœjir]　　v. 꺾다, 따다.
la **culture** [kyltyr]　　n. 경작, 경작지.
　　La ***culture*** du colza progresse.
　　평지씨 재배가 늘어나고 있다.

l'**élevage** m [ɛlvaʒ]　　n. 목축.
élever [elve]　　v. 짐승을 키우다.
l'**environnement** m [ɑ̃virɔnmɑ̃]　　n. 환경.
　　La protection de l'***environnement*** est primordiale.
　　환경보호는 근본적인 문제다.

le **jardin** [ʒardɛ̃]　　n. 정원, 마당.
le **légume** [legym]　　n. 야채.
le **parc** [park]　　n. 공원.
le **paysan**, la **paysanne** [peizɑ̃, an]　　n. 농부.
planter [plɑ̃te]　　v. 풀, 식물을 심다.
pollué, e [pɔlɥe]　　adj. 오염된.
la **pollution** [pɔlysjɔ̃]　　n. 오염.
　　La ***pollution*** cause la mort des forêts.
　　환경오염은 숲의 죽음을 야기한다.

le, la **propriétaire** [prɔprijetɛr]　　n. 주인.
protéger [prɔteʒe]　　v. 보호하다, 지키다.
la **récolte** [rekɔlt]　　n. 수확.
semer [səme]　　v. 씨뿌리다.

---

le **bétail** [betaj]　　n. (집합적) 가축.
les **céréales** fpl [sereal]　　n. 곡식, 곡물.
la **cooperative** [kɔɔperativ]　　n. 협동 조합.

	Les *coopératives* agricoles sont très répandues en France. 농업 협동조합은 프랑스에 널리 퍼져 있다.
cultiver [kyltive]	**v.** 재배하다.
l'écologie f [ekɔlɔʒi]	**n.** 생태학.
l'écologiste mf [ekɔlɔʒist]	**n.** 환경보호 운동가. Les *écologistes* sont une minorité en France. 환경보호 운동가들은 프랑스에서 아직 소수파이다.
l'engrais m [ãgrɛ]	**n.** 가축을 살찌우기, 비료.
irriguer [irige]	**v.** 관개하다, ~에 물을 대다.
la protection de la nature [prɔtɛksjdlanatyr]	**n.** 자연 보호.
le remembrement [rəmãbrəma]	**n.** 농지정리에 의한 농토 통합. Le *remembrement* est la cause de beaucoup d'ennuis. 농토통합은 많은 문제의 원인이다.
rural, e, -aux [ryral, o]	**adj.** 농촌의, 시골의. Le nombre des exploitations *rurales* est en baisse. 농가의 수가 계속 줄고 있다.
le verger [vɛrʒe]	**n.** 과수원.

땅

les Alpes fpl [alp]	**n.** 알프스 산맥.
l'Amérique f [amerik]	**n.** 아메리카, 미국.
l'Europe f [ørɔp]	**n.** 유럽.
européen, ne [ørɔpeẽ, ɛn]	**adj.** 유럽의.
la Forêt-Noire [fɔrɛnwar]	**n.** 독일 서남부의 슈바르츠발트.

le **Midi** [midi]	**n.** 남불지방.
le **monde** [mɔ̃d]	**n.** 세계.
le **pays** [pei]	**n.** 국가, 지방.
la **province** [prɔvɛ̃s]	**n.** 수도에 대한 지방, 시골.
les **Pyrénées** fpl [pirene]	**n.** 피레네 산맥.
la **région** [reʒjɔ̃]	**n.** 지역, 지방.
le **sol** [sɔl]	**n.** 땅, 토지, 땅바닥.
le **terrain** [tɛr]	**n.** 토지, 대지, 부지.
la **terre** [tɛr]	**n.** 땅.
les **Vosges** fpl [voʒ]	**n.** 보쥬산맥.
les **Ardennes** fpl [ardɛn]	**n.** 프랑스북부의 아르덴 지역.
le **continent** [kɔ̃tinɑ̃]	**n.** 대륙.
le **Jura** [ʒyra]	**n.** 쥐라 산맥.
le **Massif Central** [masifsɑ̃tral]	**n.** 중앙 산악지대.
méridional, e, -aux [meridjɔnal, o]	**adj.** 남쪽의.
le **pôle Nord** [polnɔr]	**n.** 북극.
le **pôle Sud** [polsyd]	**n.** 남극.
terrestre [tɛrɛstr]	**adj.** 지구의. La surface *terrestre*. 지구 표면.

지리

bas, se [ba, s]	**adj.** 낮은.
le **col** [kɔl]	**n.** 산간 협로, 고갯길. Le plus haut *col* des Alpes est le col de Stelvio à 2757 m. 알프스에서 제일 높은 협로는 2757m에 있는 스텔비오 고개이다.
la **colline** [kɔlin]	**n.** 언덕.

la **côte** [kot]	**n.** 비탈 (pente), 언덕 (coteau), 해안 (bord).
le **désert** [dezɛr]	**n.** 사막.
la **gorge** [gɔrʒ]	**n.** 협곡, 협로.
haut, e [´o, t]	**adj.** 높은.
	Le Mont Blanc est *haut* de 4810m.
	몽블랑은 높이가 4810m이다.
la **hauteur** ['otœr]	**n.** 높이.
l'**île** f [il]	**n.** 섬.
	L'*île* de Sein est au large de la Pointe du Raz.
	생섬은 포앵트-뒤-라즈에서 벗어나 있다.
la **montagne** [mɔ̃taɲ]	**n.** 산.
la **pierre** [pjɛr]	**n.** 돌.
la **plage** [plaʒ]	**n.** 해변, 해수욕장.
plat, e [pla, t]	**adj.** 평평한, 납작한.
la **poussière** [pusjɛr]	**n.** 먼지.
le **rocher** [rɔʃe]	**n.** 바위, 암벽, 암초.
le **sable** [sabl]	**n.** 모래.
le **sommet** [sɔmɛ]	**n.** 꼭대기, 정상.
le **vallée** [vale]	**n.** 골짜기, 계곡.

aigu, aiguë [egy]	**adj.** 날카로운, 뾰족한.
l'**altitude** *f* [altityd]	**n.** 해발, 표고.
	Il fait froid en *altitude*.
	높은곳에서는 날씨가 춥다.
le **bassin** [basɛ̃]	**n.** 저수지, 분지.
la **chaîne de montagnes** [ʃɛndəmɔ̃taɲ]	**n.** 산맥.
la **dune** [dyn]	**n.** 사구, 모래 언덕.
l'**étendue** *f* [etɑ̃dy]	**n.** 넓이, 면적.
la **falaise** [falɛz]	**n.** 낭떠러지.
le **glacier** [glasje]	**n.** 빙하.
la **grotte** [grɔt]	**n.** 동굴 (**caverne**).
le **littoral, -aux** [litɔral, o]	**n.** 연안 지방.
	Le *littoral* breton est très propre.
	브리따뉴 연안지방은 매우 깨끗하다.

la **pente** [pãt]	**n.** 비탈, 언덕.
la **plaine** [plɛn]	**n.** 평원.
le **plateau, x** [plato]	**n.** 고원, 모래 언덕.
la **superficie** [sypɛrfisi]	**n.** 면적.
le **volcan** [vɔlkã]	**n.** 화산.

물

couler [kule] — **v.** 흐르다.
le **Danube** [danyb] — **n.** 다뉴브 강.
l'**eau, x** f [o] — **n.** 물.
le **fleuve** [flœv] — **n.** 큰강, 대하.
le **lac** [lak] — **n.** 호수.
le **large** [larʒ] — **n.** 넓은 바다, 외양.
Le requin bleu est un poisson du *large*.
푸른 상어는 먼 바다에 사는 물고기이다.

la **Loire** [lwar] — **n.** 르와르 강.
la **mer** [mɛr] — **n.** 바다.
profond, e [prɔfɔ̃, d] — **adj.** 깊은.
le **Rhin** [rɛ̃] — **n.** 라인 강.
la **Rhône** [ron] — **n.** 론 강.
la **rivière** [rivjɛr] — **n.** 강.
L'Odet est une *rivière* qui se jette dans la mer.
오뎃은 바다로 통하는 강이다.

le **ruisseau, x** [rɥiso] — **n.** 시냇물, 개울.
la **Seine** [sɛn] — **n.** 세느 강.
la **source** [surs] — **n.** 샘, 근원.
la **vague** [vag] — **n.** 파도.

l'**Atlantique** m [atlɑ̃tik]	**n.** 대서양.
la **baie** [bɛ]	**n.** 만.

le **canal, -aux** [kanal, o]	**n.** 운하.
la **chute d'eau** [ʃytdo]	**n.** 폭포.
le **courant** [kurɑ̃]	**n.** 물의 흐름.
la **Dordogne** [dɔrdɔɲ]	**n.** 도르도뉴 강.
l'**embouchure** *f* [ɑ̃buʃyr]	**n.** 하구(河口).
	Nantes se trouve à l'*embouchure* de la Loire.
	낭뜨는 르와르 강의 하구에 있다.
en amont [ɑ̃namɔ̃]	~의 상류에.
	Paris est *en amont* de Rouen.
	파리는 루앙보다 상류 쪽에 있다.
en aval [ɑ̃naval]	하류에
l'**Escaut** *m* [ɛsko]	**n.** 프랑스에서 벨기에로 흐르는 에스코 강.
l'**étang** *m* [etɑ̃]	**n.** 연못.
fondre [fɔ̃dr]	**v.** 녹이다.
la **Garonne** [garɔn]	**n.** 가론 강.
le **golfe** [gɔlf]	**n.** 만.
	Le *golfe* du Morbihan.
	모르비앙 만.
maritime [maritim]	**adj.** 해안의, 바다의.
la **Marne** [marn]	**n.** 마르느 지역.
la **Méditerranée** [mediterane]	**n.** 지중해.
la **mer Baltique** [mɛrbaltik]	**n.** 발틱 해.
la **mer du Nord** [mɛrdynɔr]	**n.** 북해.
la **Meuse** [møz]	**n.** 뫼즈.
la **Moselle** [mɔzɛl]	**n.** 모젤.
l'**océan** *m* [ɔseɑ̃]	**n.** 대양.
la **Saône** [son]	**n.** 쏜 강.
le **torrent** [tɔrɑ̃]	**n.** 산의 급류.

하늘

l'**air** m [ɛr]	n. 공기.
le **ciel** [sjɛl]	n. 하늘.
l'**étoile** f [etwal]	n. 별.
la **lune** [lyn]	n. 달.
le **nuage** [nɥaʒ]	n. 구름.
le **soleil** [sɔlɛj]	n. 태양.
l'**année-lumière** f [anelymjɛr]	n. 광년(光年).
la **comète** [kɔmɛt]	n. 혜성.
l'**étoile filante** f [etwalfilɑ̃t]	n. 유성.
la **nébuleuse** [nebyløz]	n. 성운.
la **planète** [planɛt]	n. 행성, 유성.
l'**univers** m [ynivɛr]	n. 우주.
la **voie lactée** [vwalakte]	n. 은하수.

경치

beau, bel, belle [bo, bɛl]	adj. 아름다운, 멋진.
le **bois** [bwa]	n. 숲.
le **bruit** [brɥi]	n. 소음(tapage), 잡음.
calme [kalm]	adj. 평온한, 고요한.
la **campagne** [kɑ̃paɲ]	n. 시골, 전원.
les **environs** mpl [ɑ̃virɔ̃]	n. 주변 지역.
	Les *environs* de Fontainebleau sont très boisés. 퐁텐블로 주변지역은 숲이 울창하다.
l'**équilibre** m [ekilibr]	n. 균형.
	L'*équilibre* naturel est en danger. 자연의 균형이 위기에 놓여있다.
étendre (s') [setɑ̃dr]	v. 펼쳐지다, 확장되다.
	La plaine *s'étend* sur une centaine de kilomètres.

평원이 백여km에 걸쳐 펼쳐진다.

la **forêt** [fɔrɛ] **n.** 숲, 삼림.
la **nature** [natyr] **n.** 자연.
l'**odeur** ƒ [ɔdœr] **n.** 냄새, 향기.
l'**ombre** f [ɔ̃br] **n.** 그늘, 응달.
le **paysage** [peizaʒ] **n.** 경치.
pur, e [pyr] **adj.** 순수한.
le **silence** [silɑ̃s] **n.** 고요함.
la **surface** [syrfas] **n.** 평면, 표면, 외면.
tranquille [trɑ̃kil] **adj.** 고요한.
visible [vizibl] **adj.** 눈에 보이는.

l'**arc-en-ciel** m [arkɑ̃sjɛl] **n.** 무지개.
l'**aube** ƒ [ob] **n.** 새벽, 여명.
la **beauté** [bote] **n.** 아름다움.
le **bocage** [bɔkaʒ] **n.** 작은 숲, 특유의 경치.
brumeux, -euse [brymø, z] **adj.** 짙은 안개가 낀.
la **clairière** [klɛrjɛr] **n.** 숲 속의 빈터 (**éclaircie**).
le **coucher de soleil** [kuʃedsɔlɛj] **n.** 해가 저물기.
le c**répuscule** [krepyskyl] **n.** 황혼, 어스름.
désert, e [dezɛr. t] **adj.** 황량한 쓸쓸한.
étaler (s') [setale] **v.** 펼쳐지다.
la **haie** [´ɛ] **n.** 울타리.
la **lande** [lɑ̃d] **n.** 황무지, 황야.
le **maquis** [maki] **n.** 코르시카의 밀림, 관목지대.
le **marais** [marɛ] **n.** 늪, 습지.
pittoresque [pitɔrɛsk] **adj.** 그림 같은.
la **rosée** [roze] **n.** 이슬.
sauvage [sovaʒ] **adj.** 야생의.
silencieux, -euse [silɑ̃sjø, z] **adj.** 조용한.
le **site** [sit] **n.** 경치, 풍경, 위치, 지역.
la **solitude** [sɔlityd] **n.** 고독, 은둔.

29 도시환경

도시

la **banlieue** [bɑ̃ljø]
   n. 교외.
   J'habite en *banlieue*.
   나는 교외에 살고 있다.

la **capitale** [kapital]
   n. 수도.
carré, e [kare]
   adj. 정방형의, 정사각형인.
   J'ai 1000 mètres *carrés* de terrain.
   나는 1000평방미터의 땅을 갖고 있다.

le **centre** [sɑ̃tr]
   n. 센터.
les **environs** mpl [ɑ̃virɔ̃]
   n. 주변 지역.
l'**espace** m [ɛspas]
   n. 공간.
étendre (s') [setɑ̃dr]
   v. 펼쳐지다, 전개되다.
l'**industrie** f [ɛ̃dystri]
   n. 산업.
industriel, le [ɛ̃dystrijɛl]
   adj. 산업의.
   Lille est une ville *industrielle*.
   릴은 산업화된 도시다.

le **quartier** [kartje]
   n. 동네, 구역, 블록.
le **village** [vilaʒ]
   n. 마을.
la **ville** [vil]
   n. 도시.

---

l'**agglomération** f [aglomerasjɔ̃]
   n. 인구 밀집지역.
   L'*agglomération* parisienne comprend 10 millions d'habitants.
   파리권역은 1천만 주민을 갖고 있다.

le **centre-ville** [sɑ̃travil]
   n. 도심.
la **cité-dortoir** [sitedortwar]
   n. 베드 타운.
   Sarcelles est une affreuse *cité-dortoir*.
   싸르셀은 볼품없는 베드타운이다.

le **grand ensemble** [grɑ̃tɑ̃sɑ̃bl]
   n. 현대식 주택단지.

le **pâté de maisons** [patedmezɔ̃]	**n.** 주택 집단.
la **périphérie** [periferi]	**n.** 도시 순환도로.
le **quartier populaire** [kartjepɔpylɛr̃]	**n.** 근무 지역.
le **quartier résidentiel** [kartjerezidɑ̃sjɛl]	**n.** 주거 지역.
urbain, e [yrbɛ̃e, ɛn]	**adj.** 도시의(↔ **rural**).
villageois, e [vilaɛwa, z]	**n.** 마을 사람, 촌사람.
la **ville nouvelle** [vilnuvɛl]	**n.** 신도시. Evry-***ville-nouvelle***, au sud de Paris. 파리남쪽의 에브리-빌 누벨.

빌딩

le **bâtiment** [batimɑ̃]	**n.** 건물, 건축물.
la **cathédrale** [katedral]	**n.** 대성당.
le **château, x** [ʃato]	**n.** 성, 저택.
la **clinique** [klinik]	**n.** 개인 병원.
le **collège** [kɔlɛʒ]	**n.** 중학교.
la **construction** [kɔ̃stryksjɔ̃]	**n.** 건설, 건축.
l'**église** f [egliz]	**n.** 교회, 성당.
le **garage** [garaʒ]	**n.** 차고, 자동차 정비소.
la **gare** [gar]	**n.** 기차역.
le **grand magasin** [grɑ̃magazɛ̃]	**n.** 백화점.
le **H.L.M.** [aʃɛlɛm]	영세민공영 주택 (Habitation à Loyer Modéré). J'ai droit à un ***H.L.M.*** 나는 영세민 공영주택에 살 권리가 있다. Il y a beaucoup de ***H.L.M.*** en banlieue. 교외에는 많은 H. L. M. 이 있다.
l'**hôpital, -aux** m [ɔpital, o]	**n.** 종합 병원.
l'**hôtel de ville** m [ɔtɛldəvil]	**n.** 시청.
l'**immeuble** m [imœbl]	**n.** 건물, 가옥, 토지, 부동산.
le **lycée** [lise]	**n.** 고등학교.
le **magasin** [magazɛ̃]	**n.** 가게.
la **mairie** [meri]	**n.** 시청, 구청, 동사무소.

la **maison** [mɛzɔ̃]	n. 집, 단독 주택.
le **monument** [mɔnymɑ̃]	n. 기념물, 기념 건조물.
	Notre Dame est un **mounment** historique.
	노트르담은 역사적인 건조물이다.
le **mur** [myr]	n. 벽, 담.
le **musée** [myze]	n. 박물관, 미술관.
la **poste** [pɔst]	n. 우체국.
la **prison** [prizɔ̃]	n. 감옥.
le **restaurant** [rɛstɔrɑ̃]	n. 레스토랑
les **ruines** [rɥin]	n. 폐허.
	A Languidou il y a une chapelle en **ruines**.
	랑기두에는 폐허가 된 예배당이 있다.
le **stade** [stad]	n. 스타디움.
le **supermarché** [sypɛrmarʃe]	n. 수퍼마켓.
la **tour** [tur]	n. 타워, 고층 빌딩.
l'**université** f [ynivɛrsite]	n. 대학.
l'**architecture** *f* [arʃitɛktyr]	n. 건축.
la **centrale nucléaire** [sɑ̃tralnyklɛɛr]	n. 원자력 발전소.
le **centre commercial** [sɑ̃trəkɔmɛrsial]	n. 상가.
le **centre culturel** [sɑ̃trəkyltyrɛl]	n. 문화원.
l'**édifice** m [edifis]	n. 건물, 공공 건물.
la **grande surface** [grɑ̃dsyrfas]	n. 쇼핑 센터.
le **pavillon** [pavijɔ̃]	n. 단독 주택.
résidence [rezidɑ̃s]	n. 주거지.

도로

l'**aéroport** m [aerɔpɔr]	n. 공항.
l'**autoroute** *f* [ɔtɔrut]	n. 고속도로.
l'**avenue** *f* [avəny]	n. 대로, 가로수 길.
le **boulevard** [bulvar]	n. 큰길.
le **carrefour** [karfur]	n. 사거리, 교차로.
la **chaussée** [ʃose]	n. 차도

le **chemin** [ʃmɛ̃]	n. 길.
le **cimetière** [simtjɛr]	n. 공동묘지.
la **cour** [kur]	n. 안마당, 뜰, 구내.
le **marché** [marʃe]	n. 시장, 장터.
la **nationale** [nasjɔnal]	n. 국도 (route nationale).
le **parking** [parkiŋ]	n. 주차장.
la **piscine** [pisin]	n. 수영장.
la **place** [plas]	n. 광장, 로터리.
le **pont** [pɔ̃]	n. 다리, 교량.
le **port** [pɔr]	n. 항구.
le **quai** [ke]	n. 부두, 둑.
la **route** [rut]	n. 도로.
la **rue** [ry]	n. 길, 가(街).
le **terrain** [tɛrɛ̃]	n. 대지(垈地).
le **trottoir** [trɔtwar]	n. 보도, 인도.
la **voie** [vwa]	n. 길, 차선, 철도.

échangeur m [eʃɑ̃ʒœr]	n. 인터체인지,
l'**égout** m [egu]	n. 하수도, 하수구, Le tout-à-l'*égout* parisien date de 1850 • 파리의 수세시설은 1850년까지 거슬러 올라간다.
le **périphérique** [periferik]	n. 도시 순환도로
le **rail** [raj]	n. 레일.
le **tunnel** [tynɛl]	n. 터널.
la **voie piétonne** [vwapjetɔn]	n. 보행자 길.
la **zone piétonne** [zonpjɛtɔn]	n. 보행자 구역.

도시문제

abandonner [abɑ̃dɔne]	v. 버리다, 폐기하다.
affreux, -euse [afrø, z]	adj. 보기에 끔찍한(épouvantable), 흉한.
améliorer [ameljɔre]	v.t. 개선하다, 좋게 만들다.
automatique [ɔtɔmatik]	adj. 자동적인.
le **béton** [betɔ̃]	n. 콘크리트.
le **bruit** [brɥi]	n. 소음, 잡음.
bruyant, e [brɥijɑ̃, t]	adj. 시끄러운 소음이 있는.
carré, e [kare]	adj. 정방형의, 네모난.

central, e, -aux [sɑ̃tral, o]	**adj.** 중앙의.
le changement [ʃɑ̃ʒmɑ̃]	**n.** 변화.
le charbon [ʃarbɔ̃]	**n.** 석탄.
construire [kɔ̃strɥir]	**v.** 건설하다, 집을 짓다.
démolir [demɔlir]	**v.** 파괴하다(détruire), 허물다(abattre).
détruire [detrɥir]	**v.** 파괴하다(construire), 소멸시키다.
l'électricité f [elɛktrisite]	**n.** 전기.
électrique [elɛktrik]	**adj.** 전기의.
l'environnement m [ɑ̃virɔnmɑ̃]	**n.** 환경, 주위.
fonctionner [fɔ̃ksjɔne]	**v.i.** 움직이다, 작동하다.
la fumée [fyme]	**n.** 연기.
gaspiller [gaspije]	**v.** 낭비하다(↔ économiser).
haut, e [´o, t]	**adj.** 높은.
la hauteur m [´otœr]	**n.** 높이.
l'incendie m [ɛ̃sɑ̃di]	**n.** 화재.
moderne [mɔdɛrn]	**adj.** 근대적인, 현대적인.
neuf, neuve [nœf, nœv]	**adj.** 새로운. J'habite un bâtiment tout *neuf*. 나는 새 건물에 살고 있다.
nouveau, -vel, -velle [nuvo, nuvɛl]	**adj.** 새로운, 신규의. mon *nouvel* appartemen est plus. grand. 내 새 아파트는 더 크다.
populaire [pɔpylɛr]	**adj.** 인기있는.
profond, e [prɔfɔ̃, d]	**adj.** 깊은
le projet [prɔʒɛ]	**n.** 계획.
la technique [tɛknik]	**n.** 테크닉, 기술.
transformer [trɑ̃sfɔrme]	**v.** 변경시키다.

l'aménagement m [amenaʒmɑ̃]	**n.** 정돈, 정비. L'*aménagement* du Rhin a provoqué des problèmes. 라인강 정비는 문제들을 야기했다.
aménager [amenaʒe]	**v.** 정리하다, 설비를 갖추다.
l'assainissement m [asenismɑ̃]	**n.** 정화, 위생적으로 만들기.
le chantier [ʃɑ̃tje]	**n.** 공사장, 작업장.
les déchets mpl [deʃɛ]	**n.** 쓰레기 (**débris**), 오물 (**résidu**).
la dégradation [degradasjɔ̃]	**n.** 황폐화, 풍화작용. La *dégradation* des vieux quartiers.

polluer [pɔlɥe] le taudis [todi] l'urbanisation f [yrbanizasjɔ̃] l'urbanisme m [yrbanism]	옛 시가지의 황폐화. v. 오염시키다 (infecter), 더럽이다. n. 빈민가, 누옥. n. 도시계획 사업, 구획정리 사업. n. 도시계획.

유럽의 도시

Aix-la-Chapelle [ɛkslaʃapɛl]	아헨.
Anvers [ãvɛr]	앤트워프.
Athènes [atɛn]	아테네.
Bâle [bal]	바젤.
Berne [bɛrn]	베른.
Bréme [brɛm]	브레멘.
Bruges [bryʒ]	브뤼쥬.
Brunswick [brẽsvik]	브륀스윅.
Bruxelles [brysɛl]	브뤼셀.
Coblence [kɔblãs]	코블렌츠.
Cologne [kɔlɔɲ]	쾰른.
Copenhague [kɔpɛn´ag]	코펜하겐.
Cordoue [kɔrdu]	코르도바.
Cracovie [krakɔvi]	크라코프.
Dresde [drɛsd]	드레스덴,
Francfort [frãkfɔr]	프랑크프루트.
Fribourg [fribur]	프라이부르그.
Gand [gã]	겐트.
Genes [ʒɛn]	제노아.
Genève [ʒnɛy]	제네바.
Hambourg [ãbur]	함브르크.
Hanovre [anɔvr]	하노버.
La Haye [la´ɛ]	헤이그.
Liège [ljɛʒ]	리에쥬.
Lisbonne [lisbɔn]	리스본.
Londres [lɔ̃dr]	런던.
Mayence [majãs]	마인쯔.
Milan [milã]	밀라노.
Moscou [mɔsku]	모스크바.

Munich [mynik]	뮌헨.
Naples [napl]	나폴리.
Nuremberg [nyrɑ̃bɛr]	뉘렌베르그,
Prague [prag]	프라하.
Ratisbonne [ratisbɔn]	리겐스부르크,
Rome [rɔm]	로마.
Trèves [trɛv]	트리어.
Varsovie [varsɔvi]	바르샤바.
Venise [vəniz]	베니스.
Vienne [vjɛn]	비인.

독일, 영국의 지역

le **Bade-Wurtemberg** [badwyrtɑ̃bɛr]	Baden-Württenberg.
la **Basse-Saxe** [bassaks]	Lower Saxony.
la **Bavière** [bavjɛr]	Bavaria.
le **Brandebourg** [brandɛbur]	Brandenburg.
la **Cornouaille** [kɔrnuaj]	Cornwall.
l'**Ecosse** *f* [ekɔs]	Scotland.
la **Hesse** ['ɛs]	Hesse.
le **Mecklembourg-Pomeranie** [meklɛ̃burpɔmerani]	Mecklenburg-WesternPomerania.
le **Pays de Galles** [peidgal]	Wales.
la **Rhénanie-Westphalie** [renanivɛstfali]	North Rhine-Westphalia.
la **Rhénanie-Palatinat** [renanipalatina]	Rhineland-Palatinate.
la **Sarre** [sar]	Saarland.
la **Saxe** [saks]	Saxony.
le **Saxe-Anhalt** [saks-ɑ̃nʒalt]	Saxony-Anhalt.
le **Schleswig-Holstein** [ʃlɛswigɔlsten]	Schleswig-Holstein.
la **Thuringe** [tyriŋ]	Thuringia.

주제에 따른 분류

30. 색과 형태

31. 재료, 재질

32. 수

33. 공간

34. 시간

30 색과 형태

색

blanc, blanche [blɑ̃, blɑ̃ʃ]   *adj.* 흰색의.
bleu, e [blø]   *adj.* 푸른, 청색의.
J'ai acheté une robe ***bleu*** ciel.
나는 하늘색 푸른 원피스를 샀다.

blond, e [blɔ̃, d]   *adj.* 금발의, 황금빛의.
brillant, e [brijɑ̃, t]   *adj.* 빛나는.
brun, e [brœ̃, bryn]   *adj.* 갈색의.
clair, e [klɛr]   *adj.* 밝은, 맑은.
la **couleur** [kulœr]   *n.* 색, 색깔.
De quelle ***couleur*** sont ses yeux?
그의 눈은 무슨 색이지?

foncé, e [fɔ̃se]   *adj.* 짙은, 진한(↔ faible).
gris, e [gri, z]   *adj.* 회색의.
jaune [ʒon]   *adj.* 노란색의.
marron [marɔ̃]   *adj.* (불변화어) 밤색의.
noir, e [nwar]   *adj.* 검은 색의.
orange [ɔrɑ̃ʒ]   *adj.* (불변화어) 오렌지 색의.
Des chaussettes ***orange***.
오렌지색 양말.

pale [pal]   *adj.* 빛이 연한(foncé).
rose [roz]   *adj.* 핑크 색의.
rouge [ruʒ]   *adj.* 붉은 색의.
roux, rousse [ru, rus]   *adj.* 적갈색, 다갈색의.
sombre [sɔ̃br]   *adj.* 어두운.
le **ton** [tɔ̃]   *n.* 색조.
uni, e [yni]   *adj.* 단일한, 무늬없는.

vif, vive [vif, viv]	**adj.** 활기찬, 생생한.
violet, te [vjɔlɛ, t]	**adj.** 보라색의.

blanc cassé [blɔ̃kase]	**adj.** (불변화어) 회색을 띤, 회색의.
châtain [ʃatɛ̃]	**adj.** 밤색의.
	*Marie-Louise est **châtain**.*
	마리 루이즈는 머리카락이 밤색이다.
	*Claire a des cheveux **châtains**.*
	클레르는 머리카락이 밤색이다.
d'argent [darʒɔ̃]	**adj.** 은빛의.
d'or [dɔr]	**adj.** 금빛의.
	*Elle a les cheveux **d'or**.*
	그녀는 금빛 머리카락을 갖고 있다.
lilas [lila]	**n.** 라일락, **adj.** 연보라색의, (불변화어)
mauve [mov]	**n.f.** 접시꽃, **adj.** 연보라색의.
ocre [ɔkr]	**n.f.** 황토, **adj.** 황토색의.(불변화어)
paille [paj]	**n.f.** 짚, **adj.** 짚색깔의, (불변화어)

모양

aigu, aiguë [egy]	**adj.** 뾰족한, 날카로운.
le **carré** [kare]	**n.** 정사각형, 정방형.
carré, e [kare]	**adj.** 네모난, 정4각형의.
le **cercle** [sɛrkl]	**n.** 원, 동그라미.
la **droite** [drwat]	**n.** 직선.
en forme de [ãfɔrmdə]	~의 형태를 하고 있는.
	En forme de coeur. 하트 모양의.
la **forme** [fɔrm]	**n.** 형태.
former [fɔrme]	**v.** 형성하다 구성하다.
la **ligne** [liɲ]	**n.** 선.
le **point** [pwɛ̃]	**n.** 점.
raide [rɛd]	**adj.** 꼿꼿한, 직선적인.

le **rectangle** [rɛktɑ̃gl]	**n.** 직사각형.
régulier, -ère [regylje, ɛr]	**adj.** 규칙적인, 일정한.
rond, e [rɔ̃, d]	**adj.** 둥근.
le **trait** [trɛ]	**n.** 선, 줄.
le **triangle** [trijɑ̃gl]	**n.** 삼각형.
la **courbe** [kurb]	**n.** 곡선.
le **cube** [kyb]	**n.** 입방체.
le **pyramide** [piramid]	**n.** 피라미드.
la **rangée** [rɑ̃ʒe]	**n.** 늘어선 줄, 열.
la **sphère** [sfɛr]	**n.** 구(球).

31 재료, 재질

일반어휘

l'**énergie** f [enɛrʒi] n. 에너지.
fin, fine [fɛ̃, fin] adj. 가는, 미세한.
fragile [fraʒil] adj. 약한, 부서지기 쉬운.
le **liquide** [likid] n. 액체, 유동체.
le **matériel** [materjɛl] n. 설비, 자재.
la **matière** [matjɛr] n. 물질, 재료.
nucléaire [nykleɛr] adj. 핵의, 원자력의.
  Energie *nucléaire*. 핵에너지.
solide [sɔlid] adj. 견고한.
la **sorte** [sɔrt] n. 종류(espèce), 방법(façon).

consister en [kɔ̃sisteã] ~로 구성되다.
  Le diamant *consiste en* carbone.
  다이아몬드는 탄소로 구성되어 있다.
inflammable [ɛ̃flamabl] adj. 인화성의.
la **matière première** [matjɛrprəmjɛr] n. 1차 재료.
opaque [ɔpak] adj. 불투명한 (transparent).
l'**oxygène** m [ɔksiʒɛn] n. 산소.
soluble [sɔlybl] adj. 용해될 수 있는.
transparent, e [trãsparã, t] adj. 투명한.

원자재

le **bois** [bwa]
n. 나무, 목재.
Ce jouet est en **bois**.
이 장난감은 나무로 되어 있다.

le **caoutchouc** [kautʃu]   n. 고무.
le **carton** [kartɔ̃]   n. 마분지, 판지.
le **charbon** [ʃarbɔ̃]   n. 석탄.
le **coton** [kɔtɔ̃]   n. 면.
le **cuir** [kɥir]   n. 가죽.
la **ficelle** [fisɛl]   n. 끈, 노끈.
le **fil** [fil]   n. 실.
Fil à ã coudre. 바느질용 실.

la **fourrure** [furyr]   n. 모피.
la **laine** [lɛn]   n. 모직물.
le **papier** [papje]   n. 종이.
le **tissu** [tisy]   n. 천, 옷감.
la **toile** [twal]   n. 삼베, 무명.

la **corde** [kɔrd]   n. 로프, 밧줄.
le **duvet** [dyvɛ]   n. 솜털, 보풀.
en osier [ãnozje]   가는 가지로 엮어 만든, 고리버들 세공의.
la **fibre naturelle** [fibrənatyrɛl]   n. 천연 섬유.
le **lin** [lɛ̃]   n. 아마, 아마포.
le **parchemin** [parʃəmɛ̃]   n. 양피지.
la **soie** [swa]   n. 실크.
tissé, e [tise]   adj. 직물을 짠.
tisser [tise]   v. 직물을 짜다.

공물, 화학재료

l'**argent** m [arʒɑ̃]   **n.** 은.
le **béton** [betɔ̃]   **n.** 콘크리트.
chimique [ʃimik]   **adj.** 화학의.
la **colle** [kɔl]   **n.** 풀, 아교.
l'**essence** [esɑ̃s]   **n.** 가솔린, 휘발유.
le **fer** [fɛr]   **n.** 철.
L'age du *fer*. 철의 시대.
Le fil de *fer*. 철사.
Le fil de *fer* barbelé. 가시 철사.
Le *fer* blanc. 양철.

le **gaz** [gaz]   **n.** 가스.
le **laiton** [lɛtɔ̃]   **n.** 놋쇠.
le **métal, -aux** [metal, o]   **n.** 금속.
le **nylon** [nilɔ̃]   **n.** 나일론.
l'**or** m [ɔr]   **n.** 금.
La médaille d'*or*. 금메달.
le **pétrole** [petrɔl]   **n.** 석유 pétrole brut 원유.
la **pierre** [pjɛr]   **n.** 돌.
le **plastique** [plastik]   **n.** 플라스틱.
le **verre** [vɛr]   **n.** 유리.

l'**acier** m [asje]   **n.** 강철.
l'**ardoise** f [ardwaz]   **n.** 석반석, 슬레이트.
Un toit d'*ardoises*. 슬레이트로 된 지붕.
l'**argile** m [arʒil]   n, 점토, 찰흙.
l'**asphalte** m [asfalt]   **n.** 아스팔트.
le **bronze** [brɔ̃z]   **n.** 청동.
L'âge du *bronze*. 청동시대.
le **carburant** [karbyrɑ̃]   **n.** 모터 오일.

la **céramique** [seramik]	**n.** 도자기, 타일.
la **craie** [krɛ]	**n.** 백묵.
le **cristal, -aux** [kristal, o]	**n.** 크리스탈, 수정.
le **cuivre** [kɥivr]	**n.** 구리.
l'**étain** m [etɛ̃]	**n.** 주석.
la **fibre artificielle** [fibrartifisjɛl]	**n.** 인조 섬유.
la **fibre synthétique** [fibrsɛ̃tetik]	**n.** 합성 섬유.
fondre [fɔ̃dr]	**v.** 녹이다, 용해하다.
le **gas-oil**, le **gazole** [gazwal, gazɔl]	**n.** 디젤유, 가스유.
le **goudron** [gudrɔ̃]	**n.** 타르.
le **grès** [grɛ]	**n.** 사암, 사암의 분말. Le **grès** rouge des Vosges. 보쥬지역의 적색사암.
le **marbre** [marbr]	**n.** 대리석.
le **mazout** [mazut]	**n.** 연료유, 중유.
métallique [metalik]	**adj.** 금속의.
le **minéral** [mineral]	**n.** 광물.
la **mousse** [mus]	**n.** 고무 스폰지.
le **plâtre** [platr]	**n.** 석고, 석회.
le **plomb** [plɔ̃]	**n.** 납.
le **polystirène** [polistirɛn]	**n.** 폴리스틸렌 플라스틱, 스틸로폼.
la **porcelaine** [pɔrsəlɛn]	**n.** 자기, 도자기.
le **produit pétrolier** [prodɥipetrɔlje]	**n.** 석유 가공 제품.
souder [sude]	**v.** 납땜하다, 용접하다.
la **tôle** [tol]	**n.** 금속판, 철판, 양철. La **tôle** ondulée. 골 함석.
Le **zinc** [zɛ̃g]	**n.** 아연.

32 수

기수(基數)

zéro [zero]	0.
un [œ̃]	1.
deux [dø]	2.
trois [trwa]	3.
quatre [katr]	4.
cinq [sɛ̃k]	5.
six [sis]	6.
sept [sɛt]	7.
huit [ɥit]	8.
neuf [nœf]	9.
dis [dis]	10.
onze [ɔ̃z]	11.
douze [duz]	12.
treize [trɛz]	13.
quatorze [katɔrz]	14.
quinze [kɛ̃z]	15.
seize [sɛz]	16.
dix-sept [disɛt]	17.
dix-huit [dizɥit]	18.
dix-neuf [diznœf]	19.
vingt [vɛ̃]	20.
vingt et un [vɛ̃teœ̃]	21.
vingt-deux [vɛ̃tdø]	22.
trente [trɑ̃t]	30.
quarante [karɑ̃t]	40.
cinquante [sɛ̃kɑ̃t]	50.

프랑스어 기본어휘 ··· 277

soixante [swasɑ̃t]	60.
soixante-dix [swasɑ̃tdis]	70.
soixante et onze [swasɑ̃teɔ̃z]	71.
soixante-douze [swasɑ̃tduz]	72.
quatre-vingts [katrəvɛ̃]	80.
quatre-vingt-un [katrəvɛ̃œ̃]	81.
quatre-vingt-dix [katrəvɛ̃dis]	90.
quatre-vingt-onze [katrəvɛ̃ɔ̃z]	91.
cent [sɑ̃]	100.
mille [mil]	1000.
	Audierne a six *mille* habitants.
	오디에른에는 6천명의 주민이 있다.
un million [miljɔ̃]	백만.
	Paris a deux *millions* d'habitants.
	파리에는 2백만명의 주민이 있다.
un milliard [œ miljar]	10억.

수량의 표현

demi, e [dəmi]	**adj.** 절반의.
tiers [tjɛr]	**adj.** 3번째의, **n.** 1/3.
quart [kar]	**adj.** 4번째의, **n.** 1/4.
un cinquième [sɛ̃kjɛm]	**n.** 1/5.
premier, -ère [prəmje, ɛr]	**adj.** 첫 번째의.
second, e [səgɔ̃, d]	adj, 두 번째의.
troisième [trwazjɛm]	**adj.** 세 번째의.
dizaine [dizɛn]	**adj.** 10개쯤의.
douzaine [duzɛn]	**adj.** 12개쯤의, 한 다스 정도의.
	J'ai acheté une *douzaine* d'oeufs.
	나는 12개쯤의 계란을 샀다.
quinzaine [kzɛn]	**adj.** 15개쯤의.
	J'ai passé une *quinzaine* agréable

à Paris. 나는 보름 정도를 유쾌하게 파리에서 보냈다.

centaine [sɑ̃tɛn] **adj.** 100개 정도의.
millier [milje] **adj.** 천개쯤의.
milliers mpl [milje] **n.** 다수.
double [dubl] **adj.** 이중의 두 배의.
Çe fait le ***double*** de ce qu'on a prévu.
우리가 예상한 것의 두배입니다.

triple [tripl] **adj.** 세 배의.
à peu près [apøprɛ] 거의.
au total [otɔtal] 전부.
Ça fait combien au ***total***? 전부 얼마죠?

le chiffre [ʃifr] **n.** 숫자, 총액.
comparer [kɔ̃pare] **v.** 비교하다.
compter [kɔ̃te] **v.** 계산하다, 셈하다.
correspondre [kɔrɛspɔ̃dr] **v.** ~에 해당하다, 상응하다.
Ça ***correspond*** à quoi?
이것은 무엇에 해당되죠?

la différence [diferɑ̃s] **n.** 차이.
diminuer [diminɥe] **v.** 줄어들다, 감소하다.
la division [divizjɔ̃] **n.** 분할, 나누기.
égal, e, -aux [egal, o] **adj.** 같은, 대등한.
en moyenne [ɑ̃mwajɛn] 평균적으로.
entier, -ère [ɑ̃tje, ɛr] **adj.** 전체의, 완전한.
Les nombres ***entiers***. 전체 수.

environ [ɑ̃virɔ̃] **adv.** 대략.
exact, e [ɛgzakt] **adj.** 옳은 (juste), 엄밀한 (rigoureux).
fois [fwa] **n.** 번, 회.
Trois ***fois*** dix font trente. 3×10 = 30.

la majorité [maʒɔrite] **n.** 다수, 과반수.
le maximum [maksimɔm] **n.** 맥시멈, 최대.
le minimum [minimɔm] **n.** 미니멈, 최소.
moins [mwɛ̃] **adv.** 보다 적게, 덜.

la **moitié** [mwatje]
Huit *moins* trois font cinq. 8-3=5.
n. 절반.
La moitié des gens. 절반의 사람들.

le **nombre** [nɔ̃br] **n.** 수, 수효.
le **numéro** [nymero] **n.** 번호.
l'**ordre** m [ɔrdr] **n.** 순서.
Dans l'*ordre* alphabétique. 알파벳 순에 따라.

pareil, le [parɛj] **adj.** 비슷한(semblable), 동일한(identique).
C'est du *pareil* au même. 그것은 같은 것이다.

le **rang** [rɑ̃] **n.** 랭킹, 순위.
la **somme** [sɔm] **n.** 총액.
supérieur, e [syperjœr] **adj.** ~보다 우월한.
total, e, -aux [tɔtal, o] **adj.** 전부의, 전체의(entiers).
l'**unité** f [ynite] **n.** 단위.

considérable [kɔ̃siderabl] **adj.** 상당량의.
l'**égalité** f [egalite] 대등함, 균등함.
faire ses comptes [fɛrsekɔ̃t] ~을 계산하다.
impair, e [ɛ̃pɛr] **adj.** 홀수의.
Nombre *impair*. 홀수.
inférieur, e [ɛ̃ferjœr] **adj.** ~보다 열등한 (-**à**).
pair, e [pɛr] **adj.** 짝수의.
Nombre *pair*. 짝수.

측정

le **bout** [bu] **n.** 끝 (extrémité).
le **carré** [kare] **n.** 정방형.
carré, e [kare] **adj.** 네모난, 정4각형의.
le **centimètre** [sɑ̃timɛtr] **n.** 센티미터.
court, e [kur, t] **adj.** 짧은.
le **degré** [dəgre] **n.** 단계, 도.

Il fait combien de **degrés**?
지금 날씨가 몇 도지?

énorme [enɔrm] — **adj.** 거대한, 엄청난.
et demi [edmi] — **adj.** 더하기 1/2.
Un kilo et **demi**. 1.5kg.

le **gramme** [gram] — **n.** 그램.
grand, e [grã, d] — **adj.** 큰.
haut, e ['o, t] — **adj.** 높은.
immense [imãs] — **adj.** 무한한 (illimité).
le **kilo** [kilo] — **n.** 킬로.
le **kilogramme** [kilogram] — **n.** 킬로그램.
le **kilomètre** [kilomɛtr] — **n.** 킬로미터.
km à l'heure [kilomɛtralœr] — 시속.
Ma voiture roule à 160**km à l'heure**.
내 차는 시속 160km로 달린다.

léger, -ère [leʒe, ɛr] — **adj.** 가벼운(↔ lourd).
le **litre** [litr] — **n.** 리터.
J'ai bu un **litre** de jus de pommes.
나는 사과주스 1리터를 마셨다.

la **livre** [livr] — **n.** 파운드, 500그램.
J'ai pris une **livre** de tomates.
나는 500그램의 토마토를 샀다.

long, longue [lɔ̃, g] — **adj.** 긴(↔ court).
la **longueur** [lɔ̃gœr] — **n.** 길이.
La **longueur** d'ondes. 파장.

lourd, e [lur, d] — **adj.** 무거운(↔léger).
la **mesure** [məzyr] — **n.** 측량, 측정.
le **mètre** [mɛtr] — **n.** 미터.
la **moyenne** [mwajɛn] — **n.** 평균, 평균치.
Je roule à 110 en **moyenne**.
나는 평균 시속 110km로 운전하다.

net, te [nɛt] — **adj.** 순수한, 다른 것이 섞이지 않은.
Poids **net**. 실중량.

le **paquet** [pakɛ]	**n.** 꾸러미, 보따리, 소포.
petit, e [pti, t]	**adj.** 작은.
le **poids** [pwa]	**n.** 무게.
la **taille** [taj]	**n.** 사이즈, 크기.
le **volume** [vɔlym]	**n.** 부피.
le **mètre carré** [mɛtrkare]	**n.** 평방 미터.
le **mètre cube** [mɛtrkyb]	**n.** 입방 미터.
le **quintal, -aux** [kɛ̃tal, o]	**n.** 무게의 단위, 100kg.
la **tonne** [tɔn]	**n.** 톤.

양의 개념

aucun de [okœ̃d]	어느 것도, 아무도. *Aucun des* deux m'a dit la vérité. 두 사람중 아무도 내게 진실을 말하지 않았다.
autant de [otɑ̃də]	그 만큼의.
beaucoup [boku]	**adv.** 많이. J'ai *beaucoup* d'amis. 나는 친구가 많다.
bien des [bjɛ̃de]	많은 양의.
combien [kɔ̃bj]	**adv.** 얼마나.
doubler [duble]	**v.** 두 배로 하다. J'ai *doublé* la mise. 나는 투자를 두 배로 했다.
en plus [ɑ̃plys]	게다가.
l'**ensemble** [ɑ̃sɑ̃bl]	**n.** 총액, 전체.
la **foule** [ful]	**n.** 군중, 무리. Tu as vu la *foule* devant le cinéma? 너는 극장앞에 모인 군중을 봤니?
le **groupe** [grup]	**n.** 그룹, 단체.
la **plupart** [plypar]	**n.** 대부분. La *plupart* des gens vont tôt au lit. 대부분의 사람들은 일찍 잠자리에 든다.

	La ***plupart*** du temps je suis occupé. 대부분의 시간, 나는 바쁘다.
ne ... pas de [nə ... padə]	~이 없는. Je ***n'**ai **pas d'***enfants. 나는 자식이 없다.
nombreux, -euse [nɔ̃brø, z]	**adj.** 많은 수의.
pas grand-chose [pagrɑ̃ʃoz]	별 것 아닌, 대단하지 않은. Je n'ai ***pas*** fait ***grand-chose***. 나는 특별한 일을 하지 않았다.
pas un, une [pazœ̃, zyn]	단 하나도. ***Pas une*** minute de plus. 1분도 더는 안된다.
peu [pø]	**adv.** 약간, 조금. Je dors ***peu***. 나는 아주 조금 잠을 잔다.
peu de [pødə]	약간의.
plein de [plɛ̃də]	~로 가득찬.
plus [plys]	**adv.** 더 많이. Encore ***plus***. 더 많이.
plus de [plydə]	더 이상의. Je n'ai ***plus*** d'essence. 나는 더 이상 휘발유가 없다.
plus du tout [plydytu]	더 이상 전혀.
plusieurs [plyzjœr]	**adj.** (불변화어) 몇몇의, 약간의.
la quantité [kɑ̃tite]	**n.** 수량, 양, 분량.
rien de [rjɛ̃də]	전혀, 아무 것도. ***Rien de*** bien. 잘되는 일이 아무 것도 없다.
rien du tout [rjɛ̃dytu]	전혀.
tant de [tɑ̃də]	그렇게 많은. ***Tant d'***histoires pour rien du tout. 아무 것도 아닌 일에 그렇게 야단법석이냐.
trop de [trodə]	지나치게 많은.
un (tout petit) peu [tuptipø]	아주 조금.
un tas de [tadə]	상당량의.

contenir [kɔ̃tnir]	**v.** 내포하다, 포함하다.
en masse [ɑ̃mas]	대량으로, 집단으로,
en trop [ɑ̃tro]	지나치게 많은.
	Il y a un couvert **en trop**.
	사이에서 한 사람 식기가 더 놓였다.
la masse [mas]	**n.** 덩어리, 집단.
la part [par]	**n.** 부분, 몫, 할당분.

33 공간

명사

l'**arrière** m [arjɛr]
n. 뒷쪽, 뒷 부분.
Je vais en **arrière**. 나는 뒷쪽으로 간다.

le **bas** [ba]
n. 밑, 밑부분.
Au **bas** de la page. 페이지 하단에.

le **bout** [bu]
n. 끝 (extrémité), 끝 부분.

le **coin** [kwɛ̃]
n. 코너, 구석.

le **côté** [kote]
n. 쪽, 측면.

la **direction** [dirɛksjɔ̃]
n. 방향.
Audierne, c'est quelle **direction**?
오디에른은 어느 쪽에 있습니까?

l'**endroit** m [ɑ̃drwa]
n. 장소, 곳.
L'**endroit** me plaît. 이 곳은 내 마음에 든다.

les **environs** mpl [ɑ̃virɔ̃]
n. 주변 지역.

l'**est** m [ɛst]
n. 동쪽.
J'habite à l'**est** de Paris.
나는 파리의 동쪽에 살고 있다.
J'habite dans l'**est** de Paris.
나는 동부 파리에 살고 있다.

l'**étape** f [etap]
n. 단계, 과정.

le **fond** [fɔ̃]
n. 바닥.
Au **fond** d'une fontaine. 샘의 바닥에.

le **lieu, x** [ljø]
n. 장소.
Ce n'est ni le temps ni le **lieu** pour faire ça.
그 일을 하기에 시간도 장소도 적합하지 않다.

la **longueur** [lɔ̃gœr]
n. 길이.
Cinq mètres de **longueur**. 길이 5m.

le **mètre** [mɛtr]	n. 미터.
le **nord** [nɔr]	n. 북쪽.
l'**ouest** m [wɛst]	n. 서쪽.
la **place** [plas]	n. 광장, 로터리.
la **position** [pozisjɔ̃]	n. 위치.
le **sens** [sɑ̃s]	n. 방향.
	Sens unique. 일방통행
le **sud** [syd]	n. 남쪽.
le **tour** [tur]	n. 주위, 둘레.
la **distance** [distɑ̃s]	n. 거리, 간격.
l'**extérieur** m [ɛksterjœr]	n. 외부, 외모.
la **hauteur** [ˈotœr]	n. 높이.
l'**intérieur** m [ɛ̃terjœr]	n. 내부.
la **largeur** [larʒœr]	n. 넓이.
la **limite** [limit]	n. 경계, 한계.
le **milieu, x** [miljø]	n. 한 가운데, 중간.

형용사

court, e [kur, t]	adj. 짧은 (↔ long).
droit, e [drwa, t]	adj. 바른, 곧은 (↔ courbe), 오른쪽의.
étroit, e [etrwa, t]	adj. 좁은.
extérieur, e [ɛksterjœr]	adj. 외부의 (↔ intérieur).
gauche [goʃ]	adj. 왼쪽의 (↔ droit).
haut, e [ˈo, t]	adj. 높은 (↔ bas).
intérieur, e [ɛ̃terjœr]	adj. 안쪽의.
large [larʒ]	adj. 폭이 넓은.
long, longue [lɔ̃, g]	adj. 긴.
mondial, e, -aux [mɔ̃djal, o]	adj. 세계의, 세계적인.
proche [prɔʃ]	adj. 가까운.
supérieur, e [syperjœr]	adj. ~보다 우월한(-à).

inférieur, e [ɛ̃ferjœr]	**adj.** ~보다 열등한.
méridional, e, -aux [meridjɔnal, o]	**adj.** 남쪽의.
occidental, e, -aux [ɔksidɑ̃tal, o]	**adj.** 서쪽의, 서구의.
oppose, e [opoze]	**adj.** 반대의, 상반된.
oriental, e, -aux [ɔrjɑ̃tal, o]	**adj.** 동쪽의, 동양의.
septentrional, e, -aux [sɛptɑ̃trijɔnal, o]	**adj.** 북쪽의.

전치사

à côté de [akotedə]	~옆에.
à droite de [adrwatdə]	~의 오른쪽에.
à gauche de [agoʃdə]	~의 왼쪽에.
après [aprɛ]	~다음에.
	Tournez à gauche *après* le pont.
	다리를 지나서 왼쪽으로 도시오.
au bout de [obudə]	~의 끝에 (시간, 공간).
au-dessous (de) [odsu də]	~밑에.
au-dessus (de) [odsy də]	~위에.
autour de [oturdə]	~주변에.
avant [avɑ̃]	~이전에, ~보다 먼저.
	Dornière sortie *avant* la frontière.
	국경선 전 마지막 출구.
contre [kɔ̃tr]	~반대로, ~안에.
	Je vais dans la cuisine. 나는 부엌 안으로 간다.
	Je suis dans la cuisine. 나는 부엌 안에 있다.
derrière [dɛrjɛr]	~뒤에.
	Le parking est *derrière* l'hôtel.
	주차장은 호텔뒤에 있다.
devant [dəvɑ̃]	~앞에.

주제에 따른 분류

	Je me suis garé *devant* ton garage. 나는 너의 차고 앞에 주차했다.
en [ã]	~안에, ~동안. J'habite *en* France. 나는 프랑스에 살고 있다. Je vais *en* Russie. 나는 러시아에 간다. Pierre est *en* prison. 피에르는 투옥되어 있다.
en face de [ãfasdə]	~의 정면에.
entre [ãtr]	~사이에.
jusqu'à [ʒyska]	~까지.
loin de [lwɛ̃də]	~에서 먼. Loin des yeux, *loin du* coeur. 눈에서 멀어지면 마음에서 멀어진다.
près de [prɛdə]	~가까이에.
sous [su]	~밑에.
sur [syr]	~위에, ~의 표면에.
vers [vɛr]	~를 향하여. La route *vers* Dijon. 디종을 향해가는 도로.
la hauteur de [alaˊotœrdə]	~의 높이에.
à travers [atravɛr]	~을 가로질러. Je marche à *travers* champs. 나는 들판을 가로질러 걷는다.
d'ici à [disia]	여기부터 저기까지. Ça fait presque 600km *d'ici à* Paris. 여기서 파리까지 거의 600km 된다.
du côté de [dykotedə]	~쪽에. On fait du camping *du côté de* Quimper. 우리는 깽뻬르 쪽에서 캠핑한다.
en dehors de [ãdəɔrdə]	~의 밖에. *En dehors des* agglomérations la vitesse est limitée à 90km/h. 대도시권 밖에서는 시속 90km로 제한된다.

en travers de [ɑ̃travɛrdə] **hors de** [´ɔrdə] **le long de** [ləlɔ̃də]	~을 가로질러. ~밖에. ~를 길이로 따라. Je me suis promené le *long de* la Seine. 나는 세느강을 따라 산책했다.
vis-à-vis de [vizavidə]	~를 마주보고.

부사

ailleurs [ajœr]

adv. 밖으로.
Je vais *ailleurs*. 나는 밖으로 나간다.
최전면에, 가장 잘 드러나는 곳에.

au premier plan [oprəmjeplɑ̃]

de côté [dəkote]

옆에.
Ma mémé a mis 50000DM *de côté*.
할머니는 5만 마르크를 저축했다.

de droite [dədrwat]

우측으로부터.
Qui est venu *de droite*?
누가 오른쪽에서 왔지?

de face [dəfas]

정면에서.
J'ai pris Notre Dame *de face*.
나는 노트르담을 정면에서 사진 찍었다.

de long [dəlɔ̃]

세로로, 길이로.
Les Champs Elysées font trois kilo*mètres* de l*ong*.
샹제리제는 길이가 3km이다.

de près [dəprɛ]
dedans [dədɑ̃]
dehors [dəɔr]
dessous [dsu]

가까이.
adv. 안 쪽에.
adv. 바깥 쪽에.
adv. 그 아래에.

dessus [dsy]	**adv.** 그 위에.
	Sens *dessus* dessous. 위에서 아래로.
	Bras *dessus* bras dessous. 팔짱을 끼고.
en avant [ãnavã]	앞쪽으로.
	Le joueur a joué la balle *en avant*.
	선수는 볼을 앞으로 보냈다.
en ville [ãvil]	시내에서.
	Tu viens avec nous *en ville*?
	너 나하고 시내에 갈래?
ici [isi]	**adv.** 여기에.
là [la]	**adv.** 저기에.
là-bas [laba]	**adv.** 저기.
là-dedans [laddã]	**adv.** 저 안쪽에.
là-dessous [ladsu]	**adv.** 그 아래에.
là-dessus [ladsy]	**adv.** 그 밑에.
là-haut [la′o]	**adv.** 저 위에.
nulle part [nylpar]	아무데도.
	Je ne vais *nulle part*.
	나는 아무데도 가지 않는다.
où [u]	**adv.** 어디에.
	Où tu habites? 너는 어디 사니?
	Où tu vas? 너는 어디로 가니?
par terre [partɛr]	**adv.** 땅바닥에.
partout [partu]	**adv.** 도처에, 여기저기에.
près [prɛ]	**adv.** 가까이에.
	J'habite tout *près*.
	나는 아주 가까운 곳에 살고 있다.
quelque part [kɛlkəpar]	**adv.** 어느 곳인가.
tout droit [tudrwa]	**adv.** 똑바로, 직진하여.
	Allez *tout droit*. 똑바로 가시오.
côte à côte [kotakot]	바로 옆에.
de haut en bas [də′otãba]	위에서 아래로.

de long en large [dəlɔ̃ɑ̃larʒ] 길고 넓게.
de travers [dətravɛr] 곁눈으로.
Elle m'a regardé *de travers*.
그녀는 나를 곁눈으로 보았다.
en public [ɑ̃pyblik] 많은 사람들 앞에서.

34 시간

년

l'**an** m [ã] **n.** 년.
　　　　　　　　En l'*an* deux mille. 2000년에.

l'**année** f [ane] **n.** 년, 1년 내내.
　　　　　　　　L'*année* dernière. 작년에.
　　　　　　　　L'*année* prochaine. 내년에.

l'**automne** m [ɔtɔn] **n.** 가을.
　　　　　　　　En automne. 가을에.

l'**été** m [ete] **n.** 여름.
　　　　　　　　En *été*. 여름에.

l'**hiver** m [ivɛr] **n.** 겨울.
　　　　　　　　En *hiver*. 겨울에.

le **printemps** [prɛ̃tã] **n.** 봄.
　　　　　　　　Au *printemps*. 봄에.

la **saison** [sɛzɔ̃] **n.** 계절, 시즌.

annuel, le [anɥɛl] **adj.** 매년의 연례의.
le **trimestre** [trimɛstr] **n.** 4분기, 3개월.

월

janvier [ʒãvje] 월.
　　　　　　　　Je suis né le 12 *janvier* 1946.
　　　　　　　　나는 **1946년 1월 12일**에 태어났다.

février [fevrije] 2월.

mars [mars]	3월.
avril [avril]	4월.
mai [mɛ]	5월.
juin [ʒɥɛ̃]	6월.
juillet [ʒɥijɛ]	7월.
août [ut]	8월.
	Au mois d'*août*. 8월에.
	En *août*. 8월에.
septembre [sɛptãbr]	9월.
octobre [ɔktɔbr]	10월.
novembre [nɔvãbr]	11월.
décembre [desãbr]	12월.
mois [mwa]	**n.** 달, 월.
	Le *mois* dernier. 지난 달에.
	Le *mois* prochain. 다음달에.
mensuel, le [mãsɥɛl]	**adj.** 매월의.

주(週)

dimanche [dimãʃ]	일요일.
	Dimanche dernier. 지난 일요일에.
	Jamais le *dimanche*. 일요일엔 절대로 안된다.
	Dimanche prochain. 다음 일요일에.
lundi [lɛ̃di]	월요일.
mardi [mardi]	화요일.
mercredi [mɛrkrədi]	수요일.
jeudi [ʒødi]	목요일.
vendredi [vãdrədi]	금요일.
samedi [samdi]	토요일.
hebdomadaire [ɛbdɔmadɛr]	**adj.** 매주의, 주1회의, 주간의.
la semaine [smɛn]	**n.** 주, 주일.

le **week-end** [wikɛnd]

La *semaine* dernière. 지난 주에.
La *semaine* prochaine. 다음 주에.
n. 주말.

날짜

après-demain [aprɛdmɛ̃]
n. 모레.

l'**après-midi m,** f [aprɛmidi]
n. 오후.
J'ai passé une *après-midi* agréable chez toi.
나는 네집에서 유쾌한 오후를 보냈다.
L'*après-midi*, je ne travaille pas.
오후에 나는 일하지 않는다.
Cet *après-midi* je ne sors pas.
오늘 오후에 나는 외출하지 않는다.

aujourd'hui [oʒurdɥi]
n. 오늘.

avant-hier [avɑ̃tjɛr]
n. 그저께.

demain [dəmɛ̃]
n. 내일.

hier [jɛr]
n. 어제.

Il fait jour. [ilfɛʒur]
날이 밝다.

Il fait noir. [ilfɛnwar]
날이 어두워지다.

le **jour** [ʒur]
n. 날.
Je fais mon footing tous les *jours*.
나는 매일 조깅을 한다.
Quel *jour* on est? 오늘은 몇월 며칠이지?

la **journée** [ʒurne]
n. 한 나절.
J'ai passé toute la *journée* chez Martine.
나는 마르띤네 집에서 온 종일을 보냈다.

le **matin** [matɛ̃]
n. 아침.
Tous les *matins* j'ai du mal à me lever.
매일 아침 나는 일어나기 힘이 든다.

la **matinée** [matine]
n. 오전 시간, 오전 내내.
Hier, j'ai fait la grasse *matinée*.

	어제, 나는 늦잠 잤다.
midi [midi]	**n.** 정오.
	Il est **midi**. 지금은 정오다.
	Je mange à **midi**.
	나는 정오에 점심을 먹는다.
minuit [minɥi]	**n.** 자정.
	Il est minuit. 지금은 자정이다.
	La messe commence à **minuit**.
	미사는 자정에 시작된다.
la **nuit** [nɥi]	**n.** 밤.
le **soir** [swar]	**n.** 저녁.
	Je regarde la télé tous les **soirs**.
	나는 매일 저녁 TV를 본다.
la **soirée** [sware]	**n.** 저녁 시간, 저녁 내내.
	Je ne suis pas sorti de toute la **soirée**.
	나는 저녁시간 내내 외출하지 않았다.

de jour [dəʒur]	낮 시간에.
de nuit [dənɥi]	밤에.
le **lendemain** [ləlɑ̃dəmɛ̃]	**n.** 그 다음날.
quotidien, ne [kɔtidje, ɛn]	**adj.** 매일의
la **veille** [lavej]	**n.** 그 전날.
	Il a dit qu'il était sorti la **veille** au soir.
	그는 그 전날 저녁에 외출했었다고 말했다.

시간

demi, e [dəmi]	**adj.** 절반의, 1/2인.
	Il est dix heures et **demie**.
	지금은 10시30분이다.
	Il est midi et **demi**. 지금은 낮 12시 30분이다.
l´**heure** f [œr]	**n.** 시, 시간.

C'est l'*heure*. 시간이 다 됐다.
Il est quelle *heure*? 몇시지?
Il est trois *heures*. 지금은 3시다.
Ça fait une *heure* que je t'attends.
내가 너를 기다린지 한 시간이 됐다.
Ça dure des *heures* et des heures.
오랜 시간 동안 지속된다.

la minute [minyt]   **n.** 분.

précis, e [presi, z]   **adj.** 정각의, 정확한.
Rendez-vous à huit heures *précises*.
약속은 8시 정각이다.

quart [kar]   **n.** 1/4, 15분.
Il est neuf heures et *quart*.
지금은 9시 15분이다.
Il est neuf heures moins le *quart*.
지금은 9시 15분전이다.

la seconde [səgɔ̃d]   **n.** 초.

빈도

à la fois [alafwa]
동시에,
Je ne peux pas tout faire *à la fois*.
나는 모든 일을 동시에 하지 못한다.

de temps en temps [dətɑ̃zɑ̃tɑ̃]
이따금.

fois [fwa]   **n.** 번, 회.
J'ai essayé trois *fois* de te téléphoner.
내가 너에게 3번 전화했었다.
Je te l'ai dit 36 *fois*.
내가 너에게 36번 말했다.

jamais [ʒamɛ]   **adv.** 단 한 번도, 결코 ~ 않다.
Je ne bois *jamais*.
나는 전혀 술을 마시지 않는다.

la **plupart du temps** [laplypardytɑ̃]	대부분의 시간에.
peu à peu [pøapø]	v. 조금씩 조금씩.
quelquefois [kɛlkəfwa]	adv. 때때로 (parfois).
recommencer [rəkəmɑ̃se]	v. 다시 시작하다.
régulièrement [regyljɛrmɑ̃]	adv. 규칙적으로, 꾸준히.
souvent [suvɑ̃]	adv. 자주 (fréquemment), 종종.
toujours [tuʒur]	adv. 언제나, 항상.
tout le temps [tultɑ̃]	늘, 모든 시간 동안.

de **suite** [dəsɥit]	잇달아서 연속으로. J'ai appelé trois fois *de suite*. 나는 연속적으로 3번 전화했다.
de **temps à autre** [dətɑ̃zaotr]	이따금.
des **fois** [defwa]	가끔.
fréquemment [frekamɑ̃]	adv. 자주, 빈번하게.
fréquent, e [frekɑ̃, t]	adj. 잦은, 빈번한.
permanent, e [pɛrmanɑ̃, t]	adj. 영속적인, 항구적인 (↔ **éphémère**).
sans arrêt [sɑ̃zarɛ]	중단없이.
sans cesse [sɑ̃sɛs]	계속해서, 끊임없이.

시간대

actuellement [aktɥɛlmɑ̃]	adv. 현재, 지금. *Actuellement* je suis stagiaire. 지금 나는 수습사원이다.
ancien, ne [ɑ̃sj, ɛn]	adj. 오래된(vieux), 옛날의(antique).
au cours de [akurdə]	~하는 동안. Ce livre sortira *au cours de* l'année. 이 책은 금년 중에 나올 것이다.
avant [avɑ̃]	prép. ~이전에 adv. 전에.

주제에 따른 분류

	Avant, j'allais au cinéma tous les soirs. 전에 나는 매일 영화보러 갔었다. Qu'est-ce que tu as dit *avant*? 전에 네가 뭐라고 했지?
l'**avenir** [avnir]	**n.** 미래, 장래 (futur). Je me suis trompé, mais à l'*avenir* je saurai comment faire. 나는 실수했지만 앞으로는 어떻게 할지 알 것이다.
court, e [kur, t]	**adj.** 짧은.
de mon **temps** [dəmɔ̃tɑ̃]	내가 젊었을 때는.
depuis [dəpɥi]	**prép.** ~로부터 **adv.** 그후.
la **durée** [dyre]	**n.** 지속시간.
durer [dyre]	**v.** 계속되다. 오래가다. Ça *dure*. 그 일은 계속된다.
en [ɑ̃]	**prép.** ~에는. En 1987. 1987년에. Je lis ce bouquin *en* une heure. 나는 한 시간 동안 이 책을 읽는다.
entre [ɑ̃tr]	**prép.** ~사이에.
être en train de faire [ɛtrɑ̃tɛ̃dfɛr]	~하고 있는 중이다. Tu ne vois pas que je *suis en train de* manger? 내가 식사하고 있는 것을 보지 못하니?
férié, e [ferje]	**adj.** 공휴일인, 축제일인. Fermé dimanche et jours *fériés*. 일요일과 공휴일 휴관.
jusqu'à [ʒyska]	~까지.
long, longue [l, g]	**adj.** 긴.
longtemps [lɔ̃tɑ̃]	**adv.** 오랫동안.
le **passé** [pase]	**n.** 과거.
pendant [pɑ̃dɑ̃]	**prép.** ~동안, **adv.** 그 동안에. Tu ne fais rien *pendant* mon absence. 내가 없는 동안 너는 아무것도 안하는구나.

pendant que [pãdãkə] ~동안에.
Tu ne fais rien **pendant que** je suis parti.
내가 외출한 동안 너는 아무일도 안하는구나.

présent, e [prezã, t] **adj.** 있는.
A cause des circonstances **présentes**.
현 상황 때문에.

prochain, e [prɔʃ, ɛn] **adj.** 다음의, 오는.
A la **prochaine**. 다음 번에.

quand [kã] **adv.** 언제, 어느때에.
Quand tu voudras.
네가 원할 때에.
Tais-toi **quand** je parle.
내가 말할 때 가만히 있어라.
J'ai respiré **quand** il est parti.
그가 떠나자 나는 숨을 쉬었다.

le **séjour** [seʒur] **n.** 체류, 머무르기.

le **siècle** [sjɛkl] **n.** 세기.
Audix-neuvième **siècle**. 19세기에.

le **temps** [tã] **n.** 시간.
Le **temps** passe vite. 시간은 빨리 흐른다.

les **vacances** fpl [vakãs] **n.** 바캉스, 휴가.
Pendant les **vacances**. 휴가 동안에.

---

autrefois [otrəfwa] **adv.** 옛날에, 예전에.

contemporain, e [kɔ̃tãpɔrɛ̃, ɛn] **adv.** 동시대의, 현대의

dans le temps [dãltã] **adv.** 이전에는, 옛날에는.

le **délai** [delɛ] **n.** 기간, 유예, 지연.

en l'espace de [alɛspasdə] ~안에, ~사이에.

l'**époque** f [epɔk] **n.** 시기, 시대.
A l'**époque**, je travaillais chez Félix Potin.
그때, 나는 펠릭스 뽀땡 상점에서 일하고 있었다.

la **période** [perjɔd] **pour le moment** [purlmɔmɑ̃] **prolonger** [prɔlɔ̃ʒe] **tant que** [tɑ̃kə]	L'année dernière à la même *époque*. 작년 같은 시기에. **n.** 기간(**durée**), 시기(**époque**). 당분간은. **v.** 연장하다, 연기하다. ~하는 동안.

시점

à partir de [apartirdə]

alors [alɔr]

après [aprɛ]
l'arrivée *f* [arive]
au bout de [obudə]

au milieu de [omiljødə]

avant de [avɑ̃də]
bientôt [bjto]
cesser [sese]

le commencement [kɔmɑ̃smɑ̃]
 commencer [kɔmɑ̃se]

~부터.
A *partir de* maintenat. 지금부터.
adv. 그렇다면, 그 당시에는.
Alors j'ai compris. 그리고 나는 이해했다.
prép. ~다음에, **adv.** 나중에.
n. 도착(↔ départ).
~가 지나고 나서.
Au bout de trois heures. 3시간이지난후에.
~의 가운데에.
Au milieu de la nuit. 한밤중에.
~이전에(+동사원형).
adv. 곧, 오래지 않아.
v.t. 중지시키다 **v.i.** 멈추다.
Il ne *cesse* de pleuvoir.
끊임없이 비가 온다.
n. 시작, 개시.
v. 시작하다.
Il *commence* à pleuvoir.
비가 오기 시작한다.
Je *commence* la journée par faire de la gymnastique.
나는 체조로 하루일과를 시작한다.

d'abord [dabɔr]	우선.
dans [dã]	prép. ~있으면, 후에~동안.
	Je reviens *dans* une heure.
	나는 한 시간후에 돌아오겠다.
la **date** [dat]	n. 날짜.
le **début** [deby]	n. 시작, 개시.
le **départ** [depar]	n. 출발(arrivée).
en ce moment [ãsmɔmã]	지금은.
ensuite [ãsɥit]	adv. 그리고 나서, 그 다음에.
la **fin** [fɛ̃]	n. 끝, 종말.
il **est temps de** [ilɛtãdə]	~할 시간이다.
il **y a** [ilja]	~전에.
	Je t'ai connu *il y a* quatre ans.
	4년전에 너를 알게 되었다.
le **combien** [ləkbjɛ̃]	n. 며칠.
	On est le *combien*? 오늘이 며칠이지?
maintenant [mɛ̃tnã]	adv. 지금, 이제는.
le **moment** [mɔmã]	n. 순간.
Noël m [nɔɛl]	n. 크리스마스.
	A *Noël* je reste à la maison.
	크리스마스때, 나는 집에 있을 것이다.
l'**origine** f [ɔriʒin]	n. 출신, 근원.
Pâques fpl [pak]	n. 부활절.
	Il y a bal de noces le lundi de *Pâques*.
	부활절 다음 월요일에 결혼축하 무도회가 있다.
la **Pentecôte** [pãtkot]	n. 오순절, 성신강림 축일.
la **rentrée** [rãtre]	n. 개학, 휴가가 끝나고 일터로 돌아오기.
	La *rentrée* sera chère cette année.
	금년에 개학하면 돈이 많이 들 것이다.
se mettre à [sɔmɛtra]	~하기 시작하다.
	Ne *te mets* pas à pleurer.
	울기 시작하지 마라.
tout à coup [tutaku]	갑자기.

tout à l'heure [tutalœr]	곧, 잠시후에, 조금 전에.
	A *tout à l'heure*. 조금 있다 보자.
	Le facteur est passé *toute à l'heure*.
	우체부는 조금 전에 지나갔다.
tout de suite [tutsɥit]	즉시, 즉각.
vers [vɛr]	prép. ~무렵, 쯤에.
à... près [a...prɛ]	거의.
à ce moment-là [asmomàla]	그 때는.
à un moment donné [aœmɔmɑ̃dɔne]	어느 때에는, 어떤 순간에.
après coup [aprɛku]	일이 지난후에, 때 늦게.
après que [aprɛkə]	~다음에.
avant que [avɑ̃kə]	~이전에 (+접속법).
	Pars *avant qu'il* soit trop tard.
	너무 늦기 전에 떠나라.
dès [dɛ]	prep. ~부터, ~하자마자.
	Je suis en forme *dès* le matin.
	나는 아침부터 컨디션이 좋다.
	Dès le dèbut. 처음부터.
dès que [dɛkə]	~하자마자.
	*Dès qu'*il fait froid, je me sens mal à l'aise.
	추워지자마자 나는 몸이 불편해진다.
immédiatement [imedjatmɑ̃]	adv. 즉시, 즉각.
l'instant m [ɛstɑ̃]	n. 순간 (**moment**).
sur le coup [syrlku]	즉석에서.
la Toussaint [tusɛ̃]	n. 만성절 (11월 1일).

완급의 표현

à l'heure [alœr] — 정각에, 정시에.
à peine [apɛn] — 거의~이다.
à temps [atã] — 제시간에.
au plus tard [oplytar] — 늦어도.
au plus tôt [oplyto] — 가장 빠르게는.
avoir le temps (de) [avwarlətã də] — 시간이 있다.
bref, brève [brɛf, brɛv] — *adj.* 짧은, 간략한.
 Sois *bref*. 짧게 해라.
de bonne heure [dəbɔnœr] — 일찍.
 Je me lève *de bonne heure*.
 나는 일찍 일어난다.
déjà [deʒa] — *adv.* 벌써, 이미.
dernier, -ère [dɛrnje, ɛr] — *adj.* 지난 번의, 마지막의.
finir [finir] — *v.t.* 끝내다 *v.i.* 끝나다.
 J'ai *fini* de travailler.
 나는 일을 끝냈다.
 J'ai *fini* par céder.
 나는 끝내 양보했다.
Jamais de la vie. [ʒamɛdlavi] — 사는 동안 절대로.
par la suite [parlasɥit] — 나중에는.
perdre son temps ã [pɛrdrəsɔ̃tãa] — ~하는데 시간을 허비하다.
 J'ai *perdu mon temps* à faire la queue.
 나는 줄서서 기다리는데 시간을 낭비했다.
prêt, e [prɛ, t] — *adj.* 준비된.
récent, e [resã, t] — *adj.* 최근의, 요즈음의.
le retard [rətar] — *n.* 지각, 늦음.
 Je suis en *retard*. 나는 늦었다.
retarder [tətarde] — *v.t.* 늦추다, *v.i.* 늦다.
tard [tar] — *adv.* 늦게, 늦어서.
terminer [tɛrmine] — *v.t.* 끝마치다, 종료하다.

tôt [to]	**adv.** 일찍이, 곧.
vite [vit]	**adv.** 빨리.

à première vue [aprəmjɛrvy]	첫눈에.
d'avance [davɑ̃s]	미리.
la limite [limit]	**n.** 한계, 제한.